Entscheidungen

Armin Glatzmeier • Hendrik Hilgert (Hrsg.)

Entscheidungen

Geistes- und sozialwissenschaftliche
Beiträge zu Theorie und Praxis

 Springer VS

Herausgeber
Armin Glatzmeier
Münster, Deutschland

Hendrik Hilgert
Münster, Deutschland

ISBN 978-3-658-07213-1   ISBN 978-3-658-07214-8 (eBook)
DOI 10.1007/978-3-658-07214-8

Die Deutsche Nationalbibliothek verzeichnet diese Publikation in der Deutschen Nationalbi-bliografie; detaillierte bibliografische Daten sind im Internet über http://dnb.d-nb.de abrufbar.

Springer VS
© Springer Fachmedien Wiesbaden 2015

Gedruckt auf säurefreiem und chlorfrei gebleichtem Papier

Springer Fachmedien Wiesbaden ist Teil der Fachverlagsgruppe Springer Science+Business Media (www.springer.com)

Inhalt

Vorwort

Der vorliegende Band mit dem Titel *Entscheidungen. Geistes- und sozialwissenschaftliche Beiträge zu Theorie und Praxis* stellt auf der einen Seite das Resultat der Auseinandersetzung mit dem Ankerthema des smartNETWORKs „Entscheidung, Strategie und Öffentlichkeit" dar und bildet auf der anderen Seite den Ausgangspunkt für eine weiterführende interdisziplinäre Debatte.

Das smartNETWORK bildet den Zusammenschluss der geistes- und sozialwissenschaftlichen Graduiertenschulen der Westfälischen Wilhelms-Universität Münster. Seit seiner Gründung im Jahr 2008 versteht es sich stets als ein lernendes Netzwerk – und dies sowohl auf der strukturellen als auch auf der forschenden Seite. Nach unserem Selbstverständnis kann eine adäquate Grundlage für die Ausbildung des wissenschaftlichen Nachwuchses nur durch Institutionen gewährleistet werden, die selbst aktiv Forschung betreiben. Dafür gilt es, entsprechende Strukturen zu schaffen, die Promovierenden optimale Bedingungen bieten, und diese konsequent fortzuentwickeln. In der modernen Wissenschaftslandschaft gehört ein interdisziplinäres Umfeld zu den notwendigen Rahmenbedingungen der wissenschaftlichen Ausbildung.

In diesem Bewusstsein bildeten verschiedene Graduiertenschulen der WWU ein Netzwerk, das inzwischen beinahe 20 Fächer umfasst, und damit einen großen Teil der geistes- und sozialwissenschaftlichen Fächer der gesamten WWU miteinander verbindet. In diesem Verbund findet sich dementsprechend eine große fachliche Pluralität mit ausgesprochen unterschiedlichen Fächerkulturen – sowohl in der Theorie wie auch in der Methodik. Diese Unterschiede betrachtet das Netzwerk nicht als Barrieren, sondern nutzt sie vielmehr als Generator für neue Herangehensweisen und Ideen: Aus der Sichtweise des lernenden Netzwerks bieten gerade die unterschiedlichen Perspektiven der Disziplinen die Möglichkeit, neue Ansätze zu entwickeln und Problemstellungen aus einem anderen Blickwinkel zu betrachten. Diesem Ansatz folgend gibt das smartNETWORK keine zentralen

Vorgaben an die einzelnen Graduiertenschulen, sondern entwickelt in Kooperation Best-Practice Beispiele und implementiert diese. Mit diesem kooperativen Konzept wuchs das Netzwerk seit seiner Gründung kontinuierlich, sodass neben weiteren Graduiertenschulen auch mehrere durch Drittmittel geförderte Kollegs eingeworben werden konnten.

So wie die Strukturen des Netzwerks fortlaufend wuchsen, soll mit diesem Band nun auch die wissenschaftliche Debatte weitergeführt werden. Während auf dem ersten Tag des Netzwerks im Jahr 2009 die Struktur ihren Ausgangspunkt nahm, wurde auf dem zweiten Tag des Netzwerks 2010 das gemeinsame Ankerthema „Entscheidung, Strategie und Öffentlichkeit" gefasst. Dieser Band stellt nun nicht nur das erste Ergebnis in Form einer Publikation des Netzwerks dar, sondern will darüber hinaus einen Impuls für den künftigen interdisziplinären Austausch innerhalb und außerhalb des smartNETWORKs setzen.

Unser Dank gebührt an erster Stelle natürlich den Autorinnen und Autoren, die sich zu diesem Experiment bereiterklärt und diesen Band durch ihre Beiträge erst möglich gemacht haben. Besonderen Dank aber schulden wir Herrn Prof. Dr. Klaus Schubert, der nicht nur die Idee zu diesem Band hatte, sondern auch die erste beschwerliche Etappe auf dem Weg zur Drucklegung zurücklegte. Nur durch seinen unermüdlichen Einsatz gelang es dem smartNETWORK, auch schwierige Zeiten zu überstehen und den hohen Ansprüchen gerecht werden. Unser Dank gilt auch Herrn Prof. Dr. Bernd Blöbaum und Frau Prof. Dr. Susanne Günthner, die mit der Leitung des DAAD Projekts „smartNETWORK International" das Netzwerk maßgeblich mitgestalteten. Selbstverständlich danken wir auch all den anderen Netzwerkmitgliedern für ihre beständige Unterstützung und Mitwirkung am Gelingen des smartNETWOKs. Außerdem sei an dieser Stelle auch Kate Backhaus für die Erledigung organisatorischer und koordinativer Aufgaben sowie Annalina Buckmann und Lars-Steffen Meier für ihre Hilfe bei der Redaktion dieses Bandes gedankt.

September 2014, Jülich und Münster
Armin Glatzmeier und *Hendrik Hilgert*

Entscheidungen – eine Annäherung

Armin Glatzmeier und Hendrik Hilgert

> „Das bewusste, denkende und wollende Ich ist nicht im
> moralischen Sinne verantwortlich für dasjenige, was
> das Gehirn tut, auch wenn dieses Gehirn ‚perfiderweise‘
> dem Ich die entsprechende Illusion verleiht."
> Gerhard Roth[1]

Die Welt ist aus den Fugen! Seit Benjamin Libet Ende der 1970er Jahre seine Messergebnisse zur zeitlichen Abfolge der mentalen Aktivität bei Entscheidungen veröffentlichte,[2] hat dieses Wort Hamlets einen neuen Sinn bekommen – wenigstens für die Welt jener Wissenschaften, für die Entscheidungen, Handlungen und Willensfreiheit eine Rolle spielen. Und die ohnehin kränkungsaffine Spezies *homo sapiens* oder zumindest ein veritabler Teil von ihr fühlte sich wieder einmal gekränkt.[3] Das Libet-Experiment ließ nämlich Zweifel aufkommen, ob denn der freie Wille tatsächlich so frei sei, wie er uns seit der Aufklärung schien. Auch wenn nicht jeder so radikale Schlussfolgerungen aus der Versuchsreihe zog wie Gerhard Roth, so stellte sich nun die alte Frage neu: Wie können wir wollen, was wir wollen? Und wer entscheidet hier eigentlich?

Die Suche nach Erklärungen für menschliche Entscheidungen und Handlungen reicht weit zurück. Vor allem die normative Frage *Wie sollen wir handeln?* und ihre praktischen Implikationen spielen seit alters eine zentrale Rolle in Philosophie und Ethik. Das Selbstverständnis des modernen Menschen, der sich selbst als Urheber[4] seiner Handlungen sieht und im Gegenzug Verantwortung für seine Entscheidun-

---

1 Roth (2003: 180).

2 Libet et al. (1979).

3 Vgl. dazu ausführlich Freud (1997: 190ff.) sowie zur Frage nach einer neuen Kränkung durch die Neurowissenschaften Beck (2013: 227-268).

4 Ausschließlich aus Gründen der besseren Lesbarkeit wird im gesamten Band durchgehend die männliche Form benutzt, die weibliche Form ist dabei jeweils mit eingeschlossen.

gen übernehmen muss, hat aber auch darüber hinausreichende Auswirkungen. So knüpft das Strafrecht den Schuldvorwurf daran, dem Täter vorzuwerfen, er hätte anders handeln können und müssen. Das Individuum als autonomer Entscheider, der falsche Entscheidungen treffen kann, kann wie die tragischen Helden der Schillerdramen kathartisch geläutert auf den rechten Weg zurückkehren. Dieses Selbstbildnis prägt bis heute, auch wenn die Handlungsrationalitäten mit der Zeit pluraler wurden. Denn mag zwar das normative Ideal des Kant'schen Imperativs dem Zweckrationalismus einer Rational-Choice-Theorie weichen und der *homo faber* durch den *homo oeconomicus* verdrängt werden, eines ist, so schien es zumindest, gewiss: Der Mensch handelt und entscheidet rational oder zumindest planvoll – auch wenn die Pläne nicht immer aufgehen mögen.

Die Befunde der Neurowissenschaften, die in immer mehr Disziplinen Niederschlag finden, rütteln an diesem Selbstbild.[5] Zwar mag man Roths These als zu weitreichend ablehnen, dennoch wird man zugestehen müssen, dass unser Handeln und unsere Entscheidungen weit umfangreicher (prä-)determiniert sind, als uns in unserem Autonomiestreben lieb sein mag. Dies ist nicht nur mit Blick auf den bereits erwähnten strafrechtlichen Schuldbegriff relevant, sondern gewinnt vor allem zusätzlich an Brisanz, da neurowissenschaftliche Erkenntnisse etwa im Bereich des Neuromarketing gezielt zur Manipulation von Konsumentenentscheidungen genutzt werden könnten.[6]

Es sind unser *Bild vom Menschen* und unsere *Sicht auf den Menschen*, die darüber bestimmen, wie wir über den Menschen nachdenken – und dieses Bild ist in konstantem Wandel. Lange war die Philosophie der unumstrittene Schrittmacher im Bemühen um die menschliche Selbsterkenntnis; sie vermittelte Wissen über das Wesen unserer (Um-)Welt und gab uns zudem Orientierungswissen an die Hand, das uns befähigen sollte, *gute* Entscheidungen zu treffen. Dabei lag der Fokus nicht nur auf der Genese von Individualentscheidungen, sondern – insbesondere im Bereich der politischen Philosophie – auch auf dem Zustandekommen und der Begründung allgemeinverbindlicher Entscheidungen. Mit der Ausdifferenzierung der empirischen Wissenschaften veränderte sich der akademische Blick auf menschliches Entscheiden grundlegend: Die primär normative handlungstheoretische Grundausrichtung, die gleichzeitig ethische Handlungsanweisung zu einem guten, gelungenen Leben war, wurde durch eine empirisch-deskriptive Betrachtung menschlichen Entscheidens ergänzt, die den Menschen aus dem Blickwinkel der jeweiligen Disziplin – also soziologisch, ökonomisch, biologisch, psychologisch,

---

5   Vgl. grundlegend zur Kritik der Deutungsmacht der Neurowissenschaften Hasler (2012); vgl. zu verschiedenen Neurodisziplinen Hasler (2012: 14f.) sowie Gilboa (2010).
6   Einführend dazu vgl. Reimann und Weber (2011).

demoskopisch usw. – betrachtete. Auch der soziale Wandel zog weitreichende Veränderungen bei der Betrachtung von Entscheidungen nach sich; so fand etwa im Zuge der Demokratisierung ein Paradigmenwechsel hinsichtlich der formalen Entstehung politischer Entscheidungen und ihrer Begründung statt, gleichzeitig weitete sich das Forschungsinteresse – etwa im Bereich der Wahlforschung – auf die individuellen Entscheidungen der Bürgerinnen und Bürger aus.

Das Thema *Entscheidungen* bietet somit zahlreiche Anschlussmöglichkeiten für Forschungsfragen verschiedenster Fachrichtungen. Entsprechend ergiebig erwies es sich in der Diskussion am Ersten Tags des Netzwerks, der vom smartNETWORK der Westfälischen Wilhelms-Universität Münster veranstaltet wurde und aus dem dieser Band hervorgeht. Da eine umfassende Behandlung des Themas an dieser Stelle nicht zu leisten ist, werden im Folgenden lediglich die zentralen Gedanken skizziert, die gemeinsam am Tag des Netzwerks erarbeitet wurden und das Gebiet der Analyse von Entscheidungen großflächig strukturieren (vgl. Tab. 1).

Was sind Entscheidungen? – Bei einer Entscheidung handelt es sich nach gängiger Definition um die präferentielle Wahl zwischen verschiedenen Optionen.[7] Das setzt ein bestimmtes Maß an Information über den Entscheidungskontext und die Entscheidungsalternativen voraus; aber auch, dass einer Entscheidung bereits vorgelagerte Entscheidungen über Wertvorstellungen und/oder andere Präferenzen und deren Gewichtung vorausgehen müssen, um eine Bewertung der vorhandenen Wahlalternativen vornehmen und das vermutete Resultat mit Blick auf die eigenen Zielvorstellungen abschätzen zu können. Entscheidungen sind also das Ergebnis der einem Handeln oder Nicht-Handeln vorgelagerten kognitiven, d. h. rationalen und/oder emotionalen Prozesse. Entscheidungen können für den Privatbereich und in eigener Sache erfolgen, etwa wenn eine Person für sich selbst den Entschluss fasst, auf den Konsum von Fleisch zu verzichten; sie können aber auch Personengruppen betreffen, etwa wenn die Kantinen- oder Mensaleitung beschließt nur noch vegetarische Kost anzubieten oder der Gesetzgeber einen obligatorischen vegetarischen Tag für Kantinen und Mensen einführt.

---

7   Vgl. Shadlen und Kiani (2013: 791).

Tabelle 1 Entscheidungen – eine analytische Annäherung.

Entscheidungs-träger	Individuum	Kollektiv	
Entscheidungsbereich/-gegenstand	Privat	Öffentlich	Gruppenintern
Entscheidungs-reichweite	Nur der Entscheider	Der/die Entscheider und Dritte ODER nur Dritte	Nur das Kollektiv/ die Gruppe
Materiale Anforderungen	Subjektive ethisch-moralische oder sonstige Wertvorstellungen UND/ODER andere Präferenzen (z. B. erwartete Nutzenmaximierung)	Allgemein akzeptierte Wertvorstellungen UND/ODER Beachtung der materialen (verfassungs-)rechtlichen Vorgaben	Ethisch-moralische oder sonstige dem Gruppenkonsens entsprechende Wertvorstellungen und Präferenzen UND/ODER Beachtung gesatzter materialer Vorgaben
Formale Anforderungen	Formale Ansprüche wie z. B. Adäquatheitsbedingungen (Rationalitätsanforderungen, Konsistenz, Kohärenz etc.)	Einhaltung der für den Entscheidungsprozess bestehenden formalen oder informellen Spielregeln und Beteiligungsrechte	
Entscheidungskontext/Relevante Umgebungsvariablen	Verfügbare Wahlalternativen, Informiertheit, Wertpräferenzen, Stress, gruppendynamische Prozesse, soziale, ökonomische o. ä. Abhängigkeiten, Ressourcenausstattung, Reaktion anderer Akteure, Akzeptanz usw.		
(Qualitative) Evaluation	Entspricht die Entscheidung selbst und ggf. das erzielte Resultat den eigenen normativen Erwartungen und/oder anderen Präferenzen? Wurde das Ziel erreicht? Sind ggf. Folgeentscheidungen zur Zielverwirklichung nötig? Welche Folgeauswirkungen/Zielkonflikte haben sich ergeben? Wurden die formalen Anforderungen eingehalten?		

Inwiefern eine Unterscheidung zwischen Entscheidungen und anderen Praktiken und Gewohnheiten zur Wahl zwischen alternativen Handlungsoptionen sinnvollerweise aufrechterhalten werden kann, ist aktuell Gegenstand der wissenschaftlichen Diskussion. Denn obwohl lange klar zu sein schien, dass von Entscheidungen nur im Zusammenhang mit vernunftgemäßer Wahl[8] gesprochen werden kann, deuten die aktuellen Befunde der psychologischen und neurowissenschaftlichen Forschung darauf hin, dass das Kriterium der Rationalität zu eindimensional gewählt sein dürfte – oder anders gesagt, dass menschliches Entscheiden faktisch kaum jemals allein durch ideal-rationale Aspekte[9] geprägt ist: zum einen, weil eine vollständig informierte Entscheidung weitgehend unmöglich ist, und zum anderen, weil Menschen teils widerstreitende Ziele mit zum Teil unklarer Präferenzstruktur verfolgen. In diesem Sinne haben unter anderem Daniel Kahneman und Amos Tversky ebenso wie Gerd Gigerenzer darauf hingewiesen, dass Entscheider häufig auf Heuristiken, d.h. auf erfahrungs- und empiriegestützte Problemlösungsstrategien oder Intuitionen zurückgreifen.[10]

Die Analyse von Entscheidungen ist also ein komplexes Unterfangen, das auf verschiedenen Ebenen ansetzen kann. Diese betreffen (mindestens): den Entscheider, den Entscheidungsprozess (Entscheidungsgegenstand, formale und materiale Rahmenbedingungen der Entscheidungsfindung und -begründung, Entscheidungskontext[11] usw.) und die (qualitative) Evaluation der Entscheidung und ihrer Folgen.

Wer entscheidet? – Grundsätzlich können Entscheidungen in Individual- und Kollektiventscheidungen unterteilt werden. Die Anforderungen, die an die Entscheidungsmodalitäten gestellt werden, können sich bei Individual- und Kollektivakteuren unterscheiden und hängen im Wesentlichen davon ab, ob die Entscheidung und ihre Folgen sich auf den Privatbereich des Entscheiders beschränken oder ob diese darüber hinausgehen oder gar allgemeine(re) Verbindlichkeiten erzeugen. Die Frage nach den (erforderlichen) Rahmenbedingungen einer Entscheidung wird damit weit stärker durch den Entscheidungsgegenstand und die Reichweite der Entscheidung bedingt, als durch die Frage, ob die Entscheidung durch einen Einzelentscheider oder ein Kollektiv getroffen wird. So kann etwa der deutsche Bundespräsident als Individuum die Ausfertigung parlamentarischer Gesetze verweigern, wenn er verfassungsrechtlich begründete Zweifel an deren formaler oder materialer Verfassungskonformität geltend macht. Es ist offensichtlich, dass eine solche Entscheidung an weit höhere formale und materiale Anforderungen geknüpft sein muss, als die Entscheidung eines alleinerziehenden Vaters, den gemeinsamen

---

8 Wobei hinsichtlich der Kriterien einer rationalen Entscheidung zudem verschiedene Rationalitätskonzepte miteinander konkurrieren.

9 Zu nicht-rationalen Aspekten von Entscheidungsprozessen vgl. Rogerson et al. (2011).

10 Vgl. bspw. Kahneman et al. (1982); Gigerenzer (2007); Gigerenzer und Gaissmaier (2011).

11 Eine theoretische Betrachtung zur zeitlichen und räumlichen Gebundenheit von Entscheidungen aus pragmatischer Sicht findet sich bei Schubert (2003: 117ff.).

Urlaub mit den Kindern im französischen Zentralmassiv zu verbringen – anstatt
wie zunächst gemeinsam beschlossen in den bayerischen Alpen.

Der Entscheidungsprozess kann also je nach Entscheidungsbereich bzw. -ge-
genstand recht unterschiedlich ausgestaltet sein, wie das vorstehende Beispiel
verdeutlicht. Es ist daher sinnvoll, zunächst zu differenzieren, ob sich Individualentscheidungen auf den privaten oder öffentlichen Bereich beziehen bzw. ob sich
Kollektiventscheidungen nur auf die betroffene Gruppe oder allgemein auswirken, da sich aufgrund der unterschiedlichen Reichweite und Verbindlichkeit der
verschiedenen Formen Unterschiede hinsichtlich der materialen und formalen
Anforderungen an die Entscheidung bzw. den Entscheidungsträger ergeben.

Betrachten wir zunächst nur solche *Individualentscheidungen*, die sich auf den
Privatbereich des Entscheidungsträgers beziehen und damit lediglich für diesen
selbst Wirksamkeit entfalten.[12] Vorausgesetzt, dass der Entscheidungsträger durch
seine Entscheidung nicht gegen bestehendes Recht verstößt – die komplizierte
Frage nach der möglichen Zulässigkeit eines wie auch immer gearteten Wider-
standsrechts bleibt hier also ausgeklammert –, ist es intuitiv einsichtig, dass der
Entscheidungsträger die materialen Anforderungen seiner Entscheidung frei nach
seinen subjektiven ethisch-moralischen Wertvorstellungen und/oder anderen Präferenzen wie z. B. einer erwarteten Nutzenmaximierung setzen kann. In diesem
Fall resultieren die formalen Anforderungen an den Entscheidungsprozess allein
aus den logisch notwendigen Schritten und Regeln, die für das Zustandekommen
einer Entscheidung gemäß den gewählten normativen Prämissen notwendig sind,
wie etwa die logische Konsistenz der Argumentation, die Informationsbeschaffung
und -bewertung oder die Kalkulation des zu erwartenden Nutzens. Anders verhält
es sich, wenn der Entscheider zwar alleine, aber mit weiterreichender Wirkung
entscheiden kann: Hier reicht es nicht aus, dass der Entscheidungsträger subjektive
ethisch-moralische Maßstäbe geltend macht. Um Akzeptanz für seine Entscheidung
zu finden, muss er sich auf allgemein anerkannte Wertvorstellungen stützen können
und ggf. positivierte materiale Vorgaben etwa der Vereinsstatuten oder des (Ver-
fassungs-)Rechts berücksichtigen und die vorgegebenen formalen oder informellen
Spielregeln und Beteiligungsrechte eines generalisierten Entscheidungsprozesses
berücksichtigen. Letzteres gilt analog für *Kollektiventscheidungen.* Insgesamt fällt
den *formalen Anforderungen* bei Kollektiventscheidungen oder Individualent-

---

12 Dies dürfte bei weitem der seltenste Fall sein, denn die meisten Entscheidungen haben
    zumindest indirekten Einfluss auf Dritte. So hat beispielsweise die recht unspektaku-
    läre Konsumentscheidung, ob ich zum Frühstück Fair-Trade-Kaffee aus biologischem
    Anbau oder ein Produkt aus konventioneller Produktion trinke, zahlreiche (indirekte)
    Auswirkungen. Das Konzept einer *Entscheidung, die nur den Entscheider betrifft,* wird
    hier ausschließlich um der Systematisierung willen verwendet.

scheidungen mit Auswirkungen auf Dritte in der Regel eine größere Bedeutung zu als bei Individualentscheidungen, die lediglich den Entscheidungsträger selbst betreffen, da die Einhaltung der vorgesehenen Verfahrensregeln insbesondere für die Frage nach einer möglichen, eventuell auch gerichtlichen Revidierbarkeit eine entscheidende Rolle spielt. Bei Kollektiventscheidungen kommen zudem spezialisierte Entscheidungsverfahren in Betracht, die den Erfolg einer Abstimmung an bestimmte Mehrheitserfordernisse (einfache, qualifizierte, absolute usw. Mehrheit) oder zusätzliche Kriterien wie das Wahlgeheimnis binden.

Im Verlauf des Entscheidungsprozesses können zudem Entscheidungskonflikte verschiedenster Art auftreten, die auch zu Entscheidungsdilemmata führen können. So können bereits auf Ebene der durch den Entscheidungsträger in den Entscheidungsprozess einfließenden Prämissen Gegensätze bestehen, die einer Auflösung bedürfen, wie etwa konfligierende normativen Anforderungen oder Diskrepanzen zwischen normativen Anforderungen und anderen Präferenzen. Daneben können Konflikte aus Diskrepanzen zwischen den materialen Anforderungen und dem Entscheidungskontext[13] (etwa begrenzte Wahlmöglichkeiten, Gruppendruck oder Ressourcenausstattung), durch widerstreitende Bedingungen des Entscheidungskontextes oder durch Zielkonflikte bei der Entscheidungsimplementation bzw. den zu erwartenden Folgen einer Entscheidung eintreten.[14]

Für das Verständnis konkreter Entscheidungen kommt es daher besonders darauf an, den jeweiligen *Entscheidungskontext* mit den jeweils relevanten Umgebungsvariablen zu betrachten: Denn als Ergebnis eines Prozesses, der sich in sozialen Kontexten vollzieht, kann eine Entscheidung durch verschiedene Faktoren beeinflusst werden und von dem Resultat abweichen, das entstanden wäre, wenn der Entscheider ausschließlich den für ihn relevanten normativen Entscheidungsanforderungen gefolgt wäre. Dabei dürften v. a. die verfügbaren Entscheidungsalternativen, der Informationsgrad und die Wertpräferenzen des Entscheidungsträgers, psychosoziale Faktoren wie Stress, die erwartete bzw. rezipierte Reaktion anderer Akteure oder gruppendynamische Prozesse[15] sowie die Ressourcenausstattung und Abhängigkeiten sozialer, ökonomischer o. ä. Natur von besonderer Bedeutung sein.

Die letzte Analyseebene betrifft die *(qualitative) Evaluation* von Entscheidungen, die häufig in Form eines Ist-Soll-Vergleichs angelegt ist und bei der die Frage nach der Zielerreichung eine zentrale Rolle spielt – sei es hinsichtlich der Realisierung

---

13 Vgl. zu den neurowissenschaftlichen Erkenntnissen des Entscheidens in sozialen Kontexten Rilling und Sanfey (2011).

14 Für eine pragmatisch begründete Orientierung am Handlungserfolg s. Schubert (2003: 16 und 61ff.).

15 Vgl. hierzu etwa Misyak et al. (2014).

der an die Entscheidung gestellten materialen Anforderungen, sei es mit Blick auf notwendige Folgeentscheidungen bzw. eingetretene Zielkonflikte oder eine mögliche Revision, die bei öffentlichen oder Gruppenentscheidungen häufig auf die Beanstandung des formalen Entscheidungsprozesses gestützt wird.

Wie die vorangehenden Ausführungen deutlich machen, changiert die Analyse von Entscheidungen zwischen deskriptiven und normativen Konzepten, die oft nicht eindeutig trennbar sind. So wurde etwa die Prämisse der *Rational-Choice-Theorie*, dass Menschen mit ihren Entscheidungen die Maximierung des eigenen Nutzens verfolgen, sowohl zur deskriptiven Analyse insbesondere ökonomischen und politischen Verhaltens, als auch als normative Verhaltensvorgabe für die *rationale* Wahl zwischen verschiedenen Optionen z. B. bei politischen Wahlen verwendet.[16] Grundsätzlich lassen sich in der Entscheidungsforschung jedoch zwei Hauptstoßrichtungen unterscheiden: Dies ist zum einen das grundsätzliche Erkenntnisinteresse an den Grundlagen menschlichen Verhaltens, das sich in verschiedenen Disziplinen von der Philosophie bis zu den Neurowissenschaften zeigt; zum anderen besteht mit der Fokussierung auf spezifische Entscheidungen wie Konsum- oder Wahlentscheidungen eine Forschungsausrichtung, der es um die Hintergründe spezifischer Entscheidungen geht und die häufig auch praktische Ansätze liefern möchte, um individuelles Entscheiden und Handeln im Sinne bestimmter Präferenzen oder Interessen zu modifizieren.

Die aus unterschiedlichen geistes- und sozialwissenschaftlichen Disziplinen stammenden Beiträge dieses Sammelbandes können natürlich nur Teilaspekte der komplexen Materie *Entscheidungen* abdecken. Dennoch vermitteln sie insgesamt ein gutes Bild von der Bedeutung dieses Themas quer durch die verschiedensten Forschungsfelder.

Die erste Gruppe der Beiträge befasst sich mit der *wissenschaftlichen Analyse von Entscheidungen*. So beleuchtet Christian Pietsch in seinem Beitrag zur antiken Historiographie Herodots exemplarisch die historische Dimension des Themenfeldes. Herodots *Historien* verdeutlichen das Bemühen der antiken Geschichtsschreibung um Einsicht in die kosmische Ordnung und die menschliche Natur. Eine wesentliche Rolle spielt dabei die Analyse von Entscheidungen, ihren Hintergründen und ihrer Genese, um so aus der Vergangenheit für die Gegenwart und Zukunft zu lernen. Dabei wird aber auch deutlich, dass schon dem Forschungsprogramm Herodots eine klare Entscheidung zugrunde liegt, denn die antike Geschichtsschreibung versteht sich selbst als Mahnerin und Warnerin, die Ursachen und Wirkungen aufzeigen will, und der es insbesondere darum bestellt ist, auf Fehlleistungen hinzuweisen, um die künftigen Geschicke positiv zu beeinflussen.

---

16 Vgl. Swoyer und Ellis (2008: 2007).

Ulrich Hamenstädt erläutert, wie Experimente als relativ junge Methode in der Politikforschung auch zum Verständnis politischer Entscheidungen beitragen können. Der Schwerpunkt des Beitrages liegt v. a. auf den methodischen Problemen experimenteller Forschung und der Frage, welche methodischen und erkenntnistheoretischen Überlegungen der Entscheidung zugrunde lagen, experimentelle Verfahren in der Politikwissenschaft zu adaptieren.

Auch in der Wirtschaftswissenschaft bringen neue entscheidungstheoretische Annahmen Entwicklungen in Gang und lassen die lange Zeit dominante Figur des *homo oeconomicus* in den Hintergrund treten, wie Thomas Langer und Sven Nolte in ihrem Beitrag darlegen. Die Autoren befassen sich mit Selbstdisziplinierungsproblemen und modellieren einen Erklärungsansatz, der die Berücksichtigung von Diskrepanzen zwischen geplantem und tatsächlichem Verhalten bei Entscheidungen unter Unsicherheit ermöglichen soll. Im Zentrum des Beitrags steht die Annäherung an komplexe Entscheidungsmuster, denen das recht statische Modell des traditionellen *homo oeconomicus* nicht gerecht werden kann.

Mit Entscheidungsheuristiken befassen sich Jens H. Hellmann und René Kopietz, die einen Einblick in die psychologische Entscheidungsforschung geben. Dabei konzentrieren sich die beiden Autoren auf Entscheidungen, die wegen Zeitdrucks oder anderer Ursachen auf eher geringer Informationsgrundlage basieren. Zum Gelingen von Entscheidungen unter solchen Umständen tragen Heuristiken bei, die bekannte Kontexte strukturieren und Analogieschlüsse ermöglichen. Erst die dadurch erreichte Rationalisierung versetzt uns in die Lage, den Alltag adäquat zu bewältigen, Entscheidungen nach Dringlichkeit zu priorisieren und den wesentlichen die gebotene Aufmerksamkeit zuteilwerden lassen zu können.

Entscheidungsstrategien stehen im Zentrum der zweiten Gruppe, in der sich zunächst Robert Kirstein mit den listenreichen Helden der griechischen Antike befasst und am Beispiel der *Iphigenie auf Tauris*, der *Odyssee* und der *Historien* den Stellenwert strategisch klugen Handelns in der antiken Literatur und Geschichtsschreibung herausarbeitet. Unter Rückgriff auf den *Katalog der 36 Strategeme* der chinesischen Ming-Zeit befasst sich der Beitrag u. a. mit der Frage nach der meist negativen Konnotation der List im europäischen Kulturkreis und zeigt, dass die Antike kaum moralische Probleme mit listigen Helden hatte, die sich, sofern es der guten Sache dient, aller möglichen Tricks und Kniffe bedienen durften. Kirstein gibt so einen Einblick in die antike Ideenwelt, in der die List einen festen Platz als legitimes Mittel zur Gefahrenabwehr hat, in der Mut und Klugheit über die Widrigkeiten des Schicksals siegen.

Hingegen werden moderne Protagonisten, wie Caroline Rocks und Martina Wagner-Egelhaaf in ihrem Beitrag darlegen, immer unfähiger zu entscheiden. Ausgehend von Ernst Wilhelm Händlers Diagnose, dass es der Gegenwartsliteratur an Dezisionismus mangelt, zeichnen die beiden Autorinnen zunächst ein Bild von Schillers Wallenstein, das diesen als klassischen Entscheider zeigt, um im Anschluss Schillers Helden mit den Hauptcharakteren zweier Romane Händlers zu vergleichen. Die Autorinnen argumentieren, dass es der literarischen Bearbeitung des Themas *Entscheidungen* insbesondere um deren Kontextualisierung bestellt ist, durch die v. a. auch die Entscheidungsdilemmata sichtbar werden.

Entscheidungsprozesse bilden den gemeinsamen Kern der letzten Gruppe der hier versammelten Beiträge. Reinhard Emmerich befasst sich mit dem Streit um die Nachfolge des ersten chinesischen Kaisers der Han-Dynastie. Sein Beitrag entwirrt ein politisches Ränkespiel der Hofbeamten, die mittels ihres Einflusses den knapp achtzehnjährigen Liu He für wenige Wochen zum Kaiser machen, um ihn kurz darauf unter dem Vorwurf eines unmoralischen Lebenswandels zu stürzen. An dieser kurzen Episode der chinesischen Geschichte verdeutlicht Emmerich zum einen die Korrektur einer (politischen) Personalentscheidung, deren Hintergründe zum Teil noch im Verborgenen liegen. Zum anderen erläutert er, wie diese Entscheidung mit juristischer Finesse begründet wurde: denn die Entthronung des jungen Kaisers stellte eine Gratwanderung zwischen Illoyalität und Aufrechterhaltung der konsensualen Ordnung dar, die nur auf der Grundlage hinreichender Begründung gelingen konnte.

Stefanie van Ophuysen, Bea Harazd und Johannes Bellmann erörtern in ihrem Beitrag die Rolle von Pädagogen bei den Bildungsgangempfehlungen, die am Ende der Grundschulzeit über die Art der nachfolgenden schulischen Ausbildung (mit-) entscheiden. Damit bearbeiten die Autoren ein Thema mit weitreichenden Auswirkungen, denn Entscheidungen über den Zugang zu Bildung bestimmen nicht nur das individuelle Leben der von Bildung Profitierenden oder Ausgeschlossenen, sondern haben weitreichende gesellschaftliche Auswirkungen – etwa dann, wenn qualifizierter Nachwuchs für Fachausbildungen fehlt. Mit Blick auf unser Rahmenthema fokussiert dieser Beitrag auf Entscheidungen zugunsten oder zulasten Dritter. Die Autoren stellen Ergebnisse vor, die den Entscheidungsprozess und die Entscheidungsqualität bei Bildungsgangempfehlungen auf einen kritischen Prüfstand stellen.

Armin Glatzmeier befasst sich mit der Diskussion um die Zulässigkeit der rituellen Knabenbeschneidung. Der Beitrag analysiert die Rahmenbedingungen des politischen Entscheidungsprozesses an dessen Ende die gesetzliche Erlaubnis der (rituellen) Knabenbeschneidung stand. Im Fokus stehen dabei insbesondere die Fragen, ob der Entscheidungskontext zu Stress bei den politischen Entscheidungsträgern geführt haben kann und ob der Entscheidungsprozess Anzeichen stressinduzierter Defizite im Entscheidungsverlauf und -ergebnis aufweist. Ausgehend von der Prämisse, dass repräsentativ-demokratische Entscheidungsprozesse insbesondere zu rational begründeten, sachadäquaten Lösungen gesellschaftlicher Probleme führen sollen, liegt der Schwerpunkt der Ausführungen dabei v.a. auf der Abwägung der materialen Entscheidungsgründe.

Gemeinsam geht es den Beiträgen des vorliegenden Bandes darum, Entscheidungen und Entscheidungsgründe verstehbar zu machen. Dieser Versuch zeigt einige Konstanten aber auch Brüche bezüglich unserer Sichtweise auf menschliches Entscheiden. Entscheidungen haben, wie sich zeigt, einen festen Stellenwert in Kultur und Wissenschaft. Das antike *delectare et prodesse* ging über einen formalen Bildungsanspruch weit hinaus: Hinter ihm steht das antike Bild des in die kosmische Ordnung eingebundenen Menschen, der sich zwar seinem Schicksal stellen muss, dieses aber besser meistern kann, wenn er sich um Einsicht in die kosmische Ordnung bemüht. Mit der Moderne, die zunächst in der Renaissance an das antike Ideal anknüpfte, begann sich das Bild zu wandeln. Das Nachdenken über den Menschen warf Zweifel am Menschen auf. Die Ablösung der festgefügten mittelalterlichen Ordnung schuf Raum für Innovation. Sie ließ den Menschen aber auch mit neuen oder nun wieder offenen Fragen zurück – darunter die nicht unerheblichen Fragen: Wie soll ich entscheiden? Worin gründen meine Entscheidungen? Was kann ich überhaupt entscheiden? Das Bild vom autonomen Entscheider wurde zwar eine zentrale Figur der Aufklärung und fand insbesondere in Kant einen seiner stärksten Fürsprecher. Rasch wurden ihm aber andere Konzepte entgegengesetzt, die die Frage nach der Bedingtheit menschlichen Entscheidens in den Mittelpunkt rückten und stärkeres Gewicht auf die Kontextgebundenheit von Entscheidungen legten. Schrittmacher einer neuen Sichtweise auf den Menschen wurden neben der Philosophie zunächst die Psychologie und neuerdings die Neurowissenschaften.

Was sich als Hauptergebnis des vorliegenden Bandes festhalten lässt, ist die Tatsache, dass es in den Geistes- und Sozialwissenschaften gegenwärtig keinen einheitlichen Entscheidungsbegriff gibt, neuere wissenschaftliche Erkenntnisse etwa aus Psychologie und Neurowissenschaften nur zögerlichen Niederschlag finden und ein aktives interdisziplinäres Bemühen um den Entscheidungsbegriff weitgehend fehlt. Wir wollen daher nicht nur einen Impuls für eine intensivere gemeinsame Durchdringung dieses spannenden Forschungsfeldes setzen, sondern mit dem Wunsch schließen, dass sich Geistes- und SozialwissenschaftlerInnen aktiver in die wichtige Diskussion darüber einbringen, wie die aktuellen Erkenntnisse traditionelle Menschenbilder verändern und welche Impulse sich daraus für die Forschung in den verschiedenen Disziplinen ergeben. Gefordert ist damit nicht weniger als eine selbstbewusste, aktive Rolle im interdisziplinären Dialog. Es geht um eine Entscheidung.

Quellenverzeichnis

Beck, B. 2013. *Ein neues Menschenbild? Der Anspruch der Neurowissenschaften auf Revision unseres Selbstverständnisses*, Münster: mentis.

Freud, S. 1997. Eine Schwierigkeit der Psychoanalyse. In *Abriss der Psychoanalyse. Einführende Darstellungen*, hrsg. S. Freud, 187-194. Frankfurt am Main: Fischer.

Gigerenzer, G. 2007. *Bauchentscheidungen: die Intelligenz des Unbewussten und die Macht der Intuition*, München: Bertelsmann.

Gigerenzer, G., und W. Gaissmaier. 2011. Heuristic Decision Making. *Annual Review of Psychology* 62: 451-482.

Gilboa, I. 2010. Questions in Decision Theory. *Annual Review of Economics* 2: 1-19.

Hasler, F. 2012. *Neuromythologie: Eine Streitschrift gegen die Deutungsmacht der Hirnforschung*. Bielefeld: transcript.

Kahneman, D., P. Slovic, und A. Tversky. 1982. *Judgment under uncertainty: heuristics and biases*, Cambridge: Cambridge University Press.

Libet, B., E. W. Wright, B. Feinstein, und D. K. Pearl. 1979. Subjective Referral of Timing for a Conscious Sensory Experience. A Functional Role for the Somatosensory Specific Projection System in Man. *Brain* 102 (1): 193-224.

Misyak, J. B., T. Melkonyan, H. Zeitoun, und N. Chater. 2014. Unwritten Rules: Virtual Bargaining Underpins Social Interaction, Culture, and Society. *Trends in Cognitive Sciences*. doi: 10.1016/j.tics.2014.05.010.

Reimann, M., und B. Weber (2011). *Neuroökonomie. Grundlagen – Methoden – Anwendungen*. Wiesbaden: Gabler.

Rilling, J. K., und A. G. Sanfey. 2011. The Neuroscience of Social Decision-Making. *Annual Review of Psychology* 62: 23-48.

Rogerson M. D., M. C. Gottlieb, M. M. Handelsman, S. Knapp, und J. Younggren. 2011. Nonrational Processes in Ethical Decision Making. *The American Psychologist* 66 (7): 614-623.

Roth, G. 2003. *Aus Sicht des Gehirns*, Frankfurt am Main: Suhrkamp.

Schubert, K. 2003. *Innovation und Ordnung – Grundlagen einer pragmatistischen Theorie der Politik*, Münster: Lit-Verlag.

Shadlen, M. N., und R. Kiani. 2013. Decision Making as a Window on Cognition. *Neuron* 80 (3): 791-806.

Swoyer, C., und S. Ellis. 2008. Rational Choice. In *International Encyclopedia of the Social Sciences, 2nd Edition, Bd. 9*, hrsg. W. A. Darity, Jr., 2006-2008, Detroit: Thomson, Gale.

Verstehen von Entscheidungen als Ziel antiker Geschichtsschreibung am Beispiel der *Historien* des Herodot

Christian Pietsch

1 Einführung in die Fragestellung

Wozu dient eigentlich Geschichtsschreibung – heute würde man eher sagen: Geschichtsforschung? Worin liegt ihr Sinn? Grundsätzlich sind zwei Vorteile geschichtlicher Forschung denkbar: Entweder dient sie der Aufhellung vergangener Abläufe, d. h. sie macht historische Fakten auf ihre Ursachen hin transparent. Oder historische Forschung dient – alternativ oder darüber hinaus – dazu, so etwas wie eine Einsicht allgemeiner Art zu vermitteln, die das ‚Funktionieren von Geschichte‘ überhaupt betrifft. Eine solche Einsicht ginge über das jeweils behandelte, individuelle historische Geschehen hinaus und könnte auf andere, vergangene oder auch zukünftige historische Ereignisse und Entwicklungen übertragen werden.

Nach heutiger Auffassung ist die zweite dieser beiden Optionen ausgeschlossen. Die Beschäftigung mit der Geschichte kann nur in dem ersten, sehr viel begrenzteren Sinn zu einer Belehrung führen. Sie kann durch Aufdeckung von Zusammenhängen die jeweils individuellen Ursachen bestimmter Abläufe deutlich machen: Wie kam es zum Ausbruch des 1. Weltkrieges? Wieso war der Nationalsozialismus möglich? Was verursachte die Auflösung des Ostblocks? Historische Untersuchungen können geschichtliche Entwicklungen in ihrer Genese aufklären und führen so zu einem Wissenszuwachs. Was historische Untersuchungen aber nach heutigem Verständnis nicht leisten können, ist die Vermittlung eines Wissens, das sich über die untersuchte Entwicklung hinaus anwenden ließe. Es lässt sich aus einem historischen Ereignis keine auf Gegenwart oder Zukunft übertragbare Lehre gewinnen. Denn die moderne Geschichtsauffassung schließt die Möglichkeit kategorisch aus, dass sich Geschichte in irgendeiner Form wiederholen könnte und dass eine Übertragung von Erklärungsmustern von einer Epoche oder Entwicklung auf die andere möglich ist.

Diese Haltung stammt aus dem Historismus des 19. Jahrhunderts. Nach dem Historiker Leopold von Ranke ist „Jede Epoche [...] unmittelbar zu Gott, und ihr Wert beruht gar nicht auf dem, was aus ihr hervorgeht, sondern in ihrer Existenz selbst, in ihrem Eigenen selbst"[1], d. h. jede Epoche und jeder historische Prozess ist so sehr spezifisch, dass sie nur durch Einsicht in ihre eigenen, individuellen Bedingungen, nicht aber durch den vergleichenden Blick auf Analogien in der Geschichte verstanden werden können.

Die Antike sah das anders. Das zeigt schon das bekannte Cicero-Wort[2] *historia est magistra vitae*, das der gesamten Gattung der Geschichtsschreibung eine pädagogische Zielsetzung im Sinne einer „Lehre fürs Leben" zuschreibt: Man kann und soll nach dieser Überzeugung aus der Beschäftigung mit der Geschichte etwas für das eigene Leben Bedeutsames lernen. Es gibt, trotz aller inhaltlichen Unterschiede der konkreten historischen Situationen, übertragbare Strukturmomente bzw. strukturelle Grundmuster. Die Aufgabe historischer Forschung liegt daher zunächst zwar durchaus *auch* auf der kausalen Erhellung individueller Abläufe, aber sie muss zugleich das Analoge, in der Geschichte immer Wirksame durch das Individuelle gleichsam hindurch scheinen lassen. Eine allein auf die Erklärung einzelner Abläufe abzielende historische Forschung brächte sich um ihren eigentlichen Sinn.

Wie Cicero es als allgemeine historiographische Charakteristik formuliert, so findet es sich auch als konkrete Zielsetzung bei Autoren der antiken Historiographie. Für Thukydides etwa[3] ist historische Ursachenerkenntnis kein Selbstzweck, sondern soll einen Nutzen (*ôphélimon*) haben. Dieser Nutzen besteht darin, durch die Beschäftigung mit vergangenen Ereignissen Einsicht in die menschliche Natur zu erlangen. Denn die menschliche Natur (*to anthrôpinon*) ist als *die* geschichtliche Kausalität schlechthin gedacht und wird von Thukydides als eine über die Zeiten hinweg identische Grundkonstante historischer Abläufe gedacht. Analysiert man sie, ergeben sich das Streben nach Macht bzw. die Furcht vor dem Machtverlust als Grundmotivationen menschlichen Handelns[4], die immer wieder zu analogen Verhaltensmustern führen werden. Wer dies eingesehen hat, besitzt eine erhöhte Kompetenz zur Zukunftsbewältigung, denn er hat das Werkzeug in der Hand, um nicht nur jeden historischen Ablauf der Vergangenheit deuten, sondern auch die noch in der Zukunft liegenden gezielt beeinflussen zu können. Die Beschäftigung mit der Geschichte ist daher gerade für den ein ‚Muss', der sich politisch kompe-

---

1   Berding (1971: 60).
2   *De oratore* II 9.
3   *Historien* I 22, 4.
4   Z. B. *Historien* II 63.

tent betätigen will. Ihre Ergebnisse bilden, wie Thukydides sagt[5], „einen Besitz für immer" (*ktêma eis aeí*).

Damit ist – bei allen Unterschieden zwischen den antiken Historiographen im Detail – die Erwartung der Antike an die Leistung von Geschichtsschreibung benannt. Nach diesen bisher noch allgemein gehaltenen Ausführungen muss nun der nächste Schritt sein, zu zeigen, wie sich die historische Analyse konkret vollzieht und welche Kausalitäten bzw. Grundkonstanten historischen Geschehens es sind, die sie offenlegt. Dies soll im Folgenden exemplarisch am Werk des Herodot, des Begründers der antiken Historiographie, betrachtet werden.

2   Gegenstand und Zielsetzung der Historiographie bei Herodot

Herodot: geboren vermutlich zwischen 490 und 480 v. Chr. in Halikarnass (heute Bodrum), einer Stadt im südwestlichen Teil der damals von Griechen besiedelten kleinasiatischen Küste, gestorben nach 430 v. Chr. in der süditalischen Griechenstadt Thurioi, bei deren Gründung er vermutlich mitgewirkt hatte. Sein Werk, programmatisch von ihm selbst als „Darlegung (historischer) Forschung" (*historíes apódexis*) bezeichnet, entstand in der heute vorliegenden Form vermutlich im Laufe einiger Jahrzehnte bis in die späten 30-er Jahre des 5. Jahrhunderts v. Chr. Sein zentraler Gegenstand sind Entstehung und Verlauf der Perserkriege, d. h. jenes militärischen Konfliktes zwischen Griechenland und dem persischen Königreich in den Jahren 490 und 480/79 v. Chr., der überraschend mit einem griechischen Sieg über den zahlenmäßig weit überlegenen Gegner endete. Dieses Ereignis war seitdem entscheidend für das Selbstverständnis der Griechen als Volk der Freiheit. Was Herodot zum Thema seines Geschichtswerkes machte, war für die Griechen seiner Zeit *das* Thema schlechthin.

Die Beantwortung der Frage nach Gegenstand und Zielsetzung von Geschichtsbetrachtung beginnt am besten bei dem in antiker Literatur üblichen Ort für inhaltliche und methodische Programmatik, dem einleitenden *Prooemium*:

> Des Herodot aus Thurioi Vortrag von Geschichtsforschung ist dies hier, damit weder das, was sich von Menschen her zugetragen hat, im Laufe der Zeit verloren gehe noch große und bewundernswerte Leistungen, die entweder von Griechen oder Barbaren (d. h. asiatischen Völker, v. a. Persern) aufgewiesen worden sind, um ihre Bekanntheit

---

5   *Historien* I 22, 4.

kommen. Vor allem berichtet er darüber, aus welchem Grund sie (Griechen und Barbaren) miteinander Krieg führten.

Zunächst wird der Gegenstandsbereich genannt, mit dem sich Geschichtsschreibung befasst: „Was sich von Menschen her zugetragen hat". ‚Geschichte', wie Herodot sie schreiben will, betrifft Ereignisabläufe unter Menschen, und zwar so, dass den menschlichen Individuen bei der Gestaltung der Abläufe eine aktive Rolle zukommt. Geschichte beruht – und hier kommt der Leitbegriff des vorliegenden Bandes ins Spiel – auf den Entscheidungen und Handlungen von Menschen.

Hier liegt ein wichtiger Unterschied zur Geschichtsauffassung unserer Zeit. Sie sieht die Geschichte weniger durch persönliche Wahlfreiheit menschlicher Individuen bestimmt, sondern eher durch strukturelle Gegebenheiten in Politik, Wirtschaft und sozialem Umfeld. Diese moderne Annahme wertet die geschichtsanalytische Sicht der Antike als ungenügend ab. Geschichte wird – so gesehen – nicht von Individuen gemacht. Diese Abwertung ist aber nur zum Teil berechtigt. Denn nicht nur weist die moderne Sichtweise durch die Ausblendung individueller Entscheidungsträger eine ebenfalls kritisierbare Einseitigkeit auf, sondern die antike Historiographie vertrat ihre Sicht der Geschichte auch aus der Überzeugung heraus, gute Gründe dafür zu haben, wie noch zu zeigen sein wird.

Geschichtsschreibung richtet sich also auf die in menschlichen Entscheidungen und Handlungen gründenden Ereignisabläufe. Doch das Herodoteische *Prooemium* verrät noch mehr über das, was Herodot als seine historiographische Leistung ansah. Denn Gegenstand der Geschichtsschreibung sind nicht undifferenziert *alle* menschlichen Ereignisabläufe, sondern nur besonders erwähnenswerte Leistungen, worunter neben ereignisgeschichtlichen Fakten aus der großen Politik auch kulturelle Errungenschaften oder Sitten und Gebräuche gemeint sein können. Eine solche Festlegung auf „große und bewundernswerte Leistungen" bei „Griechen oder Barbaren" zeigt: Herodots Blick auf die Geschichte ist selektiv und will es sein. Sozialgeschichtliche Querschnitte sind damit ausgeschlossen. Und in der Tat: Wenngleich bei Herodot der kulturgeschichtliche Blick auf die Lebensumstände ‚kleiner Leute' keineswegs fehlt, so sind zumindest in der Ereignisgeschichte weitgehend nur die großen Ereignislinien und die an den Schaltstellen der Macht sitzenden Akteure Gegenstand der Betrachtung.

Indem nun aber, so unterrichtet das *Prooemium* weiter, die denkwürdigen Ereignisse und Leistungen menschlicher Wirksamkeit schriftlich fixiert werden, vollzieht sich eine weitere, zweite Leistung der Historiographie: die Bewahrung der Erinnerung. Denn durch den Lauf der Zeit verschwinden ohne historiographische Fixierung die menschlichen Leistungen aus dem Gedächtnis und selbst von dem, was der Erinnerung besonders würdig ist, bleibt keine Kenntnis zurück.

Was Herodot bisher als Gegenstand und Aufgabe von Historiographie benannt hat – Bericht und Bewahrung wesentlicher menschlicher Leistungen und Ereignisse –, erbrachte eine generelle Aufgabenbestimmung von Geschichtsschreibung überhaupt. Doch ein *Prooemium* muss auch über den speziellen Gegenstand des vorliegenden Werkes informieren. Herodot nennt den kriegerischen Konflikt, der sich zwischen „Griechen und Barbaren" zugetragen hatte, die Perserkriege – jeder Leser wusste, wer mit ‚den Barbaren' gemeint war. Dieser mit einem weit zurückreichenden Vorlauf versehene Konflikt soll auf seine Ursache hin transparent gemacht werden. Dabei durchzieht das Begriffspaar ‚Griechen – Barbaren' das gesamte Werk, denn Griechen und Barbaren stehen nicht nur für eine zufällige politische oder ethnische Konstellation, sondern für einen grundlegenden Unterschied in Kultur und Mentalität. Europäer und Asiaten sind in ihren mentalen Grundhaltungen inkompatibel. Daher war der persische Versuch, nach Europa auszugreifen, frevelhaft. Der Gegensatz Europa – Asien bildet eines der Grundmuster, der so genannten *pattern*, die in der Fülle der wechselnden Situationen immer wieder analog die Ereignisabläufe prägen.

Der Konflikt zwischen Griechen und Persern/Barbaren bildet also das Auswahlkriterium über die Inhalte des Berichtes. Alle übrigen denkwürdigen Leistungen, von denen in Herodots Werk berichtet wird, finden dort Erwähnung nur, sofern sie mit dieser Ereignislinie in irgendeiner Weise in Verbindung stehen. Hier, an dieser Stelle, taucht nun auch derjenige Begriff auf, der für die historiographische Leistung der Antike seit Herodot konstitutiv wurde. Denn es sollte nicht einfach nur ein historisches Faktenreferat geboten, sondern die Fakten sollten einer analytischen Deutung unterzogen werden. Die Ursache (*aitíê*) des Geschehens ist es, um deren Aufdeckung es dem Historiographen geht. Wie sich diese Ursachenanalyse konkret vollzieht, wird gleich zu beobachten sein.

Damit sind im *Prooemium* inzwischen fünf Aussagen über das nachfolgende Geschichtswerk getroffen: Bericht (1), aber auch Bewahrung (2) denkwürdiger menschlicher Leistungen als Gegenstand und Aufgabe von Geschichtsschreibung überhaupt sowie die Perserkriege in kausalanalytischer Hinsicht als spezieller Gegenstand *dieses* Werkes (3), wobei mit ‚Griechen und Persern' zugleich ein kontrastives Grundmuster der Darstellung und Bewertung vorgegeben ist (4). Dabei richtet sich die Betrachtung analytisch auf die Offenlegung der Ursachen (5). Das *Prooemium* hält jedoch, an einer späteren Stelle[6], noch eine weitere, sechste Information bereit. Denn es geht Herodot zwar durchaus auch, aber nicht nur darum, ein einzelnes historisches Ereignis verständlich zu machen. Die Darstellung dieses Ereignisses soll in exemplarischer Form auch etwas vom Wesen menschlicher Ge-

---

6   *Historien* I 5.

schichte überhaupt sichtbar machen (6). Er werde, so Herodot, im weiteren Verlauf
seines Werkes „gleichermaßen kleine und große Städte der Menschen behandeln".
Und er fährt fort:

> Denn Städte, die früher groß waren, sind zum größten Teil klein geworden. Städte
> aber, die zu meiner Zeit groß waren, waren zuvor klein. In dem Wissen also, dass
> das menschliche Glück keinesfalls stabil im selben Zustand verharrt, werde ich beide
> gleichermaßen erwähnen.

Die ‚Städte', von denen die Rede ist, stehen als politische und kulturelle Zentren
hier stellvertretend für die Träger menschlicher Geschichte überhaupt. Herodot
will nicht nur die aktuellen Zentren von Macht und Kultur zum Gegenstand der
Darstellung machen, sondern auch die, die zwar früher von Bedeutung waren, zu
seiner Zeit aber nicht mehr. Dies ist bemerkenswert und lässt die Frage aufkommen,
welchen Zweck er damit verfolgt.

Herodot ordnet seine Bemerkung über kleine und große Städte in einen größeren
Zusammenhang ein, der ihm – das zeigt die Stellung am Ende des *Prooemiums* – besonders wichtig war. Er berichte dies, so Herodot, in dem Wissen, dass menschliches
Glück (*eudaimoníê*) – gemeint ist damit Wohlergehen und Erfolg – niemals von
Dauer sein könne. Hiermit benennt Herodot ein weiteres Grundmuster menschlicher
Geschichte. Eine solche Grundeinsicht kann nie selbst unmittelbarer Gegenstand
historischer Beobachtung, sie kann nur ein Fazit historischer Forschung sein. In
diese Überzeugung von der grundsätzlichen Wandelbarkeit menschlichen Glücks
werden auch die großen historischen Entwicklungen der Gemeinwesen eingeordnet,
deren Geschichte wie die der Individuen eine Abfolge von Aufstieg und Niedergang
ist. Diese allgemeine, in allen individuellen Verläufen wirksame Verlaufscharakte-
ristik politischer Entwicklungen ergibt sich aus der Beobachtung der einst großen,
jetzt aber kleinen und der einst kleinen, jetzt aber großen Städte. Sie dient dann
aber umgekehrt auch als Deutungsmuster der empirischen Geschichtsverläufe.
Wenn Herodot also im Folgenden die Geschichte der wachsenden Verflechtung der
griechischen und persischen Geschichte im 6. und 5. vorchristlichen Jahrhundert
bis zum großen Kulminationspunkt der Perserkriege erzählt, dann wählt er damit
einen besonders prominenten, populären Geschichtsverlauf, an dem eben diese
Einsicht besonders deutlich werden soll.

Herodoteische Geschichtsschreibung will letztlich also immer auch universale
Geschichtsdeutung sein. Ist man durch das *Prooemium* erst einmal darauf aufmerksam geworden, fällt eine ganze Reihe ähnlicher programmatischer Äußerungen
ins Auge, die Herodot an anderer Stelle macht. Hier die wichtigsten:

- I 32: Der wegen seines Reichtums sprichwörtliche lydische König Kroisos hält sich für den glücklichsten aller Menschen. Dem setzt der athenische Staatsmann Solon die Überzeugung entgegen, dass über das Glück eines Menschen erst nach seinem Tod eine Aussage möglich sei. In menschlichen Dingen „ist alles Göttliche neidisch und stiftet Unruhe". Solon betont die menschliche Anfälligkeit für negative Wendungen mit der zugespitzten Aussage, ein Mensch sei „ganz und gar Zufall (*symphorê*)".

- I 86: Als später der erste persische König Kyros vom Schicksal des von ihm unterworfenen lydischen Königs Kroisos erfährt, erkennt er, dass auch er selbst nur ein Mensch ist. Er begreift, dass gerade ein scheinbar unangreifbarer Höhenflug der Macht eine besondere Gefährdung bedeutet und „dass nichts unter den Menschen sicher ist."

- I 207: Noch deutlicher wird abermals etwas später der nunmehr als Ratgeber seines Überwinders fungierende lydische Ex-König. Kroisos hält den persischen Erfolg keinesfalls für sicher. „Begreife", so fasst er seine Erfahrung zusammen, „dass es einen Kreislauf (*kýklos*) der menschlichen Angelegenheiten gibt und dass er bei seinem Umlauf nicht immer dieselben Erfolg/Glück haben lässt". Kyros' anschließende Niederlage und Tod werden zum Beleg für Kroisos' Überzeugung, die auch – und gerade – für einen Herrscher wie Kyros gilt.

- VII 10 e: Der persische Großkönig Xerxes entschließt sich zum Angriff auf Griechenland. Auf diese Weise glaubt er, seine irdische Herrschaft über Menschen der Herrschaft des Zeus im Himmel gleichzustellen. Doch sein Ratgeber Artabanos gibt ihm zu bedenken, dass „der Gott nicht zulässt, dass ein anderer außer ihm selbst sich in Stolz erhebe."

Diese Äußerungen sind an entscheidenden Wendepunkten der Ereignisabläufe Ausdruck einer Geschichtsdeutung, die die Grundbedingungen benennen will, unter denen jedes Menschenleben und damit auch alle historischen Abläufe stehen. Dass tatsächlich nicht eine beliebige Meinung werkinterner Akteure, sondern eine auktoriale Ansicht vermittelt wird, belegen die Personen, denen diese Einsicht unbeachtet vorgetragen wird, mit ihrem weiteren, selbstverschuldeten Schicksal: Kroisos verliert seine Herrschaft, Kyros fällt, sein Nachfolger Kambyses stirbt durch einen Unfall, seine Nachfolger Dareios und Xerxes schließlich erleiden gegen Griechenland militärische Niederlagen.

Die meisten dieser Deutungshilfen befinden sich bereits im 1. Buch. Herodot will mit ihrer Hilfe die Verständnisvoraussetzungen für die nachfolgenden Ereignisse schaffen. Denn die gesamte Geschichte des Perserreiches von Kyros bis Xerxes erhält erst im Lichte dieser Deutungsmaxime ihren eigentlichen Sinn. Das 1. Buch – genauer: die Geschichte vom Fall des lydischen Reiches, des Vorgängerreiches der Perser, und seines letzten Königs Kroisos – präformiert, zur didaktischen Vorbereitung des Lesers gleichsam im Kleinformat, die von Herodot gewünschte Deutung der komplexeren Großereignisse der Perserkriege.

Nimmt man die aufgeführten Stellen zusammen, ergeben sie den Sinn, dass Erfolg Einzelner oder ganzer Völker zwar möglich, aber nicht verlässlich ist. Das gilt ohne Ausnahme – wenn auch der Niedergang, der dem Aufstieg folgt, nicht immer dieselbe Person oder Generation betreffen muss, sondern – wie etwa im Falle des lydischen Königshauses – auch erst Generationen später eintreten kann. Die Anfälligkeit für einen Sturz vom Glück ins Unglück steigt, je exponierter die Träger des Erfolges sind. Aufstiegs- und Fallbewegungen ergeben erneut ein Grundmuster, das sich in vielen individuellen Lebensläufen, wenngleich aus je unterschiedlichen Gründen, wiederholt.

3   Geschichte als Folge menschlicher Entscheidungen – drei Fallbeispiele

Doch wie soll man es widerspruchsfrei verstehen, dass nach Herodot der Mensch einerseits selbstverantwortliches Subjekt der Geschichte, zugleich aber auch „ganz und gar Zufall" bzw. Opfer neidischer Gottheiten sein soll? Legen diese Äußerungen nicht doch nahe, dass Herodot den Menschen, wenn er auch äußerlich zu agieren scheint, als Spielball fremder Kräfte sieht? Der Sinn von Geschichtsschreibung wäre dann kein anderer, als den Leser zu lehren, sich mit dieser Perspektive abzufinden und die Möglichkeit zu selbstbestimmtem Handeln als Illusion aufzuweisen.

Dies ist jedoch keinesfalls die Botschaft des Herodoteischen Geschichtswerkes. Im Gegenteil: Die wesentliche Bedeutung individueller menschlicher Entscheidungen für den Verlauf der Geschichte wird sogar besonders hervorgehoben. Was Herodot dabei aber zu bedenken geben möchte, ist erstens, dass Entscheidungen falsch sein und verhängnisvolle Konsequenzen haben können, und zweitens dass das entscheidende und handelnde Individuum nicht die einzige Kausalität ist, sondern an anderen Individuen eine nicht immer vorher absehbare Begrenzung findet. Sinnvolles Entscheiden muss auch die Grenzen menschlichen Handelns einbeziehen. Nur so sind negative Wendungen der Ereignisse entweder vermeidbar oder treten zumindest nicht unerwartet ein. Dies soll im Folgenden an drei Beispielen mit Schlüsselfunktion aus dem 1. Buch der *Historien* vorgeführt werden.

3.1 Wechsel im lydischen Herrscherhaus

Herodots Geschichtswerk beginnt nicht gleich mit der persisch-griechischen Konfrontation, sondern berichtet zunächst die Entwicklungen, die von beiden Seiten dorthin führten. Die *Historien* holen dabei vor allem bei den Persern weit aus, um die diesem Reich immanenten Tendenzen verständlich werden zu lassen. Daher setzt der Bericht mit dem Reich der Lyder ein, dem ersten asiatischen Reich, das in Konflikt mit den Griechen geriet und später vom Perserreich abgelöst wurde. In I 8-13 wird berichtet, wie einst im Jahre 716 v. Chr. die Herrschaft über Lydien vom Geschlecht der Herakliden an das Geschlecht der Mermnaden überging. Fünf Generationen später sollte dieses Geschlecht seinerseits im Jahre 541 v. Chr. mit der Eroberung durch die Perser und dem Sturz des Kroisos enden. König Kandaules, der letzte Herakliden-Herrscher, sei, so erfährt man, auf seine überaus attraktive Frau so stolz gewesen, dass er sie unbedingt seinem bevorzugten Leibwächter Gyges nackt habe zeigen wollen. Mit diesem Wunsch gibt Kandaules den ersten Anstoß zu den folgenden Ereignissen. Erst später treten weitere Akteure hinzu, die ebenfalls Einfluss auf den Ablauf ausüben. So wurde Kandaules – nicht ausschließlich, aber doch weitgehend – selbst zur Ursache für das ihn treffende Unglück. Denn trotz verbalen Widerstandes kann sich der Leibwächter Kandaules' Wunsch nicht entziehen, beobachtet heimlich die Königin beim Entkleiden und wird beim Verlassen des königlichen Schlafzimmers von ihr bemerkt. Am nächsten Tag stellt die Königin Gyges vor die Wahl, entweder Kandaules zu töten und selbst zum König des Reiches zu werden oder zu sterben. Gyges wählt das Leben, bringt Kandaules um und übernimmt Königin und Reich.

Die Herodoteische Schilderung macht deutlich, dass die Katastrophe über Kandaules nicht unvorhersehbar hereinbrach, also nicht als ein Beweis für die Willkür menschlicher Lebensverläufe gelten soll. Denn dass diese Demonstration männlichen Glücks bei Kandaules' Frau auf wenig Gegenliebe stoßen würde, zeigt sich nicht erst im Augenblick der Tat. Herodot gibt deutliche Hinweise, dass Kandaules sich über die mögliche Reaktion seiner Frau bereits vorher hätte klar gewesen sein können, ja müssen. Denn es wird nicht nur deutlich gesagt, dass die Königin, als sie den Voyeur bemerkte, Scham empfand. Es wird auch gesagt, dass über diese persönliche Empfindlichkeit hinaus Nacktheit generell unter Lydern als Schande galt. Im Gegensatz zu den Griechen, bei denen zumindest die Männer, etwa beim Sport, unbekleidet auftraten, habe bei den Lydern selbst der Anblick eines nackten Mannes schon für eine große Schande gegolten[7]. Umso kompromittierender der Anblick einer nackten Frau. In den Augen eines Lyders galt das Ansinnen des

---

7   *Historien* I 10.

Kandaules als unmoralisch und ehrenrührig. Von daher wird auch verständlich, dass Gyges Kandaules' Vorschlag mit einem lauten Aufschrei und versuchter Befehlsverweigerung beantwortet. Gyges bezeichnet den Plan des Kandaules als geradezu krankhaft. Diese für asiatische Verhältnisse erstaunlich unverblümte Meinungsäußerung gibt wohl kaum den üblichen Umgangston Untergebener gegenüber ihrem König wieder, sondern bringt Gyges' außergewöhnliche Empörung zum Ausdruck. „Mit dem Gewand zieht" – nach lydischer (sowie griechischer) Auffassung – „eine Frau auch ihre Scham aus", argumentiert Gyges[8]. Der Plan des Kandaules ist auch deshalb verwerflich, weil er die Königin um ihre nach damaliger Auffassung wichtigste weibliche Eigenschaft bringt.

Es bestand also – jedenfalls im Rahmen der Landessitten, wie Herodot sie schildert – eine vorab kalkulierbare Wahrscheinlichkeit, dass die gedemütigte, um ihre Ehre gebrachte Frau, sollte sie den Vorgang bemerken, das Verhalten ihres Mannes nicht ungestraft hingehen lassen würde. Umso erstaunlicher ist es, dass Kandaules die Möglichkeit einer Entdeckung für völlig unwahrscheinlich hielt, zumal angesichts der geringen Sicherheitsmaßnahmen, die lediglich in Gyges' Versteck hinter der Schlafzimmertür bestanden. Kein Wunder also, dass genau das geschah, was Kandaules auf keinen Fall glaubte fürchten zu müssen: Gyges wurde entdeckt. Dass Kandaules die an sich wahrscheinlichen Gedankenschritte – Verwerflichkeit des Voyeursaktes, hohe Entdeckungswahrscheinlichkeit, weibliche Rache – nicht vollzog und sich auf eine Handlung einließ, die jeder andere wie Gyges nur mit Kopfschütteln verfolgt hätte, ist nach Auskunft des Textes Folge verfehlten Denkens.

Die Verfehlung bestand darin, den Wert des Handlungsziels nicht richtig eingeschätzt zu haben. Kandaules ist besessen von der Schönheit seiner Frau. Sein Stolz verlangte danach, dass auch andere – mit Neid – sehen, welch großes Glück er hat. Die Anerkennung der anderen würde das eigene Erfolgsgefühl noch weiter steigern. Hierauf war Kandaules so fixiert, dass er höhere Güter wie die Ehre seiner Frau aufs Spiel zu setzen bereit war. Er entwickelte keinen Blick für die Gefahren, die aus dieser Situation erwachsen konnten. So kam er, wenn auch ohne Vorsatz, aus eigener Schuld zu Fall. Fixierung auf ein falsches Gut und ein unberechtigtes Sicherheitsgefühl: diese Kombination ist hier und – *mutatis mutandis* – in allen späteren Fällen die im Handelnden selbst liegende Ursache des Sturzes.

Ereignisabläufe dieser Art werden bisweilen mit der Vorstellung einer schicksalhaften, teilweise sogar ausdrücklich gottgesandten Notwendigkeit in Verbindung gebracht. „Es musste Kandaules ja schlecht ergehen", so lautet der auktoriale Kommentar zu den eben beschriebenen Ereignissen. Parallelen dazu finden sich bei Herodot in nicht geringer Zahl: I 34; II 161; III 43; IV 79; VII 17; IX 16. Doch

---

8 *Historien* I 8.

dies widerspricht nur scheinbar menschlicher Eigenverantwortlichkeit, denn von einer äußeren Ereignislenkung ist bei Kandaules oder anderen Akteuren nichts zu lesen. Die Ereignisabfolge ergibt sich ausschließlich aus den Entscheidungen der menschlichen Akteure, deren Verhalten zu ganz bestimmten, selbst zu verantwortenden Folgen prädisponiert. Die Rolle des Schicksals und der Götter beschränkt sich auf die Schaffung von Situationen, in denen Menschen ihrem Charakter gemäß (Fehl-)Entscheidungen treffen und so zu Fall kommen können.

3.2   König Kroisos und der Tod des Atys

Handlungsmuster und ‚Schicksal' des Kandaules finden im weiteren Verlauf des ersten Buches der *Historien* deutliche Parallelen. Vom Beginn der Mermnadenherrschaft unter Gyges eilt der Bericht zum fünften und letzten Herrscher dieser Dynastie, zu Kroisos und seiner Begegnung mit dem athenischen Weisen Solon. Der schwerreiche Lyderkönig möchte sich von Solon sein einzigartiges Glück bestätigen lassen. Solon verweigert sich jedoch diesem Wunsch mit dem Verweis auf die Wandelbarkeit des Glücks[9]. Der weitere Verlauf des Buches stellt dann Kroisos' Sturz dar und bestätigt so die Richtigkeit von Solons Sichtweise. Die Darstellung dieses Sturzes umfasst nicht nur die militärische Überwindung des lydischen Königs durch das Perserreich unter Kyros. Sie berichtet zuvor auch von Vorboten dieses Schicksals, die Kroisos' Anteil daran verständlich machen und den Sturz erwarten lassen.

So berichtet der Text in I 35-45 über die Ankunft eines gewissen Adrastos, eines phrygischen Königssohnes, am lydischen Hof. Vom eigenen Vater vertrieben wegen der unbeabsichtigten Tötung seines Bruders bat Adrastos Kroisos um Entsühnung und Aufnahme, was ihm gewährt wurde. Bereits vor der Ankunft des Adrastos hatte Kroisos einen Traum, der ihm den baldigen Tod seines Sohnes Atys durch eine eiserne Lanze voraussagte[10]. Um dies zu verhindern, hatte Kroisos nicht nur alle Waffen aus der Nähe seines Sohnes entfernen lassen, sondern hatte ihm auch alle bewaffneten Unternehmungen untersagt. Nach einiger Zeit fiel ein gefährlicher Eber ins Land ein und die betroffenen Untertanen erbaten von Kroisos die Entsendung einer Jagdmannschaft. Kroisos sagte zu, allerdings sollte Atys keinen Anteil daran haben. Dieser konnte seinem Vater schließlich aber doch die Erlaubnis zur Teilnahme an der Jagd abringen, und zwar mit dem Argument, ein Eber habe ja schließlich keine Hände, mit denen er einen Speer schleudern könne, sei also

---

9   *Historien* I 26-33.
10   *Historien* I 34.

nicht im Sinne des Traumes gefährlich. Kroisos gab nach, beauftragte allerdings Adrastos, als Geleitschutz mitzugehen. Doch in der Hitze der Eberjagd verfehlte Adrastos sein Ziel und traf aus Versehen mit seiner Lanze Atys tödlich.

Wie schon bei Kandaules ist das Motiv der Unachtsamkeit durch allzu großes Vertrauen in die eigene Position deutlich herausgearbeitet. Denn wie soll man es sonst verstehen, wenn Kroisos zwar zunächst alles tat, um mögliche Gefahren von seinem Sohn fernzuhalten, dann aber dem wenig überzeugenden Argument nachgab, ein Eber könne ja keinen Speer werfen. Denn es bedurfte kaum großer Phantasie, um darauf zu kommen, dass es in einer großen Jagdgesellschaft von Speeren nur so wimmeln würde und dass die Gefahr für Atys sehr viel mehr als vom Eber von den bewaffneten Menschen seiner Umgebung ausging – wie es dann ja auch zutraf. Gänzlich unbegreiflich ist es schließlich, wenn Kroisos seinem Sohn als Geleitschutz ausgerechnet einen Mann mitgab, dem vor seiner Flucht nach Lydien bereits schon einmal, ohne es zu wollen, ein ähnlicher Unfall unterlaufen war. Kroisos glaubte, alles zur Rettung seines Sohnes getan zu haben. Doch nach dem ersten Schrecken des Traumes ließ die Vorsicht bald nach. Kroisos entwickelte nicht hinreichend viel Phantasie, um auf die – zumindest für andere leicht sichtbaren – Gefahren seines Handelns zu stoßen.

Das wird Kroisos bereits zu Beginn der Adrastos-Novelle auktorial bescheinigt. Zwar gibt es, wie schon bei Kandaules, auch hier eine Äußerung, die auf den ersten Blick die Verursachung von Kroisos' Unglück dem Wirken einer Gottheit zuweist[11]: „Von Gott her überkam Kroisos eine große Vergeltung, vermutlich, weil er gemeint hatte, der glücklichste unter allen Menschen zu sein." Doch die Gottheit bewirkt nur die Rahmenbedingungen in Gestalt des Ebers. Die Entscheidungen, die Kroisos fällt, sind durchweg seine eigenen. Sie entsprechen der auch sonst als allzu selbstgewiss gezeichneten Persönlichkeit des Kroisos, die sich zu schnell beruhigen lässt. Denn was kann „dem Glücklichsten unter allen Menschen" schon geschehen? Wenn der offenkundig gottgesandte Traum den zukünftigen Ausgang der Geschichte bereits vorhersagt („er offenbarte die Wahrheit über das, was geschehen sollte"), dann deshalb, weil ein Mensch mit der Persönlichkeitsstruktur eines Kroisos sich in einer Situation wie dieser aller Voraussicht nach gerade so wie Kroisos entscheiden wird.

Wie es mit Kroisos begonnen hatte, so geht es mit einer Serie verfehlter Entscheidungen weiter, die von seiner persönlichen Charakteristik her verständlich werden. Nachdem Kroisos das westliche Kleinasien erobert hatte, wandte er sich gegen das im Osten liegende, aufstrebende Perserreich[12]. Zwei der im Text genannten Motive

---

11 *Historien* I 34.
12 *Historien* I 73ff.

für diesen Feldzug sind besonders aufschlussreich: Gier nach Land und Vertrauen auf die eigene, sehr einseitige Deutung zweier Orakelsprüche. Beide Motive hängen zusammen. Denn dass sich diese Gier trotz des bereits vorhandenen großen Besitzes durchsetzen konnte und dass die in der Konfrontation mit dem Perserreich liegenden Gefahren schlichtweg nicht gesehen wurden, ist nur erklärbar vor dem Hintergrund eines enormen Vertrauens darauf, dass der bisherige Erfolg sich fortsetzen wird und die vorhandene Machtstellung nicht zu gefährden ist.

Die zum Sturz des Kroisos führenden Ereignisse begannen mit den Orakelsprüchen, die der Lyderkönig sich von den griechischen Orakeln in Delphi und Theben auf die Frage hatte geben lassen[13], ob er gegen die Perser zu Felde ziehen solle. Scheinbar machte Kroisos also den Feldzug von der Auskunft eines Gottes abhängig und schien sich damit als der fromme Mann zu erweisen, als der er galt. Er erweckte den Eindruck, nichts unversucht zu lassen, um sich vor Beginn des Feldzuges ein objektives Urteil zu verschaffen.

Doch bei genauerem Hinsehen zeigt sich, dass Kroisos in Wahrheit nicht daran dachte, die Entscheidung über den Feldzug vom Urteil der Orakel abhängig zu machen, sondern sie tatsächlich längst getroffen hatte. Denn er hatte nicht nur im Vorfeld versucht, die Auskünfte der Orakel durch üppige Geschenke zu beeinflussen. Er deutete auch die beiden gleich lautenden Orakelsprüche tendenziös im Sinne seiner vorgefassten Kriegsabsicht. Denn die Orakel hatten keineswegs Kroisos' Sieg über Kyros vorausgesagt, sondern nur, dass Kroisos, „wenn er gegen die Perser zu Felde zieht, ein großes Reich zerstören wird"[14]. Kroisos war sich seiner Sache so sicher, dass ihm der naheliegende Gedanke, mit dem ‚Reich' könne sein eigenes gemeint sein, nicht einmal ansatzweise kam. Tatsächlich ließen die Orakelsprüche es aber nicht nur völlig offen, auf wessen Seite der Erfolg liegen würde, sondern ihre für griechische Orakel typische Doppeldeutigkeit war auch deutlich erkennbar. Entsprechend bezeichnet nicht nur der Text auktorial den Spruch als „trügerisch". Auch das Delphische Orakel selbst wehrte sich ausdrücklich gegen die Täuschungsvorwürfe, die Kroisos später nach seinem Sturz erhob. Es benannte dabei genau den schwachen Punkt: Kroisos hätte sich, so das Orakel, fragen müssen, ob seine eigene Herrschaft oder die des Kyros gemeint sei[15]. Da er den Spruch nicht verstanden, aber auch keine Fragen gestellt habe, solle er sich selbst als Schuldigen verstehen.

Doch noch weitere Fehlleistungen kennzeichnen Kroisos' Militäraktion gegen Persien, die kaum verständlich wären, wüsste man nicht um sein überdimensioniertes Sicherheitsgefühl. Der Feldzug, ein normalerweise verlustreicher Angriffskrieg

---

13 *Historien* I 35f., 75.
14 *Historien* I 53.
15 *Historien* I 91.

auf fremdem Boden, wurde von Kroisos mit einem zahlenmäßig weit unterlegenen Heer geführt[16]. Er hatte es nicht für nötig gehalten, ein hinreichend großes Heer aufzubieten. Nachdem der Kampf – gegen seine Erwartung – nur unentschieden ausgegangen war, sah er sich gezwungen, den Feldzug abzubrechen und das zu tun, was andere vermutlich *vor* Beginn des Krieges getan hätten, nämlich sich um den Beistand von Bundesgenossen zu bemühen.

Vollends unverständlich erscheint schließlich Kroisos' Überlegung, bis zum Eintreffen der Bundesgenossen im kommenden Frühjahr das Heer zu entlassen, aus der Überlegung, dass der persische König Kyros nach der unentschiedenen Schlacht wohl nicht auf die lydische Hauptstadt Sardes, also in Feindesland, vorrücken werde[17]. Es verwundert nicht, dass Kyros genau hierin seine Chance sah und Lydien nunmehr problemlos unterwerfen konnte[18]. Wenn auch für Kroisos – wohl kaum für den Leser – diese Entwicklung völlig „unerwartet" eintrat, befreite ihn dies doch nicht von der Verantwortung für unterbliebene Wachsamkeit gegenüber den für jedermann leicht sichtbaren Gefahren. Beim Leser bleibt der Eindruck zurück, dass einem Mann wie Kroisos nicht zu helfen war und dass es nicht erst eines Gottes zu seinem Sturz bedurfte.

3.3   Das unrühmliche Ende des Kyros

Ein letztes Beispiel: der persische Reichsgründer Kyros. In den Merkmalen seiner Persönlichkeit entwickelte er im Laufe seiner Herrschaft klare Parallelen zu Kroisos, aber auch zu seinen Nachfolgern sowie zahlreichen anderen Herrschern, die Herodot in seinem Werk beschreibt. Offenbar macht große Machtfülle besonders anfällig für selbstschädigende Verhaltensweisen.

Kyros stand am Ende seines Lebens (530 v. Chr.), nach 29 Jahren Königsherrschaft[19], auf einem scheinbar unanfechtbaren Gipfel der Macht. Ein riesiges Reich stand inzwischen unter seinem Befehl. Doch Kyros konnte nicht aufhören. Kaum war ein Volk erobert, musste das nächste folgen. Es ging gar nicht mehr um irgendeinen konkreten Nutzen. Die ständige Mehrung der Macht hatte längst eine Eigendynamik entwickelt, die keine Rechtfertigung mehr brauchte. So war es auch beim letzten Volk, das Kyros vor seinem Tod zu bezwingen versuchte. Unmittelbar nach der Eroberung der Babylonier habe Kyros, so berichtet Herodot, „das

16   *Historien* I 77.
17   *Historien* I 77.
18   *Historien* I 79f.
19   *Historien* I 214.

Begehren verspürt" – es wird in der Wortwahl im Griechischen ausdrücklich die Begehrlichkeit dieses Verlangens hervorgehoben – das Volk der Massageten zu unterwerfen[20]. Gerade die Wahl der Massageten zeigt, wie weit Kyros längst von jedem realen Nutzen der Herrschaftsausweitung entfernt war. Die Massageten waren östlich des Kaspischen Meeres in einer Steppenlandschaft lebende, kulturell und wirtschaftlich wenig entwickelte Nomaden[21]. Nachhaltige Vorteile, die die Unterwerfung dieses Volkes bieten konnte, waren nicht erkennbar. Dafür waren umgekehrt die Gefahren eines Eroberungsversuches deutlich, denn die Massageten waren als „zahlreich und kampfstark" bekannt[22]. Dass Kyros ausgerechnet auf dieses Volk verfiel, konnte nicht Ergebnis einer nüchternen Güterabwägung sein.

Was Kyros tatsächlich antrieb, streicht Herodot mit besonderer Deutlichkeit heraus[23]. Es sei zum einen sein Vertrauen auf seine Abkunft gewesen, „der Glaube, mehr zu sein als ein Mensch". Der zweite Grund sei sein bisheriges „Glück bei der Kriegsführung" gewesen. Beides gehört eng zusammen und beruht auf der Überzeugung, im Erfolg unangreifbar zu sein. Während Kyros zu Beginn seiner Herrschaft mit Blick auf seinen unglücklichen Widersacher Kroisos noch zu der Einsicht gelangt war, auch selbst nur ein Mensch zu sein und leicht von einem ähnlichen Unglück getroffen werden zu können[24], hatte er diese Einsicht nun, Jahrzehnte später, offenkundig vergessen. Er hielt sich für einen unverwundbaren Übermenschen. Es kam jedoch anders. Die verlustreichen Kämpfe gegen die Massageten endeten mit Kyros' unrühmlichem Tod[25]. Die Massagetenkönigin Tomyris ließ, als sie Kyros' Leichnam auf dem Schlachtfeld fand, symbolisch seinen Kopf in einen mit Blut gefüllten Schlauch stecken, um seine Gier endlich zu sättigen.

Diese Schilderungen der Handlungsentscheidungen unterschiedlicher Akteure ergeben ein sich wiederholendes kausales Muster:

- Menschliches Handeln beruht nicht auf Zufall oder äußeren Determinanten, sondern auf Entscheidungen individueller menschlicher Akteure. Diese Entscheidungen sind frei. Der Akteur hat die Wahl zwischen unterschiedlichen Handlungsoptionen, die aber nicht gleichwertig sind und deren Folgen sich positiv oder negativ auf den Entscheidungsträger (und andere) auswirken können. Der Akteur kann jedoch mit Hilfe abgewogener Überlegung sachgemäß entscheiden.

---

20   *Historien* I 201.
21   *Historien* I 201-204.
22   *Historien* I 201.
23   *Historien* I 204.
24   *Historien* I 86.
25   *Historien* I 214.

- Unter den Entscheidungen gibt es solche, die das Sachgemäße aus nachvollziehbaren Gründen verfehlen. Ein häufiger Grund für Fehlentscheidungen liegt nach Herodot in überzogenem Vertrauen auf die Zuverlässigkeit des eigenen Erfolgs bzw. des ‚Glücks'. Der Akteur verliert den Blick für die Möglichkeit menschlichen Scheiterns.
- Solche vermeidbaren Fehlentscheidungen sind nicht die einzige Art von Entscheidungen, erhalten jedoch bei Herodot besondere Aufmerksamkeit. Sie haben einerseits etwas ‚Tragisches', da der Handelnde sich mit ihnen letztlich selbst ungewollt zu Fall bringt. Sie rufen daher im Betrachter ein besonderes emotionales Engagement hervor und bildeten entsprechend auch den besonderen Gegenstand der zeitgenössischen griechischen Tragödie. Zum anderen ist Herodot überzeugt davon, dass gerade solche Entscheidungen in den großen historischen Entwicklungen eine wesentliche Rolle spielen, da die an den Schaltstellen der Macht sitzenden Entscheidungsträger besonders anfällig dafür sind, an ihre vermeintliche Unangreifbarkeit zu glauben und die grundsätzliche Unsicherheit aller menschlichen Belange unberücksichtigt zu lassen.

4 Entscheidung in Interaktion

Der Lauf der Geschichte beruht nach Herodot also wesentlich auf den Entscheidungen individueller Akteure. Allerdings sollte zum Schluss noch eine Präzisierung hinzugesetzt werden. Entscheiden und Handeln Einzelner vollzieht sich nicht in einem leeren Raum. Vielmehr interagiert die Entscheidung eines Einzelnen meist mit den Entscheidungen anderer Individuen. Handlungen vollziehen sich in der Regel in einem sozialen Umfeld. Die Folgen einer Entscheidung sind davon abhängig, wie die Interaktion sich vollzieht. Aus diesem Blickwinkel seien die oben vorgelegten Beispiele noch einmal neu betrachtet.

Als Kroisos sich dazu entschied, seinen Sohn Atys trotz des warnenden Traumes auf die Eberjagd ziehen zu lassen, waren weitere Akteure mit ganz eigenen Intentionen beteiligt. Da ist zunächst der spätere Todesschütze, der fremde Königssohn Adrastos, dessen persönlicher Gewinn im standesgemäßen Erwerb von Ruhm durch Jagderfolg bestand[26]. Adrastos hätte sich aber durchaus auch für eine bloße Beobachterrolle entscheiden können, sei es, um der ihm von Kroisos zugewiesenen Aufgabe als Beschützer des Atys besonders gerecht zu werden, sei es aus der Überlegung heraus, dass er schon einmal unfreiwillig einen Menschen – vermutlich in

---

26 *Historien* I 41.

ähnlicher Situation – zu Tode gebracht hatte[27], eine Situation wie diese also meiden sollte. Adrastos entschied sich jedoch für die aktive Jagd. Dagegen stehende Gründe nahm er entweder in Kauf oder sah sie nicht als relevant an.

Dann war da noch Atys, das Opfer. Auch er hatte nach dem Einlenken seines Vaters einerseits die Option, aktiv an der Jagd teilzunehmen. Sich hierfür zu entscheiden lag nahe, „war doch früher einmal für mich das Schönste und Edelste gewesen, an Kriegen und Jagden teilzunehmen und mir dabei Ruhm zu erwerben"[28], wie er seinem Vater zu verstehen gab. Atys hatte aber auch die Option, sich *nicht* aktiv an der Jagd zu beteiligen und sich von dort fernzuhalten, wo unvermeidlich Speere fliegen würden, wusste er doch genau um den Inhalt des väterlichen Traumes. Atys entschied sich seiner Neigung gemäß für die Jagd, schätzte die dagegen stehenden Bedenken also offensichtlich nicht als relevant ein.

Die Umsetzung von Kroisos' Entscheidung, den Sohn zu retten, war demnach nicht nur von ihm selbst abhängig, sondern auch von der Interaktion mit den Entscheidungen der beiden anderen Akteure. Dies führte zu einer Überkreuzung dreier voneinander unabhängiger Handlungsstränge, die an einem Punkt aufeinandertreffen, der von keinem der drei Akteure intendiert war. Erst im Zusammenspiel der drei Intentionen – des Vaters, der die vermeintlich gefahrlose Jagd für kompatibel mit der Rettung seines Sohnes hielt, des Adrastos, der nach seiner schmachvollen Vertreibung sein Ansehen durch Jagdruhm aufbessern wollte, und des jugendlichen Atys, für den Krieg und Jagd der schönste Zeitvertreib waren – ergab sich die für Atys tödliche Konstellation. Es liegt damit genau das vor, was etwa 100 Jahre nach Herodot Aristoteles[29] philosophisch auf den Begriff brachte und als Zufall im Bereich menschlichen Handelns (*týchê*) bezeichnete.

Nicht immer freilich weichen die Intentionen aller Beteiligten vom tatsächlichen Ergebnis der Interaktion so vollständig ab wie im Falle der Ereignisse um den Tod des Atys. Häufiger erreichen einzelne Akteure durchaus ihre Ziele, etwa Kyros, wenn er die Entlassung des lydischen Heeres zum erfolgreichen Vorstoß nach Sardes zu nutzen gedenkt, oder die Frau des Kandaules, wenn sie – erfolgreich – die Ermordung ihres Mannes plant, oder Tomyris, wenn sie Kyros' Angriff abwehren kann. Doch immer ist es so, dass der Ereignisverlauf zumindest *nicht* den Plänen der zu Fall kommenden Person entspricht. So glaubte Kandaules, durch die Voyeursaktion seinen männlichen Stolz befriedigen zu können. Kroisos hatte die Absicht, im Kampf gegen Kyros das Eintreffen der Bundesgenossen im nächsten Jahr abzuwarten. Kyros schließlich plante eine schnelle Unterwerfung der Massageten.

---

27 *Historien* I 35.
28 *Historien* I 37.
29 *Physik* II 4-5.

Man könnte von einem halb-zufälligen Geschehen sprechen bzw. von einem perspektivischen Zufall, nämlich aus der Sicht des später zu Fall Kommenden, dessen eigene Intention durch einen fremden Handlungsstrang an einem nicht erwarteten Punkt durchkreuzt wird. Der zu Fall Kommende hat weder Einfluss auf die Entscheidungen der anderen Akteure, die prinzipiell auch anders hätten entscheiden (und handeln) können, noch sind deren Entscheidungen sicher kalkulierbar: Die Frau des Kandaules hätte Skrupel vor der Ermordung ihres Mannes entwickeln, Kyros hätte den Vorstoß nach Sardes für zu riskant halten oder Tomyris hätte die Vermeidung des Angriffs der bisher immer erfolgreichen Perser durch freiwillige Unterwerfung als vorteilhafter ansehen können.

Was den zu Fall kommenden Akteuren aber durchaus möglich war, war eine plausible Einschätzung der anderen Akteure. Kandaules hätte sich über die Gefahr, die von der Demütigung einer hochgestellten Frau ausgehen kann, ebenso im Klaren sein können wie Kroisos sowohl über die Gefährdung seines Sohnes bei der Eberjagd als auch über die militärische Entschlossenheit des Kyros bei der Eroberung anderer Länder und wie Kyros über die Wehrhaftigkeit der Massageten. Und eben hierdurch erhalten alle diese Episoden eine tragische Komponente, denn eine bessere Einschätzung der anderen Akteure hätte – jedenfalls nach Überzeugung Herodots – leicht ein überlegteres Handeln ermöglicht. Die Durchkreuzung des intendierten Handlungsablaufs wäre weniger wahrscheinlich gewesen oder zumindest nicht völlig unerwartet hereingebrochen.

5 Menschliche Entscheidungen und die *conditio humana*

Doch noch einmal – ein letztes Mal – zurück zu den in Kapitel II zitierten Aussagen, deren pointierteste wohl diejenige Solons gegenüber König Kroisos ist: „Der Mensch ist ganz und gar Zufall". Solon verweigerte dem reichen, mächtigen König die gewünschte Anerkennung als glücklichster aller Menschen. Wenn man, so rechnete Solon Kroisos vor[30], als durchschnittliche menschliche Lebenszeit 70 Jahre annehme, würden insgesamt 26.250 Tage durchlebt. Keiner von ihnen gleiche dem anderen. Ausmaß und Stabilität von Erfolg – ‚Glück' – ließen sich erst nach dem Tode sicher beurteilen. Erst jetzt, im Blick auf die erreichten Ergebnisse, lässt sich Derartiges adäquat verstehen.

---

30 *Historien* I 32.

Wenn Herodot Solon, einen bedeutenden Gestalter athenischer Politik, die Zufallsgebundenheit des Menschen betonen lässt, dann muss das als ein Verweis auf die immer präsente Möglichkeit menschlichen Scheiterns *trotz* aller vernünftigen Überlegung verstanden werden. So sehr sich im Geflecht handelnder Individuen durchaus begründete Wahrscheinlichkeiten kalkulieren lassen, so sehr ist es doch unmöglich, alle Facetten vorab auszuleuchten oder die Entscheidungen anderer Akteure sicher vorauszuberechnen. Die Gefahr der Durchkreuzung der eigenen Intention lässt sich minimieren, aber nicht grundsätzlich aufheben. Ein abschließendes Urteil über das Glück im Sinne des stabilen äußeren Erfolgs eines Menschen, wie Kroisos es von Solon erwartete, ist erst am Ende eines Lebens möglich.

Die *conditio humana*, an die Solon Kroisos erinnert, besteht demnach einerseits darin, dass die Einsichtsmöglichkeiten des menschlichen Individuums trotz aller durchaus vorhandenen und sinnvoll nutzbaren Planungs- und Entscheidungskompetenz immer begrenzt sind. Die interagierenden Kausalitäten sind nicht determiniert, mithin nicht vollständig berechenbar. Die komplexen Situationen, mit denen der Handelnde sich konfrontiert sieht, haben oft etwas zumindest partiell Undurchschaubares. Nur den Göttern wird schon seit Homer eine Kenntnis auch der Zukunft zugebilligt, dem Menschen hingegen nicht. Andererseits ist der Mensch auch aus sich selbst heraus durch charakterbedingte Fixierungen anfällig für Fehleinschätzungen, d. h. anfällig dafür, die verschiedenen Aspekte komplexer Entscheidungssituationen selbst dort nicht sachangemessen zu gewichten, wo er es könnte.

Indem sich nun Kroisos dieser Einsicht in die grundsätzliche Begrenztheit menschlicher Erkenntnismöglichkeiten verschließt, bringt er sich um den Nutzen, den dieses Wissen bei der Entscheidungsfindung erbringen kann. Denn wer die Begrenzung der eigenen Einsicht und also die Möglichkeit unerwarteter Wendungen in seine Überlegungen mit einbezieht, kann den Zuschnitt seiner Entscheidungen am Ausmaß der vorhandenen Unwägbarkeiten orientieren. Wer sich dagegen prinzipiell für unangreifbar hält, wird eher zu Entscheidungen neigen, die den vorhandenen Verlaufsmöglichkeiten nicht oder nur partiell entsprechen. Hätte etwa Kroisos sich keine absolute Erfolgssicherheit zugesprochen, hätte er nach der Schlacht gegen Kyros sein Kalkül über den vermuteten persischen Rückzug vermutlich nicht für so sicher gehalten, wie er es offensichtlich tat. Denn Kroisos' Vermutung, Kyros werde sich nach der unentschiedenen Schlacht nicht auf einen Vorstoß ins Feindesland einlassen, war zwar nicht *per se* unplausibel. Dennoch schloss Kyros' Persönlichkeit auch ein andersartiges Verhalten nicht aus, sodass die Entlassung des lydischen Heeres ein für jeden deutlich erkennbares Gefahrenpotential in sich bergen musste.

6   Fazit

Nunmehr lässt sich recht detailliert zusammenfassen, welche Rolle menschliche Entscheidungen im Lauf der Geschichte nach Herodots Ansicht spielen und worin der Sinn von Geschichtsschreibung besteht:

- Für Herodot sind menschliche Individuen die Hauptursachen der Geschichte. Sie treffen in ihrem jeweiligen Bereich und im Rahmen ihrer Einflusssphären Entscheidungen, die bestimmte Handlungs- bzw. Ereignisabläufe nach sich ziehen. Das gilt prinzipiell für alle sozialen Ebenen. Für den ‚großen‘ weltgeschichtlichen Verlauf sind jedoch diejenigen Individuen entscheidend – und für den Historiker interessant –, die an den Schaltstellen der Macht sitzen und deren Entscheidungen weltpolitische Reichweite besitzen.
- Eine wichtige Rolle spielen im Verlauf der Geschichte Fehlentscheidungen. Zu ihnen kommt es vor allem dadurch, dass charakterbedingte Fixierungen der Entscheidungsträger eine angemessene Gewichtung aller situativen Aspekte und somit eine ausgewogene Entscheidung verhindern.
- Die individuellen Akteure handeln in Interaktion mit anderen Akteuren. Dadurch ergeben sich unterschiedliche, einander überkreuzende Handlungsstränge. Die Überkreuzung ist nicht sicher berechenbar, doch lassen sich die Intentionen der beteiligten Akteure bis zu einem gewissen Grad abschätzen, wie auch die eigene Begrenztheit in die Planung des eigenen Handelns mit einbezogen werden kann. Werden die vorhandenen Einsichtsmöglichkeiten adäquat genutzt, können Fehlentscheidungen vermieden werden. Nicht vermiedene Fehlentscheidungen spielten jedoch nach Herodots Überzeugung im griechisch-persischen Konflikt eine bedeutende Rolle.
- Göttlichen Mächten kommt in den historischen Abläufen allenfalls eine äußerlich regulative Funktion zu. Die Wahrscheinlichkeit oder Notwendigkeit der Ereignisse liegt immer im persönlichen Habitus der Handelnden selbst.
- Die Endlichkeit menschlicher Einsicht bildet die Basis dafür, dass sich immer wieder Analogien in den Entscheidungssituationen und in den Fehlern der Entscheidungsträger ergeben. Immer wieder wird es zu einer Missachtung der *conditio humana*, der Brüchigkeit menschlichen Erfolgs, kommen.
- Der Historiograph sieht seine Aufgabe darin, gerade auf historische Begebenheiten hinzuweisen, die von solchen Fehlleistungen geprägt waren. Er zeigt dadurch, warum die Geschichte den Verlauf genommen hat, den sie faktisch nahm. Er zeigt aber zugleich auch, wie auch anders hätte entschieden werden und wie die Geschichte einen anderen – und oft für den Entscheidungsträger positiveren – Verlauf hätte nehmen können. Und hier liegen Lehre und Nutzen

der Geschichtsschreibung. Sie vermittelt Einsicht in die Ursachen des Gewordenen, aber auch in die den Entscheidungsträgern möglichen Optionen, in die Ursachen ihrer Fehler, in das Potential, das es zu anderen Geschichtsverläufen gegeben hätte, und in die Bedeutung und Reichweite, die Entscheidungen von Individuen besitzen können.

Der Leser erhält dadurch zwar keine konkreten Handlungsanweisungen für seine eigenen, spezifischen Entscheidungssituationen. Aber er wird durch die Beobachtung der Herodoteischen Akteure auf Grundkonstanten menschlichen Handelns hingewiesen, die auch bei ihm selbst wirksam sind. Er wird zur Reflexion über das eigene Entscheidungs- und Handlungspotential gebracht. Wenn auch verbesserte Planungskompetenz nie zu einer völligen Beherrschung der Ereignisabläufe führen wird, werden die Entscheidungen nunmehr doch in genauerem Wissen um ihre Bedingungen und Möglichkeiten getroffen. Dass diese Sicht von Positionen moderner Geschichtsbetrachtung wesentlich abweicht, ist offenkundig. Nicht minder deutlich aber sollte auch geworden sein, dass in der Antike überlegte, kohärente Sichtweisen von einer auf individuellen Entscheidungen beruhenden menschlichen Geschichte entwickelt wurden und dass dieser Umstand auch heute in Diskussionen über die Möglichkeiten des Menschen bei der Gestaltung seiner Geschichte präsent gehalten werden sollte.

Quellenverzeichnis

Übersetzungen

Feix, J. 2004. *Herodot. Historien.* Düsseldorf: Artemis & Winkler.
Marg, W. 1973/1983. *Herodot. Geschichten und Geschichte.* Zürich, München: Artemis-Verlag.

Einführende Sekundärliteratur

Bakker, E. J. 2002. *Brill's Companion to Herodotus.* Leiden, Boston, Köln: Brill.
Bichler, R., und R. Rollinger 2000. *Herodot.* Hildesheim: Olms.
Günther, L.-M. 2012. *Herodot.* Tübingen, Basel: Francke.
Jacoby, F. 1913. Herodotos. In: *Realencyclopädie der Classischen Altertumswissenschaften,* Suppl. 2, hrsg. G. Wissowa und W. Kroll, 205-520. Stuttgart: Alfred Druckenmüller.
Pietsch, Ch. 2001. Ein Spielwerk in den Händen der Götter? Zur geschichtlichen Kausalität des Menschen bei Herodot am Beispiel der Kriegsentscheidung des Xerxes (Hist. VII 5-19). In *Gymnasium* 108: 205-221.

Pietsch, Ch. 2008. Grundstrukturen historischer Abläufe bei Herodot, Platon und Polybios. In *Die Ideen von Fortschritt und Dekadenz im Siglo de Oro, Germanisch-Romanische Monatsschrift* 58: 7-21.

Berding, L., und T. Schieder (Hrsg.) 1971. *Leopold von Ranke. Aus Werk und Nachlaß, Bd. 2: Über die Epochen der neueren Geschichte. Historisch-kritische Ausgabe*. München: Oldenbourg.

Rengakos, A. 2011. Herodot. In *Handbuch der griechischen Literatur der Antike, Bd. 1: Die Literatur der archaischen und klassischen Zeit*, hrsg. B. Zimmermann, 338-380. München: Beck.

Rutherford, R. B. 2012. Structure and Meaning in Epic and Historiography. In *Thucydides and Herodotus*, hrsg. E. Foster und D. Lateiner, 13-38. Oxford: Oxford University Press.

Schlögl, A. 1998. *Herodot*. Reinbek: Rowohlt.

Experimentelle Politikwissenschaft
Über die Untersuchung von Entscheidungen in der experimentellen Forschung

Ulrich Hamenstädt

1 Einführung

Experimente gewinnen zunehmend an Bedeutung innerhalb der Politikwissenschaft. Die Anzahl von publizierten Experimenten in Fachzeitschriften ist in den letzten Jahren deutlich gestiegen.[1] Dieser Trend bildet das zunehmende Interesse der Politikwissenschaft an Individual- und Gruppenentscheidungen ab, bzw. das Bestreben nach der exakten Analyse von Entscheidungen. Denn seit Jahrzehnten gilt das Experiment als der „Goldstandard" wissenschaftlicher Forschung und hat sich nicht nur in den Naturwissenschaften, sondern auch in der Psychologie oder der behavioristischen Ökonomik als zentrale Methode etabliert. In der Politikwissenschaft rückt das Experiment nun ebenfalls aus seinem Nischendasein heraus. Dieser Beitrag möchte sich den Möglichkeiten, welche diese methodische Entwicklung auf die Analyse von Entscheidungs- und Handlungssituationen erlaubt – beispielsweise in Bezug auf das Wahl- oder Konsumverhalten – nähern.

Zunächst soll sich der experimentellen Politikwissenschaft anhand des berühmten sozialpsychologischen Milgram-Experiments genähert werden. Durch eine Kritik des damals verwendeten Forschungsdesigns werden spezifische Aspekte des politikwissenschaftlichen Experiments herausgearbeitet, um in die Thematik einzuleiten. Die erkenntnisleitende Frage des zweiten Abschnitts ist, weshalb Experimente in den letzten Jahren an Bedeutung gewinnen und wie der Einfluss auf die Untersuchung von Entscheidungen in der Politikwissenschaft sich hierdurch verändert. Nach wie vor ist das Labor in der experimentellen Forschung der perfekte Ort, um individuelle Entscheidungen von Personen zu untersuchen. Da aber gerade in der Politikwissenschaft viele Fragen nicht nur im Labor untersucht werden können, da Gruppendynamiken oder Kollektiventscheidungen sehr

---

[1] Morton und Williams (2010: 4).

wichtig seinen können, wird sich der darauffolgende Abschnitt Mischformen des Experiments widmen. Anhand von ausgewählten Beispielen soll hier illustriert werden, wie Entscheidungssituationen mit unterschiedlichen experimentellen Forschungsdesigns untersucht werden können. Hierbei wird insbesondere auf die Herausforderungen eingegangen, welche die Forschung im Feld mit sich bringen. Zuletzt wird ein Ausblick gewagt, was die experimentelle Politikwissenschaft in den kommenden Jahren bei der Untersuchung von Entscheidungen auf unterschiedlichen Ebenen beitragen kann.

2   Das Experiment

Wenn wir von Experimenten sprechen, muss nicht immer sofort klar sein, wovon wir genau sprechen. In der Umgangssprache wird meistens von einem „herumexperimentieren", einem eher ziellosen Ausprobieren und Sammeln von Erfahrungen, gesprochen.[2] In der Politikwissenschaft wird in den Internationalen Beziehungen auch vom „kommunistischen Experiment im Osten" gesprochen. Der im Folgenden verwendete Begriff soll jedoch etwas anderes bezeichnen. Unter einem Experiment wird hier die systematische Untersuchung von Kausalzusammenhängen unter der Verwendung eines spezifischen Forschungsdesigns verstanden.[3] Was man sich hierunter genau vorstellen kann, soll an einem Beispiel illustriert werden: an dem bekannten Milgram-Experiment.[4]

Milgram hatte in den 1960er-Jahren Probanden über eine Zeitungsannonce für ein Experiment gewonnen, bei welchem den Teilnehmern vorgespielt wurde, dass es um den Zusammenhang von Lernen und Bestrafung geht. Durch scheinbar zufällige Auswahl der Rollen wurden die Teilnehmer in „Lehrer" und „Schüler" unterteilt. Die „Schüler" waren jedoch in den Versuch eingeweiht und die Probanden waren immer die „Lehrer", deren Aufgabe es war, bei falschen Antworten den „Schüler" mit (im Endeffekt vorgetäuschten) Stromschlägen zu bestrafen. Dabei stand ihnen ein Versuchsleiter als hierarchisch und fachlich übergeordnete Instanz zur Seite. Die Frage von Milgrams Versuch war, wie weit die Probanden gehen würden; wie weit würden sie den Anweisungen des Experimentators folgen und wann würden sie die Entscheidung treffen, das Experiment abzubrechen. Milgram kam zu dem schockierenden Ergebnis, dass viele Teilnehmer bereit gewesen wären, auf Anweisung

---

2   Petersen (2002: 13).
3   McDermott (2002).
4   Milgram und Fleissner (2009).

des Experimentators den „Schüler" zu töten, d.h. so hohe Stromstöße zu geben, dass der „Schüler" es höchst wahrscheinlich nicht überlebt hätte. Hieraus leitete Milgram einen Zusammenhang seiner Ergebnisse zu den Geschehnissen wären des Nationalsozialismus ab. Das hier kurz umrissene Experiment und die hieraus abgeleiteten Erkenntnisse haben breite öffentliche Rezeption und Kritik erfahren.

Wirft man nun einen Blick in die Naturwissenschaften oder in die Medizin, haben wir gleichzeitig eine gute Vorstellung davon, wie ein gutes Experiment auszusehen hat.[5] Beispielsweise haben wir eine Gruppe von Patienten, die alle an derselben Krankheit leiden. Bei einer experimentellen Behandlung würden die Kranken nach dem Zufallsprinzip in zwei Gruppen aufgeteilt, von denen eine das neue Medikament erhalten würde, während die andere ein Placebo bekommen würde. Der Unterschied zwischen dem Effekt des Medikaments und des Placebos würde dann berechnet und diese Differenz als Wirkung des Medikaments bestimmt werden.

Wenn man sich nun mit diesen Überlegungen das Milgram-Experiment anschaut, lassen sich bei Milgram erhebliche Abweichungen von diesem Aufbau feststellen. Anders als bei einer Befragung setzt das Experiment nicht auf eine Zufallsstichprobe, sondern teilt Probanden, die nach bestimmten Kriterien vorausgewählt wurden, zufällig auf mehrere Gruppen auf, um Verzerrungen durch einen Auswahleffekt zu verhindern und um später den Unterschied zwischen den Gruppen messen zu können. Milgram verzichtet auf diese grundlegende Eigenschaft des Experiments, da seine Teilnehmer weder zufällig gezogen, noch zufällig aufgeteilt wurden; aber auch, weil über die Zeitungsannoncen nur ein gewisser Adressatenkreis aber keinesfalls ein repräsentativer Querschnitt erreicht werden kann, muss er mit Verzerrungen bei seiner Gruppe und somit auch bei seinen Ergebnissen rechnen. Zudem lässt sich kein kausaler Effekt in der Untersuchung bestimmen, da es ja keine zwei Gruppen gibt, die miteinander verglichen werden könnten.

Dies verweist bereits auf das nächste Problem, denn Milgram wollte ja die Wirkung von Autorität auf Entscheidungen messen. Allerdings ist die (Treatment-) Variable, um die es ihm geht, also hier die Autorität, nicht operationalisiert worden. Aus dem Versuchsaufbau von Milgram wird daher nicht klar, ob überhaupt Autorität oder nicht beispielsweise die sogenannte Verantwortungsdiffusion gemessen wurde. Unter Verantwortungsdiffusion versteht man ein Phänomen, das in sozialen Interaktionen mit mehr als zwei Beteiligten eintreten kann. Diekmann führt dies etwa an folgendem Beispiel aus: Viele Besucher eines Schwimmbades sehen, dass ein Badegast zu ertrinken droht; anstatt Hilfe zu leisten, denkt jeder Beistehende

---

5   Daher wird auch in der politikwissenschaftlichen Literatur oftmals auf das medizinische Experiment als Beispiel zur Erklärung der experimentellen Forschungslogik zurückgegriffen. Siehe hierzu u.a. den „Klassiker" von Shadish et al. (2002).

indes, dass dies doch jemand der anderen Umstehenden machen solle.[6] Genau dieser Diffusionseffekt könnte bei Milgram entscheidend für das Verhalten der Probanden gewesen sein.

Anhand des Beispiels des Milgram-Experiments und seiner kritischen Betrachtung soll deutlich geworden sein, dass sich ein (politikwissenschaftliches) Experiment durch spezifische Eigenschaften auszeichnet: Zunächst einmal werden zwei unterschiedliche Situationen, Entscheidungen oder Handlungen von Individuen untersucht, wobei man die Probanden entweder zufällig zwischen den Gruppen verteilt (between-subject-design) oder die gleiche Person unter zwei unterschiedlichen Rahmenbedingungen untersucht (within-subject-design).[7] Wichtig ist hierbei, dass durch Zufallsaufteilung der Probanden die Varianz zwischen den Gruppen im Experiment ausgeschaltet wird und der Unterschied auf die zu untersuchende Variable, die Treatment-Variable, zurückführbar ist. Hierbei ist vor allem das Untersuchungsdesign des Experiments entscheidend, welches es plausibel und nachprüfbar erlaubt, das zu untersuchende Phänomen auch wirklich zu analysieren. Daher sollte man nicht zuletzt bei den zunehmend beliebter werdenden Begriffen des Quasi-Experiments[8] und des Umweltexperiments[9] vorsichtig sein und prüfen, ob überhaupt ein experimentelles Forschungsdesign verwendet wurde.

Zentral für die Durchführung eines Experiments ist ein Forschungsdesign, welches sich dadurch auszeichnet, dass eine einzelne Variable wie in einem „Windtunnel" unter sich wandelnden Bedingungen untersucht wird. Ziel ist es, hierbei die genaue Wirkung dieser sogenannten Treatment-Variablen zu bestimmen, d. h. deren Effekt und den Kausalzusammenhang, in welchem sie steht. Zur Schaffung dieses Windtunnels wird in der Regel auf die Zufallsaufteilung der Probanden und häufig auf die „künstliche Umgebung" des Experimentallabors zurückgegriffen.

---

6   Diekmann (2010).

7   Behnke et al. (2006).

8   Shadish et al. (2002).

9   Die Sonderausgabe von *Political Analysis* 17 (4) widmet sich dem Thema Naturexperiment. Neben dem Problem der schwierigen begrifflichen Bestimmung und deren alltagssprachlichen Gebrauch innerhalb der Politikwissenschaft werden in dieser Sonderausgabe auch mehrere positive Beispiele für sehr gelungene Naturexperimente vorgestellt.

3   Experimente, warum jetzt?

Politikwissenschaft ist eine nicht-experimentelle Wissenschaft. In den ersten Jahrgängen der American Political Science Review (APSR), der bedeutendsten politikwissenschaftlichen Fachzeitschrift, wurde darüber diskutiert, wie die damals noch junge Disziplin sich selbst zu verorten und zu definieren habe. Lawrence A. Lowell kommt in dieser Diskussion zu dem Schluss, dass sich die Politikwissenschaft gerade durch die Abwesenheit von Experimenten als Methode der Forschung von anderen Wissenschaften unterscheidet;[10] von ihm stammt das hier eingangs übersetzte Zitat. Pünktlich zur hundertsten Ausgabe der APSR wurde ein Aufsatz herausgebracht, der sich mit der steigenden Bedeutung von Experimenten als Methode in der Politikwissenschaft auseinandersetzt. Eine Zeitreihe der publizierten Artikel in der Zeitschrift zeigt, dass seit den 1990er-Jahren Experimente immer stärker in der Zeitschrift vertreten sind.[11] Zu dem gleichen Ergebnis gelangen alle Überblicksaufsätze zu dem Thema, welche sich international hochkarätige Publikationen anschauen. Aber warum haben wir in den letzten Jahren diesen Wandel in der Politikwissenschaft?

Zunächst einmal kann man festhalten, dass es politikwissenschaftliche Experimente seit den 1920er-Jahren gibt. Das große Thema ist die Wählermobilisierung bzw. die Frage, wie die Entscheidung zur Teilnahme an einer Wahl getroffen wird. So wurden 1924 und 1925 in Chicagoer Stadtteilen unterschiedlich formulierte Aufrufe zur Registrierung auf Wählerlisten verschickt. Dies lässt sich als eines der frühsten kontrollierten Feldexperimente in der Politikwissenschaft bezeichnen.[12] Über 70 Jahre später wurde das Experiment wiederholt, diesmal mit einer vollkommenen Randomisierung der Haushalte und unter der Frage, wie sich der direkte Kontakt zu Bürgern, ein Anruf oder ein Schreiben per Post auf deren Entscheidung zur Wahlregistrierung auswirkt.[13] In der Zwischenzeit wurden in der politischen Psychologie einige Experimente durchgeführt, welche aber in der Politikwissenschaft nur wenig Aufmerksamkeit erfuhren. Ähnlich erging es Experimenten von Mathematikern, Statistikern und Ökonomen, die sich auf das politikwissenschaftliche Feld vorwagten. Erst im Laufe der 1990er-Jahre wurde diesen zaghaften Ansätzen Aufmerksamkeit zuteil. Alan Gerber führt dies insbesondere auf einen paradigmatischen Wechsel in der Politikwissenschaft zurück.[14] Zum einen haben die etablierten Methoden

---

10 Lowell (1910: 7).

11 Druckman et al. (2006).

12 Green und Gerber (2002).

13 Gerber und Green (2000).

14 Gerber (2011).

der Disziplin, wie Experteninterviews und Befragungen, viele Fragen nicht klären
können oder mussten auf der Grundlage von Annahmen durchgeführt werden,
welche ihrerseits erst noch der Überprüfung bedurften. Genau diese überprüfende
Funktion von kausalen Annahmen können Experimente leisten. Zum anderen
hat sich nach Gerber der Fokus der Politikwissenschaft geändert, und zwar dahingehend, dass neben den großen Fragen – was ist der Staat oder wie können wir
das internationale System theoretisch akkurat erfassen – auch ein zunehmendes
Interesse an Entscheidungen auf der Mikroebene entstand. Hierzu zählen die
Entscheidungen von Wählern und Konsumenten oder auch das Verhalten von
Kleingruppen.[15] Neben dieser Argumentation stellt Sniderman in seinem Aufsatz
über die Entwicklung von Befragungsexperimenten (Survey-Experiments),[16] wo
zufällig in einer Befragung unterschiedlich formulierte Fragen an die Teilnehmer
gestellt werden, fest, dass gerade die technische Entwicklung von Computern und
deren Verwendung in der Forschung neue Möglichkeiten in den Methoden der
Politikwissenschaft eröffnet haben. Neue technische Möglichkeiten haben somit
auch das Tor für Experimente in der Disziplin geöffnet und die große Zahl von
Web-Experimenten, welche es erlauben, Menschen in unterschiedlichen kulturellen
Kontexten miteinander in experimentellen Settings in Verbindung zu bringen,
unterstreichen die Bedeutung der technischen Komponente noch einmal.[17] Hinzu
kommen die Kostenvorteile, die eine experimentelle Untersuchung bietet. Da Einigkeit darüber besteht, dass belastbare Aussagen bereits ab einer Gruppengröße
von 21 Teilnehmern zustande kommen, kann ein Experiment mitunter weitaus
preiswerter sein, als eine Befragung. Gleichzeit bleibt der komplementäre Charakter
des Experiments in Forschungszusammenhängen bestehen. Der Vorteil, Entscheidungen von Individuen und Kleingruppen kausal zu bestimmen, wird auch immer
mit einer sehr engen Fokussierung der Forschungsfrage auf einen spezifischen
Aspekt des Gesamtkontextes erkauft. Daher werden Experimente in größeren
Forschungsprojekten zumeist mit anderen Methoden gemeinsam eingesetzt und
bilden zudem die interdisziplinäre Brücke zur Psychologie und zur Ökonomie für
die Politikwissenschaft. Insgesamt lässt sich sagen, dass die zunehmende Bedeutung
von Experimenten in der politikwissenschaftlichen Forschung ein multikausales
Zusammenspiel unterschiedlicher Faktoren ist. Gerade das zunehmende Interesse
an Entscheidungen von Personen und Personengruppen hat nach Alan Gerber in
den letzten Jahren den Aufschwung der Methodik innerhalb der Disziplin gefördert.

---

15 Ostrom (1990).
16 Sniderman (2011).
17 Eckel und Wilson (2005).

Viele Experimente in der Politikwissenschaft werden gegenwärtig im Labor durchgeführt. Grund hierfür ist, dass im Labor besonders eine Kontrolle der Teilnehmer möglich ist. Gleichzeit wird diese Kontrolle oftmals als Künstlichkeit des experimentellen Settings missverstanden. Zumeist wird daher von Politikwissenschaftlern die externe Validität experimenteller Ergebnisse in Frage gestellt. Zudem wird in Laboren, da sie sich an Universitäten befinden, auch oftmals auf Studierende als Probanden zurückgegriffen. Dies führt bisweilen zu Verwirrungen bei Kollegen, die mit Forschungsdesigns und dem Konzept der Validität von Experimenten nur wenig vertraut sind. Diese möglichen Kritikpunkte, welche bis heute zu Missverständnissen bei der Beurteilung experimenteller Forschungsergebnisse innerhalb der Politikwissenschaft führen, wurden bereits im *Cambridge Handbook of Experimental Political Science* entkräftet und auch in der siebten Ausgabe des *Jahrbuchs für Handlungs- und Entscheidungstheorie*[18] ausführlich besprochen. Diese Argumentationen sollen hier nicht wiederholt werden, sondern vielmehr die Forschung außerhalb des Labors und die sich hier ergebenden Möglichkeiten für die Analyse von Entscheidungen im nächsten Abschnitt beleuchtet werden.

4   Vom Labor ins Feld

Bei der experimentellen Analyse von Entscheidungen haben sich in der Politikwissenschaft unterschiedliche Mischformen experimenteller Aufbauten in den letzten Jahren etabliert. Diese beginnen mit der Idee, das Experimentallabor ins Feld zu bringen, um eine bessere Durchmischung des Teilnehmerpools zu ermöglichen.[19] Zudem wurden zunehmend Möglichkeiten ausgelotet, Phänomene experimentell zu untersuchen, welche sich nicht in einem Labor analysieren lassen. Beispielsweise sind Gerber, Karlan und Bergan in einem Feldexperiment der Frage nachgegangen, ob der Erhalt von kostenlosen Zeitungen auch einen politischen Einfluss auf die Leserschaft hat.[20] Dem Einfluss von Massenmedien wurde auch in Entwicklungsländern nachgegangen, wo beispielsweise Telenovelas im Radioformat sehr beliebt sind. In Rwanda, wo diesen Sendungen eine hohe politische Bedeutung im friedlichen Ausgleich zwischen Tutsi und Hutu zugesprochen wird, wurde bei der Ausstrahlung in einigen entlegenen Dörfern über einen langen Zeitraum eine zusätzliche Botschaft über den Umgang mit HIV-Infektionen eingeflochten.

---

18 Morton und Williams (2012).
19 Hamenstädt (2012a), ders. (2012b).
20 Gerber et al. (2009).

Mehrere Dörfer, in welchen die reguläre Sendung lief, und solche, in denen die leicht veränderte Variante zu hören war, wurden während der Experimentalphase zu diesem Thema befragt und miteinander verglichen.[21] Hierdurch konnte der vermutete (positive) Effekt dieser Sendeformate auf das politische Handlungs- und Entscheidungsverhalten bestimmt und gemessen werden. Einen ähnlichen Schritt in der entwicklungspolitischen Forschung ist Benjamin Olken gegangen, indem er in einem Feldexperiment indonesische Dörfer, die finanzielle Mittel zur Schaffung von Infrastruktur bekommen haben, in zwei Gruppen aufteilte.[22] In der einen Gruppe durften die Dörfer die Entscheidung über die Verwendung der Mittel nach traditionellem Entscheidungsmuster treffen, d. h. sie durften den Modus der Entscheidung dieser Fragen durch die Big Men und Dorfältesten beibehalten. In der anderen Gruppe waren die Mittel an eine demokratische Partizipation aller Dorfmitglieder gekoppelt. Im Ergebnis zeigte sich, dass die Dorfgemeinschaften mit demokratischer Partizipation – und somit auch einer Partizipation der Frauen im Dorf – Themen wie die Wasserversorgung – eine traditionelle Aufgabe der Frauen – stärker berücksichtigen.

Zuletzt soll hier noch kurz ein Experiment von Whitt und Wilson vorgestellt werden, welches gleich mehrere Mischformen idealtypischer Experimentaldesigns miteinander verbindet.[23] Die beiden Forscher sind der Frage nachgegangen, wie Personen, die ein schweres Trauma erlebt haben, mit anderen Menschen in ähn- lichen Situationen interagieren. Konkret ging es hier um Menschen, die durch den Wirbelsturm Katrina obdachlos geworden waren, und zumeist nur mit wenig Hab und Gut in Notunterkünften provisorisch untergebracht wurden. Zum einen könnte man hier die These vertreten, dass diese extreme Situation zu mehr Egoismus zwischen den Betroffenen führt, da diese Situation die sozialen Gegebenheiten und Normen des Alltags mitunter in Frage stellt. Demgegenüber könnte aber auch die These vertreten werden, dass gerade die gemeinsame Erfahrung dieser Notsituation zu einer erhöhten Solidarität zwischen den Betroffenen führen kann. Die beiden Wissenschaftler sind bei der Erforschung dieser Frage so vorgegangen, dass sie mit ihrem Labor die provisorischen Notunterkünfte aufgesucht und den Personen dort das Angebot gemacht haben, an unterschiedlichen „Spielen" teilzunehmen. Die forschungsethische Frage drängt sich hier auf, ob Personen in einer solchen Notsituation geeignete Probanden sind. Die Wissenschaftler versuchten dies über die vollkommene Freiwilligkeit bei der Teilnahme am Experiment und über die Tatsache, dass man bis zu $150 US-Dollar in der Stunde verdienen konnte, zu

---

21 Paluck und Green (2009).
22 Olken (2010).
23 Whitt und Wilson (2007).

begründen. Da viele der Opfer der Naturkatastrophe darunter litten, über Tage hinweg in den Notunterkünften nichts zu tun zu haben, war zudem der Andrang der Betroffenen auf eine Teilnahme am Experiment nach Angabe von Whitt und Wilson sehr hoch. Wenn man diesen forschungsethischen Aspekt beiseite lässt, stellt sich die Frage nach dem Vorgehen der Forscher. Sie haben die Probanden im Experiment unterschiedliche Vertrauensspiele spielen lassen; unter Vertrauensspielen versteht man in der Spieltheorie solche Versuchsaufbauten, in welchen beispielsweise eine Person A eine Summe Geld zwischen sich und einer anderen Person B aufteilen muss. Hierbei zeigt sich in der Praxis, dass das theoretische Verhalten, nach dem man sich die gesamte Summe grundsätzlich selbst geben könnte, in der Realität meist einem Gerechtigkeitsverständnis weicht, bei welchem die Summe nahezu gleichmäßig aufgeteilt wird. Zu diesen Spielen gibt es etwas kompliziertere Aufbauten, welche von Whitt und Wilson in unterschiedlicher Variation für das Experiment genutzt wurden. Um einen Vergleich zu erzielen, wie sich die Probanden im Experiment verhalten haben, wurden bekannte Werte dieser Vertrauensspiele aus Laborsituationen zum Vergleich herangezogen. Denn diese Art von Spielen wurde bereits dutzende Male von Ökonomen durchgeführt, sodass diese Ergebnisse als Kontrollgruppe, als Baseline, verwendet werden können. Whitt und Wilson konnten durch diese Experimente nachweisen, dass sich die Probanden überdurchschnittlich solidarischer verhalten haben. Viele Teilnehmer haben in den Experimenten bewusst Entscheidungen getroffen, den anderen, oft unbekannten Mitspielern, mehr Geld zukommen zu lassen und so auf eigene Gewinne zu verzichten. Diese Bereitschaft, Entscheidungen zu treffen, die einen selber unter den Rahmenbedingungen der Notsituation schlechterstellen, um anderen dadurch mehr Geld zukommen zu lassen, war im Durchschnitt deutlich höher als beispielsweise unter Studierenden in Experimentalpools an Universitäten.

Die in diesem Abschnitt angeführten Beispiele sollen verdeutlicht haben, wie vielfältig die experimentelle Untersuchung von Entscheidungen in der Politikwissenschaft in den letzten Jahren geworden ist. Insbesondere Entscheidungen von Individuen und von (Klein-)Gruppen stehen im Fokus der Forschung. Die Methode ist hierbei nicht nur das „ideale Laborexperiment", sondern vielfach auch eine Mischform unterschiedlicher Experimentalaufbauten, die es erlauben, den zu erforschenden Gegenstand akkurat zu erfassen. Im Zentrum der Aufmerksamkeit steht hier jedoch auch immer das spezifische Forschungsdesign des Experiments, welches sich von anderen Forschungslogiken in der Disziplin unterscheidet.

5   Fazit und Ausblick

Entscheidungen von Individuen und Gruppen sind in den letzten Jahren zunehmend in den Fokus politikwissenschaftlicher Untersuchungen gerückt. Diese Verschiebung von Forschungsinteressen hat die Methodik der Disziplin nicht unberührt gelassen. Experimentelle Forschung hat daher auch in der Politikwissenschaft in den letzten Jahren an Reputation gewonnen. Gleichzeitig sind mit diesem Forschungsdesign Unsicherheiten verbunden, da bisweilen der Begriff „Experiment" in der Disziplin noch sehr umgangssprachlich verwendet wird und viele bekannte Beispiele, wie das Milgram-Experiment, kein gutes Beispiel für gelungene experimentelle Forschungsdesigns geben. Dieser Beitrag hat daher zentrale Charakteristika des politikwissenschaftlichen Experiments herausgestellt und anhand von einigen Beispielen aufgezeigt, wie Individual- und Gruppenentscheidungen mit dieser Methode genauer analysiert werden können. Am Schluss bleibt jedoch festzuhalten, dass wohl jede Methodik nicht nur ihre Stärken, sondern auch ihre blinden Flecken besitzt. Das Experiment zeichnet sich hierbei als eine der besten Methoden aus, um den Kausalzusammenhang zwischen zwei Variablen mit hoher interner Validität genau zu bestimmen. Dies wird jedoch über einen „trade-off" in Bezug auf die externe Validität erkauft. Daher muss man im Hinterkopf behalten, dass wenn man Ergebnisse mit einer hohen externen Validität, also Daten mit einer guten Generalisierbarkeit erhalten möchte, das Laborexperiment nicht unbedingt die richtige Methode ist. Vielmehr sollten hier die Möglichkeiten einer komplementären Ergänzung unterschiedlicher Methoden in Betracht gezogen werden; d. h. der in der Forschung immer wichtiger werdende Methodenmix. Zudem kann durch die Verwendung unterschiedlicher Mischformen – wie die Verlegung des Labors ins Feld oder die Durchführung des Experiments direkt als Feldexperiment – in Betracht gezogen werden, den „trade-off" bei der Validität der Ergebnisse zu verringern. Hierbei sollte das Augenmerk jedoch weiterhin auf den Möglichkeiten des Forschungsdesigns liegen und kritisch geprüft werden, ob zentrale Elemente des Experiments, wie beispielsweise die Randomisierung zwischen den Gruppen, auch umgesetzt wurden. Renommierte Fachzeitschriften publizieren in den letzten Jahren zunehmend gelungene Beispiele hierfür. Dies ist das Indiz für die Entwicklung und die zunehmende Bedeutung und Professionalisierung der experimentellen Untersuchung von Entscheidungssituationen in der Politikwissenschaft.

Quellenverzeichnis

Behnke, J., N. Bauer, und N. Behnke. 2006. *Empirische Methoden der Politikwissenschaft.* Paderborn: Schöningh.

Diekmann, A. 2010. *Spieltheorie. Einführung, Beispiele, Experimente.* Hamburg: Rowohlt.

Druckman, J. N., D. P. Green, J. H. Kuklinski, und A. Lupia. 2006. The Growth and Development of Experimental Research in Political Science. *American Political Science Review* 100 (4): 627-635.

Eckel, C. C., und R. K. Wilson. 2005. Internet cautions: Experimental games with Internet partners. *Experimental Economics* 9 (1): 53-66.

Gerber, A. S. 2011. Field Experiments in Political Science. In *Cambridge Handbook of Experimental Political Science*, hrsg. J. N. Druckman, D. P. Green, J. H. Kuklinski, und A. Lupia,115-138. Cambridge: Cambridge University Press.

Gerber, A. S., und D. P. Green. 2000. The effects of canvassing, direct mail, and telephone contact on voter turnout: A field experiment. *American Political Science Review* 94 (3), 653-663.

Gerber, A. S., D. Karlan, und D. Bergan. 2009. Does the Media Matter? A Field Experiment Measuring the Effect of Newspapers on Voting Behavior and Political Opinions. *American Economic Journal* 1 (2): 35-52.

Green, D. P., und A. S. Gerber. 2002. Reclaiming the Experimental Tradition in Political Science. In *Political Science: State of the Discipline*, hrsg. I. Katznelson, und H. V. Milner, 805-832. New York: Norton.

Hamenstädt, U. 2012a. *Die Logik des politikwissenschaftlichen Experiments: Methodenentwicklung und Praxisbeispiel.* Wiesbaden: VS Verlag.

Hamenstädt, U. 2012b. Das „Lab in the field" Experiment. Kontrolle und die Integration finanzieller Anreize in feldexperimentellen Forschungsdesigns anhand eines Beispiels. In *Jahrbuch der Handlungs- und Entscheidungstheorie*, hrsg. T. Bräuninger, A. Bächtiger, und S. Shikano, 105-124. Wiesbaden: VS Verlag.

Lowell, A. T. 1910. The Physiology of Politics. Presidential Address, Sixth Annual Meeting of the American Political Science Association. *American Political Science Review* 4 (1): 1-15.

McDermott, R. 2002. Experimental Methods in Political Science. *Annual Reviews of Political Science* 5: 31-61.

Milgram, S., und R. Fleissner. 2009. *Das Milgram-Experiment. Zur Gehorsamsbereitschaft gegenüber Autorität.* Hamburg: Rowohlt.

Morton, R. B., und K. C. Williams. 2010. *Experimental political science and study of causality. From nature to the lab.* Cambridge: Cambridge University Press.

Morton, R. B., und K. C. Williams. 2012. Experimente in der Politischen Ökonomie. In *Jahrbuch der Handlungs- und Entscheidungstheorie*, hrsg. T. Bräuninger, A. Bächtiger, und S. Shikano, 13-30. Wiesbaden: VS Verlag.

Ostrom, E. 1990. *Governing the Commons: The Evolution of Institutions for Collective Action.* Cambridge University Press.

Paluck, E. L., und D. P. Green. 2009. Deference, Dissent, and Dispute Resolution: An Experimental Intervention Using Mass Media to Change Norms and Behavior in Rwanda. *American Political Science Review* 103 (4): 622-644.

Petersen, T. 2002. *Das Feldexperiment in der Umfrageforschung.* Frankfurt am Main; New York: Campus.

Olken, B. A. 2010. Direct Democracy and Local Public Goods: Evidence from a Field Experiment in Indonesia. *American Political Science Review* 104 (2): 243-267.
Shadish, W. R., T. D. Cook, und D. T. Campbell. 2002. *Experimental and quasi-experimental
designs for generalized causal inference.* Boston: Houghton Mifflin.
Sniderman, P. M. 2011. The Logic and Design of the Survey Experiment: An Autobiogra-
phy of a Research Method. In *Cambridge Handbook of Experimental Political Science*,
hrsg. J. N. Druckman, D. P. Green, J. H. Kuklinski, und A. Lupia, 102-114. Cambridge:
Cambridge University Press.
Whitt, S., und R. K. Wilson. 2007. Public Goods in the Field: Katrina Evacuees in Houston.
Southern Economic Journal 74 (2): 377-387.

Eine Frage der Disziplin?
Ökonomen, Zeitpräferenzen und (ir)rationales Entscheiden

Thomas Langer und Sven Nolte

Wir alle kennen das: „Im nächsten Jahr werde ich die Steuererklärung nicht wieder ewig vor mir herschieben, dieses Mal meine ich es wirklich ernst mit der Diät, diesen Buchbeitrag werde ich auf jeden Fall rechtzeitig abliefern." Wie so oft liegen nicht nur bei diesem Buchbeitrag Welten zwischen dem geplanten und dem tatsächlichen Verhalten. So ließen beispielsweise Choi et al.[1] Teilnehmer an einem Altersvorsorgeprogramm in den USA ihr eigenes Sparverhalten beurteilen. 35 % der Befragten kamen zu der Einsicht, dass die eigene Sparrate zu niedrig sei, und gaben an, diese innerhalb der nächsten zwei Monate erhöhen zu wollen. Anhand der empirischen Daten konnte aber festgestellt werden, dass nach vier Monaten nur 14 % dieser Einsichtigen tatsächlich aktiv geworden waren.

Solche empirischen Ergebnisse werden den Leser nicht wirklich überraschen. Selbstdisziplinprobleme dieser Art beobachten wir regelmäßig, nicht nur bei anderen Menschen, sondern oft auch bei uns selbst. Für einen Wirtschaftswissenschaftler, der Entscheidungsverhalten durch formale ökonomische Modelle beschreiben möchte, stellen solche Abweichungen des tatsächlichen Verhaltens von den ursprünglichen Planungen jedoch eine echte Herausforderung dar. Dabei gilt der *homo oeconomicus*, das perfekt rationale und nutzenmaximierende Idealbild eines ökonomischen Entscheiders, längst nicht mehr als akzeptabler Ausgangspunkt einer deskriptiv orientierten Entscheidungstheorie. Eine Vielzahl von deskriptiven Modellen wurde entwickelt, um Phänomene wie referenzpunktabhängiges Entscheiden, mentale Kontenbildung oder die systematisch verzerrte Verarbeitung von Wahrscheinlichkeiten formal abzubilden und einer modelltheoretischen Analyse zugänglich zu machen (einen schönen Überblick gibt Daniel Kahneman[2] in der Rede, die er im Rahmen der Verleihung des Nobelpreises für Wirtschaftswissen-

---

1 Vgl. Choi et al. (2002).
2 Vgl. Kahneman (2003).

schaften gehalten hat). Die oben erwähnten Selbstdisziplinprobleme erweisen sich einer ökonomischen Modellierung jedoch als besonders wenig zugänglich, da in den üblichen ökonomischen Ansätzen zwischen der Identifizierung der besten verfügbaren Alternative und der tatsächlichen Wahl dieser Alternative gar nicht unterschieden wird.

Dieser Beitrag soll die typisch ökonomische Sichtweise des Entscheidens beleuchten und dabei auch zeigen, wie (mühsam) es letztlich doch gelingt, das oben beschriebene dynamisch inkonsistente Entscheidungsverhalten in einer für Ökonomen akzeptablen Form zu modellieren.

1   Die normativ-präskriptive Sichtweise

Um zu verstehen, warum sich Wirtschaftswissenschaftler mit der Formalisierung und Modellierung von Entscheidungsverhalten bei bestimmten verhaltenswissenschaftlichen Phänomenen schwerer tun als bei anderen, ist es hilfreich, zunächst die typisch normativ-präskriptive Perspektive des ökonomischen Entscheidens zu erläutern. Im Rahmen der sogenannten Entscheidungstheorie wird unter anderem analysiert, wann eine Entscheidung als rational gelten kann.[3] Dabei ist zwischen vier grundlegenden Komponenten eines Entscheidungsproblems zu unterscheiden: Zielen, Alternativen, Unsicherheiten und Konsequenzen. Die Ziele eines Entscheiders bestimmen, welche Konsequenzen der Alternativen für die Bestimmung der optimalen Alternative in Betracht zu ziehen sind. Die Unsicherheiten kommen dann ins Spiel, wenn bei der Wahl einer Alternative die eintretende Konsequenz nicht mit Sicherheit zu bestimmen ist, sondern unterschiedliche Konsequenzen mit bestimmter Wahrscheinlichkeit eintreten.

So wäre für einen Entscheider bzgl. seines Sonntagnachmittagsspaziergangs bei starker Bewölkung möglicherweise das Ziel, „nicht nass zu werden", relevant. Die Alternativen wären (a) „die Mitnahme eines Regenschirms" oder (b) „ein Spaziergang ohne Regenschirm". Die Unsicherheit bestünde in der Tatsache, dass es regnen könnte oder nicht. Die Konsequenzen wären bei Wahl von Alternative a sicher (der Entscheider wird nicht nass), bei Wahl von Alternative b hingen sie jedoch davon ab, ob es regnen wird oder nicht. Die Einschätzung der Eintrittswahrscheinlichkeiten dieser Ereignisse obliegt dem jeweiligen Entscheider und könnte individuell durchaus verschieden sein. Das Problem könnte dann beliebig erweitert werden, indem z. B. die „Lästigkeit des Regenschirmtragens" zum Zielsystem hinzugefügt

---

3   Siehe z.B. Eisenführ et al. (2010).

wird. Erst dann würde das gegebene Entscheidungsproblem überhaupt interessant, denn bei einer ausschließlichen Fokussierung auf das Nasswerden wäre Alternative a fraglos dominant.

Zwei Konzepte sind nun für die moderne wirtschaftswissenschaftliche Sichtweise des Entscheidens von besonderer Bedeutung.

Zum einen ist dies das Konzept der Bewertungsfunktion. Der rationale Entscheider verwendet eine Wertfunktion (oft auch Nutzenfunktion genannt), mit der jeder Alternative eine reelle Zahl zugewiesen werden kann. Je höher diese Bewertung, umso attraktiver ist die jeweilige Alternative. Idealerweise ist diese Wertfunktion kardinalen Typs, sodass die Bewertungen nicht nur die Präferenzordnung der Alternativen reflektieren, sondern sich in Bewertungsdifferenzen auch die Unterschiede der Präferenzstärke korrekt widerspiegeln.[4] Eine solche Bewertungsfunktion für konkrete Entscheidungsprobleme zu finden, ist zentrales Ziel der sogenannten Entscheidungsanalyse.[5]

Das zweite wichtige Konzept ist die axiomatische Fundierung der Entscheidungsregel (bzw. Bewertungsfunktion). Wenn Sie verschiedene Lotterien mit unterschiedlichen Gewinnwahrscheinlichkeiten und Gewinnhöhen miteinander vergleichen wollen, können ad hoc viele einigermaßen vernünftig erscheinende Entscheidungsregeln definiert werden:

- wähle die Lotterie mit dem höchstmöglichen Gewinn,
- wähle die Lotterie mit der höchsten Gewinnwahrscheinlichkeit,
- wähle die Lotterie mit dem höchsten Gewinnerwartungswert usw.

All diese Regeln ließen sich unmittelbar in eine Bewertungsfunktion übersetzen (Bewertung ist höchste Gewinnausprägung, Bewertung ist Gewinnwahrscheinlichkeit, …). Im Rahmen der Entscheidungsanalyse wird die Willkür bei der Vorgabe einer Bewertungsfunktion durch einen axiomatischen Ansatz beseitigt. Dazu werden einige sehr grundlegende Axiome zur Basis rationalen Verhaltens erklärt. Dann wird formal hergeleitet, wie der Entscheider sich in komplizierteren Situationen verhalten muss, um gegen keines dieser Axiome zu verstoßen. Die Axiome sind zumeist sehr elementar und werden bezüglich ihrer Eignung als Basis rationalen Verhaltens kaum in Frage gestellt. Ein typisches Axiom ist z. B. die Transitivitätsforderung. Diese besagt, dass ein Entscheider, der eine Alternative a einer Alternative b vorzieht, und Alternative b wiederum Alternative c, auch Alternative a der Alternative c vorziehen muss.

---

4   Vgl. ebd.
5   Decision Analysis, vgl. Howard (1988).

Nun ist es denkbar, dass ein Restaurantbesucher zuweilen im Restaurant Pizza gegenüber Lasagne vorzieht, Lasagne wiederum gegenüber Salat, bei einer Entscheidung zwischen Pizza und Salat aber dem Salat den Vorzug geben würde. Als Basis rationalen Verhaltens würden die meisten Menschen derartige Intransitivitäten allerdings nicht akzeptieren. Es wird auch unmittelbar deutlich, dass das den Ökonomen so wichtige Konzept einer numerischen Bewertung der Alternativen keinesfalls in der Lage wäre, solche Präferenzen abzubilden. Keine Bewertungsfunktion, die den Alternativen Pizza, Lasagne und Salat reelle Zahlen zuweist, kann die Eigenschaft haben, dass die Bewertung von Pizza höher ist als die Bewertung von Lasagne, die wiederum höher ist als die von Salat, die dann schließlich wieder über der von Pizza liegt.

2   Entscheidung unter Unsicherheit

Bei der Frage, ob ein Entscheider sich im Restaurant für Pizza oder Lasagne entscheiden sollte, kann die Entscheidungsanalyse wenig helfen. Hier kommt es auf den individuellen Geschmack an und es fragt sich auch, ob es bei einem solch unerheblichen Entscheidungsproblem überhaupt sinnvoll ist, mühsam über eine möglichst rationale Entscheidung nachzudenken. Bei komplexeren Problemen wird es für den Entscheider aber zunehmend schwieriger, stabile Präferenzen bezüglich der gegebenen Alternativen intuitiv anzugeben. Dann werden Regeln benötigt, die vorgeben, wie bei den gegebenen Informationen die optimale Entscheidung aussehen soll, oder anders formuliert: mit welcher Bewertungsfunktion der Entscheider die Alternativen bewerten soll.

Kompliziert werden Entscheidungsprobleme vor allem dann, wenn mehrere konfligierende Ziele zu beachten sind und wenn die Konsequenzen der Alternativen durch viele Unsicherheiten beeinflusst werden. Zusätzliche Komplexität entsteht, wenn die Konsequenzen der Entscheidung zu verschiedenen Zeitpunkten wirken oder mehrere Personen involviert sind, entweder als Entscheider – dann müssen die individuellen Präferenzen zusammengeführt werden – oder als von den Konsequenzen Betroffene – dann müssen die Vor- und Nachteile für die Betroffenen gegeneinander abgewogen werden.

Von den genannten Aspekten ist der Umgang mit der Unsicherheit der Konsequenzen ein für die Wirtschaftswissenschaften besonders zentrales Problem, da die relevanten Inputparameter und Zielgrößen wie Umsätze, Kosten, Inflationsraten, zukünftige Wechselkurse etc. in der Realität meist mit Unsicherheit behaftet sind. Daher soll dieser Aspekt im Folgenden noch etwas detaillierter erläutert werden.

Wir unterstellen hierzu, dass der Entscheider nur ein einziges Ziel verfolgt. Dies ist eine für viele ökonomische Entscheidungsprobleme durchaus übliche Annahme. Bei dem Ziel handelt es sich dann meist um die Maximierung eines monetären Zielattributs: Gewinn, Rendite, konsumierbares Vermögen o. ä.

Welche Ausprägung dieses Zielattribut bei Wahl einer bestimmten Alternative annimmt, ist unsicher. Für unterschiedliche Zustände der Umwelt ergeben sich unterschiedliche Ausprägungen. Wir wollen diese Ausgangslage anhand eines möglichst einfachen Beispiels verdeutlichen:

Ein Unternehmer kann zwei unterschiedliche Geschäftsstrategien a und b wählen. Seine Zielgröße ist der Unternehmensgewinn im kommenden Jahr. Wie hoch dieser ausfällt, wird durch eine einzige Unsicherheit beeinflusst, die Frage, ob die Politik ein spezielles Subventionsprogramm weiterlaufen lässt oder nicht (die vielen anderen sicherlich auch relevanten Unsicherheiten vernachlässigen wir in diesem vereinfachten Beispiel, ebenso wie die anderen Ziele, die der Unternehmer in der Realität noch verfolgen könnte). Wenn es weiterhin Subventionen gibt, wird Alternative a zu einem Unternehmensgewinn von 2,5 Mio. € führen, Alternative b nur zu 1,6 Mio. €. Bei vorzeitiger Beendigung des Subventionsprogramms wird der Gewinn bei Alternative a 0,5 Mio. € betragen, bei Alternative b 1,4 Mio. €. Die Wahrscheinlichkeit für das Auslaufen des Subventionsprogramms beträgt 40 %.

Wie sollte der Unternehmer eine Entscheidung zwischen diesen beiden Alternativen fällen, die in Abb. 1 noch einmal in übersichtlicher Form als Entscheidungsbaum dargestellt sind?

Die Alternative a besitzt einen deutlich höheren Erwartungswert (1,7 Mio. € im Vergleich zu den 1,52 Mio. € von Alternative b). Allerdings ist auch die Schwankungsbreite der Gewinne, also das Risiko, bei Alternative a deutlich höher. Wie sind diese beiden Aspekte vom Unternehmer gegeneinander abzuwägen?

Abb. 1   Entscheidungsalternativen 1

Die in den Wirtschaftswissenschaften allgemein als rational akzeptierte und axiomatisch fundierte Entscheidungsregel für derartige Entscheidungen unter Unsicherheit ist die Erwartungsnutzentheorie.[6] Interessanterweise werden bei der Erwartungsnutzentheorie die beiden konfligierenden Teilziele „hoher Erwartungswert" und „geringes Risiko" gar nicht explizit gegenübergestellt. Der Ansatz gibt stattdessen vor, dass ein Entscheider sich zunächst Gedanken über seine individuelle Nutzenfunktion u (für *utility*) machen muss, die jeder denkbaren monetären Ausprägung einen Nutzenwert zuordnet. Anschließend hat er für jede Alternative den Erwartungswert dieser Nutzenwerte zu bestimmen und diejenige Alternative zu wählen, die den höchsten erwarteten Nutzen EU erbringt. Die Bewertungsfunktion lautet also allgemein:

$$EU(a) = \sum_{i=1}^{n} p_i \cdot u(a_i)$$

Dabei sind mit a_1 bis a_n die möglichen Ausprägungen der Zielvariablen bezeichnet und mit p_1 bis p_n die zugehörigen Eintrittswahrscheinlichkeiten.

Tabelle 1   Unternehmensgewinn und Nutzen.

Unternehmensgewinn	0,5 Mio. €	1,4 Mio. €	1,6 Mio. €	2,5 Mio. €
Nutzen des UG	0,2	0,7	0,75	1,0

Käme der Unternehmer also zu der Einsicht, dass sich der Nutzen der möglicherweise auftretenden Unternehmensgewinne wie in Tabelle 1 aufgeführt ergibt, so ließe sich für die Alternative a ein Erwartungsnutzen von

$EU(a) = (0,6 \cdot u(2,5 \text{ Mio. } €) + 0,4 \cdot u(0,5 \text{ Mio. } €) = 0,6 \cdot 1,0 + 0,4 \cdot 0,2 = 0,68$

und für Alternative b ein Erwartungsnutzen von

$EU(b) = (0,6 \cdot u(1,6 \text{ Mio. } €) + 0,4 \cdot u(1,4 \text{ Mio. } €) = 0,6 \cdot 0,7 + 0,4 \cdot 0,75 = 0,72$

---

6   Vgl. Neumann und Morgenstern (1947).

berechnen. Demnach wäre die Alternative b auf Basis des Erwartungs*nutzens* trotz des geringeren Erwartungs*wertes* vorzuziehen.

Warum sollte nun ein rationaler Entscheider gerade diese Entscheidungsregel verwenden und nicht z. B. Erwartungswert und Streuungsbreite der möglichen Ausprägungen in irgendeiner Form direkt gegeneinander abwägen? Der Grund ist, dass es eine überzeugende axiomatische Fundierung für die Erwartungsnutzentheorie gibt, während die anderen Regeln eher willkürlich wären. Das entscheidende Axiom neben einigen eher trivialen (und kaum in Frage zu stellenden) Forderungen ist ein „Unabhängigkeitsaxiom". Da es das einzige Axiom ist, über dessen Akzeptanz es möglicherweise Diskussionen geben kann, wollen wir es etwas näher betrachten. Das Unabhängigkeitsaxiom besagt im Wesentlichen, dass die Entscheidung zwischen zwei Alternativen nicht von ohnehin gleichen Komponenten eines Entscheidungsbaums beeinflusst werden soll.

Wäre bei obiger Unternehmerentscheidung beispielsweise der eigentlichen Entwicklung durch die gewählte Strategie eine weitere Unsicherheit vorgelagert, die dazu führen würde, dass ein anderer von der Strategie unabhängiger Unternehmensgewinn entsteht, so wären die Entscheidungsbäume in folgender Weise zu erweitern (Abb. 2):

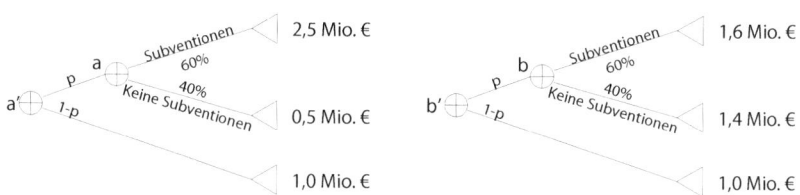

Abb. 2   Entscheidungsalternativen 2

Das Unabhängigkeitsaxiom fordert nun, dass sich ein Entscheider bei seiner Entscheidung zwischen a′ und b′ an dem Teilbaum orientieren soll, der sich überhaupt unterscheidet und die identischen Komponenten (ggf. auch unsichere) außer Acht lässt. Bevorzugt er b gegenüber a, so sollte er auch b′ gegenüber a′ präferieren, da sich diese nur im Teilbaum b bzw. a unterscheiden. Dies scheint keine besonders starke Rationalitätsforderung zu sein und tatsächlich stimmen die meisten Menschen einer solchen Regel als Grundlage rationalen Verhaltens bedenkenlos zu. Es lässt sich dann aber zeigen, dass aus dieser Zustimmung (und der Akzeptanz der weiteren, eher technischen Axiome) bereits folgt, dass auch in komplexeren Situationen den Empfehlungen der Erwartungsnutzen-theorie gefolgt werde müsste, um zu rationalen Entscheidungen zu kommen.[7] Da die Erwartungsnutzentheorie jedem Entscheider erlaubt, seine eigene Nut-zenfunktion zu wählen, scheint diese Regel auf den ersten Blick sehr flexibel zu sein und die Entscheidungsspielräume des Entscheiders kaum einzuschränken. Allerdings darf der Erwartungsnutzenentscheider seine Nutzenfunktion nicht nach Belieben bei jeder Bewertung neu wählen. Ist einmal festgelegt, welchen Nutzen ein bestimmtes Vermögen oder ein Konsum verursacht, muss mit diesem Nutzen konsistent weitergearbeitet werden.

Die Sichtweise, dass das Verhalten eines Entscheiders durch seine Nutzen-funktion bereits vollständig bestimmt ist, spiegelt sich auch in der ökonomischen Modellbildung wider. Mit einer Aussage der Form „wir betrachten einen Entschei-der mit einer Nutzenfunktion $u(x)=\sqrt{x}$" sind die Präferenzen des Entscheiders für Entscheidungen unter Unsicherheit (und einem einzigen durch das Attribut x gemessenen Ziel) vollständig beschrieben. In gewisser Weise ist ein solcher Ent-scheider aus ökonomischer Sicht nicht mehr als eine Nutzenfunktion. Würden wir diese Annahme $u(x)=\sqrt{x}$ für den Unternehmer aus dem obigen Beispiel treffen und mit x den Unternehmensgewinn bezeichnen, könnten wir nicht nur auf seine Präferenz für Alternative b über Alternative a schließen, wir könnten auch jede andere Alternative (mit ausschließlich positiven Unternehmensgewinnen) mit dem Erwartungsnutzenkalkül und dieser Nutzenfunktion bewerten und mit anderen Alternativen vergleichen. An diesen Ausführungen wird bereits deutlich, warum es in diesem konzeptionellen Rahmen, in dem ein Entscheider im Wesentlichen eine Nutzenfunktion ist, schwierig sein wird, ein Entscheidungsverhalten zu mo-dellieren, das von dem als optimal identifizierten abweicht.

Durch die spezielle Form der Nutzenfunktion lässt sich automatisch auch die unterschiedliche Risikoeinstellung von Entscheidern abbilden.[8] Eine konkave Nut-zenfunktion, wie die gerade angeführte Wurzelfunktion, führt zu risikoscheuem Verhalten – der Unternehmer wählt die weniger riskante Alternative b, obwohl diese einen deutlich geringeren Erwartungswert als die riskantere Alternative a besitzt. Eine lineare Nutzenfunktion führt zu risikoneutralem Verhalten, bei dem der Entscheider nur den Erwartungswert der Ausprägungen berücksichtigt und deren Risiko (Streubreite) völlig außer Acht lässt. Auch risikofreudiges Verhalten ist theoretisch denkbar und würde durch eine konvexe Nutzenfunktion abgebildet. Risikofreude tritt aber in ökonomischen Modellierungen so gut wie nie auf. Dies hat unter anderem den Grund, dass zwei risikofreudige Entscheider durch riskante

7   Vgl. Herstein und Milnor (1953).
8   Vgl. Eisenführ et al. (2010).

Wetten gegeneinander ihrer beider erwarteten Nutzen beliebig steigern könnten, was unschöne Konsequenzen für derartige Modellierungen hätte.

Das eingangs erwähnte Forschungsfeld der „Entscheidungsanalyse" beschäftigt sich mit der Frage, wie einem konkretem Entscheider geholfen werden kann, sich über seine Nutzenfunktionen (für verschiedene Zielattribute) klar zu werden, um mit diesen dann reale Entscheidungsprobleme zu lösen. In allgemeinen ökonomischen Modellierungen werden für die einzelnen Entscheider dagegen meist keine individuellen Nutzenfunktionen angegeben. Stattdessen wird auf bestimmte allgemeine Klassen von Funktionen zurückgegriffen, die interessante Risikoaversionseigenschaften aufweisen.[9]

Bevor wir uns nun mit der Frage beschäftigen, wie sich die Erwartungsnutzentheorie auf einen Mehrperiodenkontext ausweiten lässt (den wir für die Abbildung von Selbstdisziplinproblemen benötigen), sollen noch zwei Anmerkungen erfolgen.

Die eine bezieht sich auf die Frage, wie Entscheider rational vorgehen sollen, wenn die Wahrscheinlichkeiten für das Eintreten der Konsequenzen nicht explizit gegeben sind. Dies ist ohne Frage diejenige Situation, die für praktische Entscheidungsprobleme die größere Bedeutung besitzt. Üblicherweise bekommt ein Unternehmer nicht die Wahrscheinlichkeiten für den Wegfall der Subventionen als objektive Größen gegeben. Er weiß nur, welche Folgen ein solcher Subventionswegfall auf seine Unternehmensgewinne hätte. Die Situation sähe für ihn also eher so aus (Abb. 3):

Abb. 3 Entscheidungsalternativen 3

Über die Wahrscheinlichkeit des Eintretens des Ereignisses kann und muss er sich eine subjektive Meinung bilden, die von seinem Wissen und Informationsstand abhängen wird. Ein solches Szenario ist die Ausgangssituation einer Erweiterung der einfachen Erwartungsnutzentheorie, der sogenannten subjektiven Erwar-

---

9 Z. B. konstante absolute Risikoaversion, vgl. Wakker (2008).

tungsnutzentheorie. Gerade in ökonomischen Modellen mit unterschiedlich gut informierten Akteuren wird diese Form der Erwartungsnutzentheorie benötigt, da hier unterschiedliche Akteure völlig rational – weil unterschiedlich gut informiert – den gleichen Ereignissen unterschiedliche subjektive Eintrittswahrscheinlichkeiten zuweisen. Auch die subjektive Erwartungsnutzentheorie lässt sich axiomatisch begründen und auch hier spielt eine Art Unabhängigkeitsaxiom die entscheidende Rolle. Die Herleitung selbst ist aber deutlich komplizierter als die der klassischen Erwartungsnutzentheorie.[10] Dies ist der Tatsache geschuldet, dass in dem hier betrachteten Szenario nur Umweltzustände vorgegeben sind, die zu unterschiedlichen Konsequenzen der Alternativen führen, der Begriff der Wahrscheinlichkeit aber gar nicht vorkommt.

Gerade aufgrund der z. T. sehr andersartigen Sichtweise in anderen Disziplinen (vgl. z. B. „judex non calculat") ist es interessant, was in der ökonomischen Entscheidungstheorie aus diesen Axiomen konkret hergeleitet wird. Die subjektive Erwartungsnutzentheorie gibt als Entscheidungsregel vor, dass der rationale Entscheider sich zuallererst eine Meinung über die Wahrscheinlichkeit des Eintretens der Umweltzustände zu bilden hat. Nachdem er diese subjektiven Wahrscheinlichkeiten festgelegt hat, muss er – mit ihnen konsistent und ohne die Herkunft (und Subjektivität) dieser Wahrscheinlichkeitseinschätzungen weiter zu berücksichtigen – Erwartungsnutzenmaximierung betreiben.

Intuitiv verletzen viele Entscheider diese Regel. Ambiguität bzgl. der Wahrscheinlichkeiten führt bei ihnen zu generellen Bewertungsabschlägen. Dies ist aber im Rahmen der subjektiven Erwartungsnutzentheorie aus Rationalitätssicht nicht zulässig.

Die zweite Anmerkung bezieht sich auf die Tatsache, dass die Erwartungsnutzentheorie, obwohl in der Ökonomie grundsätzlich dominierend, nicht in allen Bereichen konsequent angewendet wird. Eine bekannte Ausnahme ist die sogenannte Portfoliotheorie, die sich mit der Frage beschäftigt, wie ein Investor idealerweise ein Wertpapierportfolio zusammenstellen sollte, um maximale Diversifikationsvorteile zu erzielen. Den ursprünglichen Ideen von Nobelpreisträger Markowitz[11] folgend hat sich hier der sogenannte μ-σ-Ansatz etabliert, bei dem Erwartungswert (μ) und Standardabweichung (σ) der Portfoliorenditen als Argumente für die Bewertungsfunktion verwendet werden. Auch wenn sich zeigen lässt, dass in gewissen Konstellationen μ-σ-Optimierung nicht in sofortigem Widerspruch zur Erwartungsnutzenmaximierung stehen muss, ist es doch etwas überraschend, dass ein

---

10 Vgl. Anscombe und Aumann (1963).
11 Vgl. Markowitz (1952).

solcher Alternativansatz gerade im Bereich der Finanzwirtschaft, der ansonsten als durch Effizienz und Rationalität geprägt gilt, weiterhin eine so zentrale Rolle spielt.

3 Rückkehr zu den Selbstdisziplinproblemen

Nach diesem Ausflug zu den ökonomischen Grundlagen des rationalen Entscheidens wollen wir nun zu unserem Ausgangsproblem des dynamisch inkonsistenten Verhaltens bzw. den Selbstdisziplinproblemen zurückkehren. Grundsätzlich können die zuletzt vorgestellten normativen Entscheidungskalküle so modifiziert werden, dass sie auch zu deskriptiven Zwecken, also zur Beschreibung von tatsächlichem (nicht notwendig rationalem) Entscheidungsverhalten genutzt werden können. So ist es beispielsweise recht einfach möglich, die oben erwähnte Ambiguitätsaversion von Entscheidern in deskriptiven Modellen abzubilden.[12] Solche Anpassungen stoßen beim Problem des dynamisch inkonsistenten Verhaltens allerdings an ihre Grenzen. Der Grund ist, dass hier eine grundlegende Annahme des ökonomischen Entscheidungsverständnisses verletzt wird, nämlich die, dass Verhalten stets den Ergebnissen eines – wie auch immer gearteten – Optimierungskalküls folgt. Wenn nun Menschen etwas tun, was sie kurz zuvor noch als nicht optimal identifiziert haben, so wird es schwierig, dies im Stile der Erwartungsnutzentheorie oder einer darauf aufbauenden Erweiterung zu beschreiben.

Zur Lösung des Problems könnte die von Shefrin und Thaler vorgeschlagene „Behavioral Lifecycle Hypothesis" (BLCH)[13] herangezogen werden. Diese geht davon aus, dass in jedem Menschen zwei unterschiedliche, treibende Kräfte wirken: Der „Planer" und der „Macher". Während der Planer eher rationale, vorausschauende und überlegte Entscheidungen treffen würde, ist der Macher durch Emotionen, kurzfristige Orientierung und Konsumwunsch getrieben. Das Dilemma für den Planer ist hierbei, dass er zwar zuständig für die Planung zukünftiger Entscheidungen ist, bei der Entscheidung selbst jedoch der Macher die Kontrolle übernimmt und diese im Sinne seiner sehr kurzfristigen Interessen (nach sofortigem Konsum) fällt. Dabei weicht er üblicherweise von den Plänen des vorausschauenden und nach Konsumglättung strebenden Planers ab. Die kurzsichtigen Entscheidungen des Machers kann der Planer nur unter Aufbietung erheblicher „mentaler Kosten" unterbinden. Häufig wird es dem Planer also nicht gelingen, den Macher zu zügeln und an seinen ursprünglichen Plänen festzuhalten.

---

12 Vgl. Schmeidler (1989), Klibanoff et al. (2005).
13 Vgl. Shefrin und Thaler (1988).

Die BLCH kann eine Reihe von in der Realität zu beobachtenden Verhaltensmustern gut beschreiben. So lässt sich mit ihr z. B. erklären, warum sich Entscheider
selbst binden und ihre zukünftigen Entscheidungsspielräume einschränken, warum
sie langfristige Sparprogramme bevorzugen, aus denen ein Ausstieg nur schwer
möglich ist. In der BLCH-Sichtweise sind dies Maßnahmen eines vorausschauenden
Planers, der antizipiert, dass er den Macher in der Zukunft nur schwer wird zügeln
können und daher zu einem Zeitpunkt Fakten schafft, zu dem der nur an sofortigem
Konsum interessierte Macher noch keine Einwände erhebt. Ein solcher Ansatz, so
erfreulich „menschlich" er auch erscheinen mag, hat allerdings keine Chance, von
Ökonomen als ernsthafte Modellierung individuellen Entscheidungsverhaltens
akzeptiert zu werden. Weder lassen sich die mentalen Kosten quantifizieren noch
ist die Interaktion zwischen Planer und Macher klar genug definiert. Da Ökonomen
grundsätzlich daran interessiert sind, Verhalten in einer Art und Weise zu modellieren, die es erlaubt, Sachverhalte nicht nur darzustellen, sondern auch zu analysieren
und auf messbare Größen zurückzuführen, ist die BLCH für sie nicht zielführend.

4   Hyperbolisches Diskontieren

Vielversprechender ist hier ein Ansatz, der bei der Diskontierung der Zahlungsströme
ansetzt. Selbstdisziplinprobleme enthalten üblicherweise eine zeitliche Komponente,
ein Abwägen zwischen Vor- und Nachteilen, die sich zu unterschiedlichen Zeitpunkten ergeben. Die körperliche Anstrengung, die das Fitnessprogramm heute
mit sich bringt, ist gegen die gesundheitlichen Vorteile in der Zukunft abzuwägen.
Das heutige Sparen für die Altersvorsorge ermöglicht zusätzliche Konsummöglich-
keiten im Alter. Der ökonomische Standardansatz für den Umgang mit monetären
Alternativen, die zu verschiedenen Zeitpunkten (Dis-)Nutzen stiften, sogenannten
Zahlungsreihen, ist das mehrperiodige additiv-separable Erwartungsnutzenmodell,
bei dem die Erwartungsnutzen der einzelnen Perioden mit Gewichten versehen
und aufsummiert werden.

Das Modell hat also die Form:

$$EU(a) = \sum_{t=0}^{T} d_t \cdot \left(\sum_{i=1}^{n} p_{i,t} \cdot u(a_{i,t}) \right)$$

wobei mit $a_{i,t}$ die Konsequenzen bezeichnet werden, die sich bei Wahl von Alternative a und Eintritt des Umweltzustands i zum Zeitpunkt t ergeben. Die $p_{i,t}$ sind die

Wahrscheinlichkeiten für den Eintritt eben dieser $a_{i,t}$. Entscheidende Bedeutung für unsere Überlegungen kommt den Periodengewichten d_t zu, in denen sich die sogenannte Diskontierung widerspiegelt. Je weiter in der Zukunft Zahlungen liegen, umso geringere Bedeutung haben sie für den Entscheider; die Gewichte d_t werden daher mit wachsendem t immer kleiner. Die übliche Annahme in ökonomischen Theorien ist, dass die Periodengewichte mit konstanter Rate q fallen. Daraus ergibt sich das Modell

$$EU(a) = \sum_{t=0}^{T} \left(\frac{1}{q^t} \cdot \sum_{i=1}^{n} p_{i,t} \cdot u(a_{i,t}) \right)$$

Dieses Standardmodell mit exponentieller Diskontierung hat einige schöne Eigenschaften. Die für uns bedeutendste ist die, dass es zu dynamisch konsistentem Entscheidungsverhalten führt.

Um dies zu verdeutlichen, vernachlässigen wir einmal die Unsicherheit der Konsequenzen und nehmen an, dass sichere Zahlungen vorliegen. Vereinfachend unterstellen wir auch, dass der Entscheider eine lineare Nutzenfunktion besitzt und der Nutzen der Konsequenz direkt durch die monetäre Größe gegeben ist. Dann ergibt sich:

$$EU(a) = \sum_{t=0}^{T} \left(\frac{1}{q^t} \cdot a_t \right)$$

Dies sind in dieser Modellwelt harmlose Vereinfachungen; alternativ könnten wir auch über die erwarteten Periodennutzen

$$EU_t(a) = \sum_{i=1}^{n} p_{i,t} \cdot u(a_{i,t})$$

argumentieren, wodurch sich auch ein Modell ergäbe, in dem ausschließlich sichere Größen exponentiell diskontiert werden:

$$EU(a) = \sum_{t=0}^{T} \left(\frac{1}{q^t} \cdot EU_t(a) \right)$$

Betrachten wir nun einen Entscheider, dessen Entscheidungsverhalten durch ein solches exponentielles Diskontierungsmodell beschrieben werden kann. Wenn er es attraktiv findet, im Zeitpunkt t=1 einen Betrag von 100 € nicht zu konsumieren (sondern zu sparen), um sich dann in t=2 einen zusätzlichen Konsum von 110 € leisten zu können, wissen wir, dass er eine Zahlungsreihe (0 €, -100 €, +110 €) höher bewertet als eine Zahlungsreihe (0 €, 0 €, 0 €), die sich für die Alternative des Nichtsparens ergäbe. Da sich die Periodengewichte d_1 und d_2 der Zeitpunkte t=1 und t=2 um den Diskontfaktor q unterscheiden, lässt sich schließen, dass das q dieses Entscheiders kleiner als 110/100 sein muss. Andernfalls würde der Zusatzkonsum der 110 € in t=2 aufgrund der Diskontierung nicht den Verzicht auf die 100 € in t=1 wettmachen.

Wenn nun die Zeit voranschreitet und der Entscheider die Sparentscheidung nach einer Periode erneut betrachtet, stellt sie sich für ihn als Vergleich der Zahlungsreihen (-100 €, +110 €) und (0 €, 0 €) dar. Dies liegt daran, dass die Investitionsmöglichkeit in absoluter Zeit gegeben ist, die Bewertung des Entscheiders aber immer aus seiner individuellen zeitlichen Perspektive erfolgt. Im Jahr 2014 ist für ihn ein Sparen in 2015 mit Rückzahlung in 2016 durch die Zahlungsreihe (0 €, -100 €, +110 €) beschrieben. In 2015 ist das Sparen in 2015 mit Rückzahlung in 2016 durch eine Zahlungsreihe (-100 €, +110 €) gegeben, denn schon im aktuellen Jahr (jetzt t=0) ist der Sparbeitrag zu leisten.

Der exponentiell diskontierende Entscheider würde die Vorteilhaftigkeit der Sparalternative auch ein Jahr später nicht anders einschätzen als zuvor. Im exponentiellen Diskontierungsmodell ist der trade-off zwischen den Konsequenzen zweier Perioden unabhängig davon, wie weit entfernt sie (bei gleichem zeitlichen Abstand zueinander) in der Zukunft liegen. Dies liegt am konstanten Diskontfaktor q, der die Zeitpunkte t=0 und t=1 genauso gegeneinander abwägt, wie die Zeitpunkte t=1 und t=2. Es ist nicht schwer einzusehen, dass diese dynamische Konsistenz einmal gefällter Entscheidungen auch für kompliziertere Zahlungsreihen gelten muss, wenn mit einer konstanten Rate diskontiert wird. Wenn eine Periode vergeht (in der noch keine Zahlungen anfallen), wachsen zwar die absoluten Bewertungen der Alternativen an, da alle Zahlungen in der relativen Zeit nun eine Periode früher erfolgen. An der Vorteilhaftigkeit der Alternative kann sich aber dadurch nichts ändern, da alle Alternativenbewertungen gleichermaßen um den Faktor q angestiegen sind. Ein exponentieller Diskontierer verhält sich daher stets dynamisch konsistent und würde beispielsweise eine im Jahr 2014 für das Jahr 2015 geplante Sparentscheidung im Jahr 2015 auch tatsächlich ausführen. Selbstdisziplinprobleme treten für Entscheider mit exponentieller Diskontierungsfunktion somit nicht auf, können also auch nicht mit dieser modelliert werden.

Der naheliegende und wohl eleganteste Weg, in einer für Ökonomen akzeptablen Form Selbstdisziplinprobleme zu modellieren, ist es, die Annahme exponentiellen Diskontierens aufzugeben. Zwar gibt es verschiedene Möglichkeiten der alternativen Modellierung,[14] in empirischen Studien lässt sich jedoch häufig feststellen, dass zeitliche Präferenzen von Menschen viel eher durch hyperbolisches als durch exponentielles Diskontieren beschrieben werden können.[15] Beim hyperbolischen Diskontieren, bei dem die Periodengewichte durch die Formel

$$d_t = \left(1 + \alpha\, t \right)^{-\gamma/\alpha}$$

beschrieben werden, ist der Diskontfaktor für weit in der Zukunft liegende Perioden deutlich geringer als für Perioden der nahen Zukunft (vgl. Abb. 4).

Eine besonders starke Diskontrate ergibt sich zwischen den Perioden t=0 und t=1: Konsum heute ist sehr viel wichtiger als Konsum in t=1. Laibson[16] argumentiert, dass die wesentliche Abweichung zwischen exponentiellem und dem deskriptiv tatsächlich zu beobachtenden Diskontieren in der viel stärkeren Bedeutung von sofortigem Konsum gegenüber zukünftigem Konsum liegt. Er schlägt daher eine Diskontfunktion vor, die zwischen allen zukünftigen Zeitpunkten identische (exponentielle) Diskontraten annimmt, die Diskontrate zwischen t=0 und t=1 aber deutlich höher ansetzt:

$$EU(a) = a_0 + \beta \cdot \sum_{t=1}^{T} \left(\frac{1}{q^t} \cdot a_t \right)$$

Im $\beta < 1$ drückt sich dabei die besondere Gegenwartspräferenz aus (die Gewichte aller zukünftigen Perioden sind gegenüber dem Gewicht 1 der gegenwärtigen Periode t=0 um den zusätzlichen Faktor β herabgesetzt). Laibson bezeichnet diese Funktion als quasi-hyperbolisch, da sie das wesentliche Merkmal der hyperbolischen Diskontfunktionen, die sehr starke Gegenwartspräferenz, gut abbildet. Wir wollen für unsere weiteren Überlegungen ebenfalls diese quasi-hyperbolische Diskontierungsfunktion unterstellen. In Abb. 4 ist sie für die Parameter $\beta = 0{,}75$ und $q = 1{,}01$ neben den bisher schon diskutierten Diskontierungsfunktionen von exponentiellem und hyperbolischem Typ dargestellt. Es wird deutlich, dass die

---

14   Für einen Überblick siehe Frederick et al. (2002).
15   Vgl. Angeletos et al. (2001).
16   Vgl. Laibson (1997).

quasi-hyperbolische Diskontierungsfunktion die wesentlichen Eigenschaften der
hyperbolischen Diskontierung recht gut nachbildet.

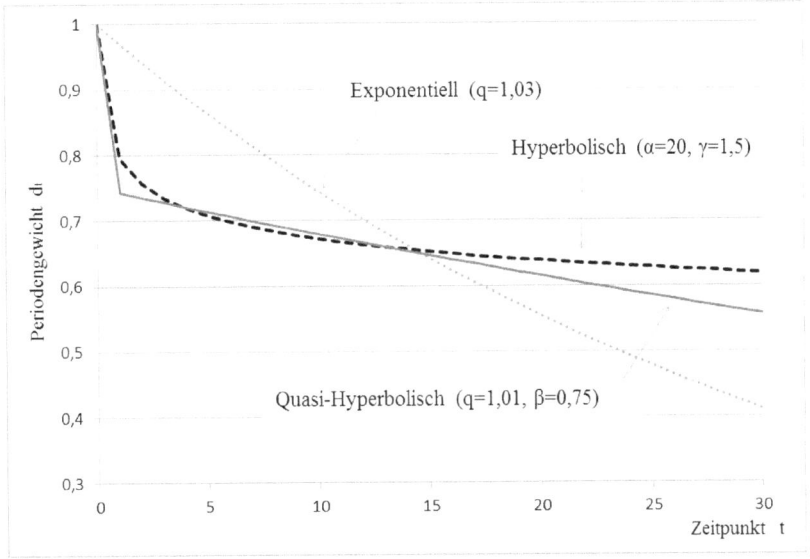

Abb. 4 Periodengewichte bei verschiedenen Diskontierungsfunktionen

Mithilfe einer solchen Diskontierungsfunktion lässt sich nun leicht das Phänomen modellieren, dass (in die Zukunft gerichtete) gute Vorsätze von Entscheidern oft nicht eingehalten werden. Betrachten wir erneut die Sparentscheidung,
die durch die Zahlungsreihe (0 €, -100 €, +110 €) abgebildet wird. Aus heutiger
Sicht scheint dies für einen Entscheider mit quasi-hyperbolischen Diskontpa-
rametern β=0,75 und q=1,02 und einer linearen Nutzenfunktion u(x)=x eine
attraktive Anlagemöglichkeit: der negative Nutzen des Konsumverzichts in t=1
beträgt 0,75·1,02^{-1}·(-100)=-73,53, während sich der positive Nutzen der zusätzlichen Konsummöglichkeit in t=2 als 0,75·1,02^{-2}·(+110)=+79,30 errechnet. Der
Gesamtnutzen des Sparens ist also positiv (+5,77) und damit höher als der Nutzen (0) des Nichtsparens (Zahlungsreihe (0 €, 0 €, 0 €)). Der Entscheider plant
daher, im Zeitpunkt t=0, in der Folgeperiode (t=1) mit dem Sparen zu beginnen.
Wenn er die nächste Periode erreicht (das bisherige t=1 wird dann t=0), stellt
sich das Entscheidungsproblem für ihn allerdings anders dar. Er vergleicht nun

die Zahlungsreihe des Sparens (-100 €, +110 €) mit der des Nichtsparens (0 €, 0 €). Aufgrund seiner starken Gegenwartspräferenz ist der Konsumverzicht in t=0 für ihn deutlich schwerwiegender (der Nutzen ist -100) als der positive Effekt des zusätzlichen Konsumierens in t=1 (der Nutzen ist 0,75·1,02⁻¹·(+110)=+80,88). Bei einem negativen Gesamtnutzen des Sparens von -19,12 erscheint ihm nun das Nichtsparen attraktiver. Er verwirft seinen ursprünglichen Plan und konsumiert sofort. Mithilfe (quasi-)hyperbolischer Diskontierung lässt sich also das Phänomen recht elegant modellieren, dass Entscheider gute Vorsätze für die Zukunft haben, diese aber anschließend nicht umsetzen.

5 Naive und einsichtige Entscheider

Dieses Grundmodell hyperbolischen Diskontierens lässt sich in verschiedene Richtungen erweitern. So ist es nicht nur möglich, naive Entscheider zu modellieren, die von der dynamischen Inkonsistenz ihres Verhaltens überrascht werden. Es können auch einsichtige Entscheider abgebildet werden, die sich ihrer Disziplinlosigkeit bewusst sind und daher Selbstbindungsmechanismen einsetzen. Für die Unterscheidung zwischen diesen beiden Typen muss ein weiterer Parameter β^* eingeführt werden, der beschreibt, welche Erwartungen der quasi-hyperbolische Entscheider bzgl. seines zukünftigen βs besitzt.[17]

Der naive Entscheider antizipiert nicht, dass sich seine Präferenzen mit der Zeit verändern. Er nimmt heute (in t=0) einen Diskontfaktor von q zwischen t=1 und t=2 (und allen weiteren Perioden) wahr und geht davon aus, dass dieser Diskontfaktor auch eine Periode später für die absoluten Zeitpunkte noch so gelten wird. Er erwartet daher in späteren Zeitpunkten nach der Bewertungsfunktion

$$EU(a) = a_0 + \beta^* \cdot \sum_{t=1}^{T} \left(\frac{1}{q^t} \cdot a_t \right)$$

mit β^*=1 zu entscheiden (also exponentiell).

Wäre ein solcher naiver Entscheider vor die Wahl gestellt, ob er das bekannte Sparprodukt mit der Zahlungsreihe (0 €, -100 €, +110 €) wählen soll oder ein alternatives Sparprodukt mit sofortiger nicht erstattbarer Anzahlung von 20 €, das zu einer Zahlungsreihe von (-20 €, -80 €, +110 €) führt, wäre seine Entscheidung klar.

---

17 Vgl. Laibson (1997).

Zwar hat auch das alternative Sparprodukt für ihn einen positiven Nutzen (+0,47), der Nutzen des Originalproduktes ohne Anzahlung ist aber höher (+5,76). In der Erwartung, dass er in t=1 tatsächlich mit dem Sparen beginnen wird ($\beta^*=1$), wählt er also das Produkt ohne Anzahlung. Wie wir oben bereits gesehen haben, entscheidet er sich in der Folgeperiode aufgrund seiner starken Gegenwartspräferenz ($\beta=0,75$) dann aber gegen das Sparen und für sofortigen Konsum und erhält damit letztendlich die ursprünglich unattraktivste Zahlungsreihe (0 €, 0 €, 0 €).

Anders stellt sich die Lage für den einsichtigen Entscheider dar, der nicht nur sein heutiges β von 0,75 kennt, sondern auch voraussieht, dass er in Folgeperioden die gleiche starke Gegenwartspräferenz haben wird ($\beta^*=0,75$). Dieser einsichtige Sparer weiß, dass er den heute gefassten Plan, in t=1 mit dem Sparen zu beginnen, nicht umsetzen würde. Da er somit am Ende gar nichts sparen würde, bewertet er das originale Sparprodukt nicht etwa mit dem Nutzen +5,76, sondern korrekterweise mit dem Nutzen 0. Wenn er sich hingegen für das alternative Sparprodukt mit der 20 €-Anzahlung in t=0 entscheidet, würde er in der Folgeperiode vor einer Zahlungsreihe (-80 €, +110 €) stehen. Die bereits eingezahlten, nicht erstattbaren 20 € sind dann *sunk costs*, die ohnehin angefallen sind und für die Entscheidung über die Weiterführung des Sparvorhabens keine Rolle spielen. Die Zahlungsreihe (-80 €, +110 €) ist hinreichend attraktiv, um selbst den disziplinlosen Entscheider mit seiner starken Gegenwartspräferenz zum weiteren Sparen und Aufschieben des Konsums zu bewegen (Nutzen +0,47). Dies antizipierend wählt der einsichtige Sparer das alternative, mit dem Selbstbindungsmechanismus versehene Sparprodukt und stellt sich damit besser als der naive Entscheider.

6   Ausblick

Wie wir anhand des einfachen Beispiels gesehen haben, lässt sich mithilfe hyperbolischer Diskontierung nicht nur in einer für Ökonomen hinreichend formalen Art und Weise beschreiben, warum Menschen gute, in die Zukunft gerichtete Vorsätze oftmals nicht umsetzen. Es lässt sich auch erklären, warum Selbstbindungsmechanismen einen positiven Wert haben können. Einsichtige hyperbolisch diskontierende Entscheider versuchen – ähnlich dem Planer aus der BLCH –, dafür zu sorgen, dass sich ihre zukünftigen Entscheidungen mit den ursprünglich geplanten Entscheidungen decken werden. Dies können sie unter anderem dadurch erreichen, dass sie den Raum der zukünftigen Alternativen explizit einschränken. So könnte es für sparwillige, aber disziplinlose Entscheider durchaus sinnvoll sein, sich bereits im Voraus dazu zu verpflichten, regelmäßig einen festen Betrag in den

Altersvorsorgevertrag zu investieren, und zur Selbstdisziplinierung freiwillig eine Vertragsklausel zu integrieren, die bei Nichteinhaltung der Verpflichtung eine Strafzahlung vorsieht. Dies würde eine Barriere aufbauen, die ein Abweichen von der ursprünglich getroffenen Entscheidung erschwert. So lässt sich auch manches Ausgestaltungsmerkmal von Altersvorsorgeverträgen und -programmen (z. B. der Riesterrente), das aus klassisch-ökonomischer Sicht auf wenig Verständnis stößt, aus einer Selbstdisziplinierungs-/Selbstbindungsperspektive durchaus positiv bewerten.[18]

Damit kehren wir zurück zur Ausgangsfrage, warum sich Ökonomen mit der Modellierung und Beschreibung von Selbstdisziplinproblemen und dynamisch inkonsistentem Verhalten schwerer tun als mit manch anderem Entscheidungsphänomen. Eines der ökonomischen Grundprinzipien lautet, dass Optionen immer einen positiven Wert besitzen. Das bedeutet, dass es aus ökonomischer Sicht nie schlecht sein kann, zusätzliche Alternativen und Entscheidungsmöglichkeiten zu haben. Dies ist in einer Welt von stabilen Präferenzen und klar definierten Nutzenfunktionen auch ohne Frage richtig, da es dem Entscheider immer möglich ist, die zusätzlichen Alternativen einfach zu verwerfen oder zu ignorieren. Sobald wir jedoch dynamisch inkonsistente Entscheider betrachten und modellieren, verliert auch dieses ökonomische Grundprinzip seine Gültigkeit. Wie wir gesehen haben, kann es in einer solchen Welt für Entscheider aus Selbstdisziplinierungsgründen durchaus sinnvoll sein, ganz bewusst die eigenen Entscheidungsspielräume einzuschränken.

Quellenverzeichnis

Angeletos, G. M., D. Laibson, A. Repetto, J. Tobacman, und S. Weinberg. 2001. The hyperbolic consumption model: Calibration, simulation, and empirical evaluation. *Journal of Economic Perspectives*: 47-68.

Anscombe, F. J., und R. J. Aumann. 1963. A definition of subjective probability. *The Annals of Mathematical Statistics* 34: 199-205.

Choi, J., D. Laibson, B. Madrian, und A. Metrick. 2002. Defined contribution pensions: Plan rules, participant choices, and the path of least resistance. *Tax Policy and the Economy* 16: 67-114.

Eisenführ, F., M. Weber, und T. Langer. 2010. *Rationales Entscheiden*. Heidelberg: Springer.

Frederick, S., G. Loewenstein, und T. O'Donoghue. 2002. Time discounting and time preference: A critical review. *Journal of Economic Literature* 40 (2): 351-401.

---

18 Vgl. Normann und Langer (2002).

Herstein, J. N., und J. W. Milnor. 1953. An axiomatic approach to measurable utility. *Econometrica* 21: 291-297.

Howard, R. A. 1988. Decision Analysis: Practice and Promise. *Management Science* 34 (6): 679-695.

Kahneman, D. 2003. Maps of Bounded Rationality: Psychology for Behavioral Economics. *The American Economic Review* 93 (5): 1449-1475.

Klibanoff, P., M. Marinacci, und S. Mukerji. 2005. A smooth model of decision making under ambiguity. *Econometrica* 73: 1849-1892.

Laibson, D. 1997. Golden eggs and hyperbolic discounting. *Quarterly Journal of Economics* 112 (2): 443-477.

Markowitz, H. 1952. Portfolio Selection. *The Journal of Finance* 7 (1): 77-91.

Neumann, J. von, und O. Morgenstern. 1947. *Theory of games and economic behavior,* Princeton: Princeton University Press.

Schmeidler, D. 1989. Subjective probability and expected utility without additivity. *Econometrica* 57: 571-587.

Normann, M., und T. Langer. 2002. Altersvorsorge, Konsumwunsch und mangelnde Selbstdisziplin: Zur Relevanz deskriptiver Theorien für die Gestaltung von Altersvorsorgeprodukten. *Zeitschrift für Betriebswirtschaft* 72: 1297-1323.

Shefrin, H., und R. Thaler. 1988. The behavioral life-cycle hypothesis. *Economic Inquiry* 26 (4): 609-643.

Wakker, P. P. 2008. Explaining the characteristics of the power (CRRA) utility family. *Health Economics* 17 (12): 1329-1344.

Sozial-kognitive Aspekte von Entscheidungen

Jens H. Hellmann und René Kopietz

In der Psychologie sprechen wir von einer Entscheidung, wenn eine präferenzielle Wahl zwischen wenigstens zwei Optionen mit einem Mindestmaß an subjektiv wahrgenommener Wahlfreiheit getroffen wird.[1] Dabei kann die Entscheidung das Unterlassen eines bestimmten Verhaltens oder auch das Ausführen einer spezifischen Handlung bedeuten bzw. eine Verhaltenstendenz auslösen. Zum Entscheidungsprozess gehört die Einschätzung der wahrgenommenen Handlungsalternativen, welche bewusst oder unbewusst stattfinden kann und zu einem Urteil führt – der Entscheidung. Auf eine Entscheidung kann eine positive oder negative Veränderung in Form eines Ergebnisses oder aber auch keinerlei Veränderung des Ausgangszustandes folgen.

Entscheidungen werden durch die kognitive Verarbeitungskapazität sowie die Motivation des Entscheidenden maßgeblich beeinflusst: Wenn Menschen viel Zeit und gedanklichen Aufwand in die Abwägungen verschiedener Alternativen für eine Entscheidung investieren können – das heißt, die kognitive Kapazität besitzen – und wollen – das heißt, motiviert sind –, können sie Informationen *systematisch* verarbeiten. Bei einer solchen systematischen Informationsverarbeitung werden möglichst viele, wenn möglich alle, relevanten Informationen für eine Entscheidung berücksichtigt. Da Menschen jedoch in vielen Situationen nur über begrenzte (zeitliche und / oder kognitive) Kapazitäten verfügen oder nur einen geringen Aufwand betreiben wollen, basieren viele Entscheidungen auf sogenannten Heuristiken. Dabei handelt es sich um einfache Regeln, sozusagen Faustregeln, welche nicht alle möglichen bzw. relevanten Informationen nutzen.[2] Oder anders ausgedrückt: Heuristiken sind Regeln, die Menschen in bestimmten Situationen nutzen und in

---

1   Vgl. z. B. Jungermann et al. (2010).
2   Siehe Kahneman et al. (1982).

denen sie nur wenige (vermeintlich diagnostische) der zur Verfügung stehenden Informationen in ihre Urteile und Entscheidungen einbeziehen.

Der Nobelpreisträger Daniel Kahneman spricht von System 1 (automatische und unbewusste Verarbeitung) und System 2 (spezifisch menschliche, rationale und analytische Verarbeitung), die der Informationsverarbeitung zugrunde liegen und jeweils unterschiedlich viel Kapazität beanspruchen.[3]

In unserem Beitrag werden wir uns auf die bekannten klassischen Urteilsheuristiken von Amos Tversky und Daniel Kahneman[4] konzentrieren und neuere Entwicklungen in diesem Bereich exemplarisch vorstellen.[5] Anhand von Beispielen aus der angewandten Forschung und eigenen Erläuterungen für den Alltag werden wir die *Repräsentativitätsheuristik*, die *Verfügbarkeitsheuristik* sowie die *Ankerheuristik* näher beschreiben. Wir beleuchten kurz, was es mit *Framing-Effekten* auf sich hat, um abschließend auf eine neuere Heuristik einzugehen: die *Rekognitionsheuristik*, die eine aktuelle Erweiterung und Ergänzung der klassischen Heuristiken darstellt.[6]

In der psychologischen Forschung ist häufig nicht nur der Entscheidungsprozess selbst von Interesse, sondern auch die Konsequenzen von Entscheidungen. Ob eine Entscheidung gut oder schlecht ist, zeigt sich dementsprechend vor allem auch an dem guten oder schlechten Ergebnis, das sie produziert. Die wichtige Frage, welche Faktoren im Entscheidungsprozess schlussendlich dazu beitragen, dass ein möglichst gutes Ergebnis erzielt wird, ist Gegenstand zahlreicher empirisch-experimenteller Untersuchungen: Führt intensives Nachdenken über verschiedene Alternativen zu einem guten Ergebnis? Oder ist doch eher die nicht-bewusste Beschäftigung mit den entsprechenden Wahlmöglichkeiten zielführender?

Dem Laienverständnis entspricht am ehesten, dass Menschen über verhältnismäßig wichtige Entscheidungen (beispielsweise über einen Hauskauf) bewusster nachdenken sollten als über weniger wichtige Entscheidungen (zum Beispiel die Anschaffung neuer Handtücher). Neuere empirische Befunde scheinen gegen diese Auffassung von Entscheidungsfindung zu sprechen.[7] Diese sowie andere ähnliche Befunde wurden in den letzten Jahren vermehrt in populärwissenschaftlich orientierten Veröffentlichungen für ein breiteres Publikum außerhalb von psychologischen Fachpublikationen bekannt gemacht, sowohl von äußerst renommierten Psychologen wie zum Beispiel Gerd Gigerenzer[8] als auch Wissenschaftsjournalisten

---

3   Für eine englische, leicht verständliche Einführung siehe Kahneman (2011).
4   Tversky und Kahneman (1974).
5   Z. B. Gigerenzer (2004), (2007); Gigerenzer und Goldstein (2011).
6   Siehe Goldstein und Gigerenzer (2002).
7   Vgl. Dijksterhuis et al. (2006).
8   Vgl. Gigerenzer (2007).

wie Malcolm Gladwell[9] oder Jonah Lehrer[10]. Dabei machen sich alle drei stark für das Vertrauen auf erste Eindrücke oder das Verlassen auf die Intuition, auch bzw. gerade bei wichtigen Entscheidungen. Eine kritische Betrachtung der Sichtweise, dass Menschen bei sämtlichen Entscheidungen auf ihr Bauchgefühl vertrauen sollten, findet sich unter anderem bei Herbert.[11] Unser Ziel ist eine differenzierte Darstellung dieser verschiedenen und teils gegensätzlichen Strömungen und Sichtweisen bezüglich der Psychologie der Entscheidungen.

1   Begrenzte Rationalität (*Bounded Rationality*)

Das Konzept der *Bounded Rationality* (oder auf Deutsch das Konzept der *begrenzten Rationalität*) stammt ursprünglich aus den Wirtschaftswissenschaften[12], ist aber auch für die wissenschaftliche Psychologie von großer Relevanz.[13] Hierbei geht es um die grundlegende Idee, dass die kognitive Kapazität von Menschen eingeschränkt ist und sie daher unter Umständen zu irrationalen Entscheidungen gelangen.[14] Als Grundlage für eine der neueren Strömungen innerhalb der psychologischen Entscheidungsforschung steht das Konzept der *Bounded Rationality* vor allem dafür, dass Menschen nicht stets dem Ideal folgen und alle ihnen zur Verfügung stehenden Informationen verwenden wollen und können, um Entscheidungen zu treffen. Dies widerspricht zunächst einmal der Vorstellung, welche die meisten Menschen davon haben, wie sie zu guten Entscheidungen kommen. Tatsächlich kann es jedoch hochgradig adaptiv sein, sich nicht an sämtlichen Informationen zu orientieren, da man vor lauter Abwägen sonst vermutlich eher selten zu einer Entscheidung käme.[15] Oder wie es Reinhard Selten 2001 in einem Kapitel zum Thema formulierte: *Bounded Rationality* ist keine Irrationalität.[16] Mit diesem Wissen um das Konzept der *Bounded Rationality* werden nun zunächst die klassischen Heuristiken besprochen.

---

9   Vgl. Gladwell (2005).
10   Vgl. Lehrer (2010).
11   Vgl. Herbert (2010).
12   Vgl. Simon (1955).
13   Siehe Goldstein und Gigerenzer (1996).
14   Vgl. Simon (1955).
15   Siehe auch Gigerenzer (2004).
16   Selten (2001).

2   Die Repräsentativitätsheuristik

Die Repräsentativitätsheuristik bezieht sich zunächst auf die Wahrscheinlichkeit,
dass etwas zu einer bestimmten Kategorie gehört. Lassen Sie uns folgendes Beispiel
wählen: Wenn Sie morgens kurz vor der Öffnungszeit einer Bank einen Mann sehen, der einen Anzug trägt und in diese Bank hineingeht, in deren Vorraum sich
auch Geldautomaten befinden, die außerhalb der Öffnungszeiten zugänglich sind,
so denken Sie vielleicht eher, dass es sich um einen Bankangestellten handelt, als
dass Sie an einen Kunden denken, der Geld abheben möchte. Wenn wir uns auf
die Repräsentativitätsheuristik verlassen, können allerdings Probleme auftreten.
So vernachlässigen wir im oben beschriebenen Beispiel etwa die sogenannte *Basis-
rate*: Wir beziehen in unser Urteil gar nicht mit ein, dass es wesentlich weniger
Bankangestellte als Kunden einer Bank gibt.

   Die Repräsentativitätsheuristik bedingt auch eine weitere Eigenart aus dem
weiten Feld unseres Denkens, nämlich die im Englischen bezeichnete *Conjunction
Fallacy*, welche sich mit dem Begriff *Verknüpfungstrugschluss* ins Deutsche über-
tragen lässt. Besonders bekannt wurde dieser Verknüpfungstrugschluss durch eine
Untersuchung von Tversky und Kahneman.[17] Sie präsentierten ihren Versuchsper-
sonen Geschichten über fiktive Individuen, Bill und Linda. Besonders der Fall von
Linda wurde mit der Zeit so bekannt, dass auch häufig vom „Linda-Problem" die
Rede ist. Die Versuchspersonen lasen folgende Beschreibung:

> „Linda ist 31 Jahre alt, Single, direkt und sehr intelligent. Ihr Hauptfach im Studium
> war Philosophie. Als Studentin hat sie sich sehr beschäftigt mit Fragen zu Diskrimi-
> nierung und sozialer Gerechtigkeit und hat auch an Anti-Atomkraft Demonstrationen
> teilgenommen."[18]

Anschließend erhielten die Versuchspersonen die Aufgabe, die möglichen Aussagen
zur heutigen Beschäftigung von Linda nach ihrer Wahrscheinlichkeit zu ordnen.
Anders ausgedrückt: Sie sollten sagen, welche Aussagen über Linda wahrscheinlich
eher zutreffen als andere. Diese Aussagen lauteten u. a. „Linda ist aktiv in der feministischen Bewegung", „Linda ist Bankangestellte" und „Linda ist Bankangestellte
und aktiv in der feministischen Bewegung". Erwartungsgemäß stuften die meisten
Teilnehmenden die erste von den hier präsentierten Aussagen als am wahrschein-
lichsten ein. Sie glaubten also, dass Linda aktiv in der feministischen Bewegung sei.
Allerdings zeigte sich anschließend der sogenannte Verknüpfungstrugschluss: Die
Mehrheit der Versuchspersonen von Tversky und Kahneman vertrat die Auffassung,

---

17 Vgl. Tversky und Kahneman (1983).
18 Tversky und Kahneman (1983: 297), eigene Übersetzung.

dass Linda eher Bankangestellte und aktiv in der feministischen Bewegung sei als lediglich Bankangestellte. Rein logisch betrachtet, so Tversky und Kahneman, kann allerdings keine Verknüpfung zweier Eigenschaften wahrscheinlicher sein als eine einzige Eigenschaft alleine, wenn diese eine Eigenschaft auch Teil der verknüpften Bedingung ist. Tversky und Kahneman glaubten nun in dem Verknüpfungstrugschluss einen weiteren Beleg dafür gefunden zu haben, dass die Verzerrungen unseres Denkens unsere Entscheidungen beeinträchtigen.[19]

Hertwig und Gigerenzer allerdings haben Belege dafür gefunden, dass sich Menschen wie die Versuchspersonen von Tversky und Kahneman einfach logische Geschichten bezüglich der präsentierten Einzelfälle konstruieren. Wesentlich weniger Versuchsteilnehmende unterlagen dem Verknüpfungstrugschluss, wenn nach Häufigkeiten statt nach Wahrscheinlichkeiten gefragt wurde.[20]

3 Die Verfügbarkeitsheuristik

Stellen Sie sich vor, Sie würden gefragt, zum Beispiel in einem Bewerbungsgespräch, wie selbstsicher Sie sind. Wie genau gelangen Sie bei einer solchen Frage zu Ihrer Antwort? Denkbar ist, dass Sie sich unter anderem daran orientieren, wie einfach Ihnen Beispiele für eigenes, selbstsicheres Verhalten einfallen.[21] Wenn Ihnen schnell ohne größere geistige Anstrengung diverse Situationen in den Sinn kommen, in denen Sie sich selbstsicher verhalten haben, schätzten Sie Ihre Selbstsicherheit vermutlich als relativ hoch ein. Wie aber würde sich die Situation gestalten, wenn Sie gebeten würden, zwölf Situationen zu erinnern, in denen Sie sich selbstbewusst präsentiert hätten? Die meisten Menschen haben Schwierigkeiten bei der Bearbeitung dieser Aufgabe und zwar unabhängig davon, wie selbstsicher sie tatsächlich sind. Das Gefühl der Abrufschwere bei der Aufgabe führt bei ihnen dazu, dass sie sich als weniger selbstsicher einschätzen.[22] Genau darum geht es bei der Verfügbarkeitsheuristik: Menschen neigen dazu, bei ihren Urteilen und Entscheidungen, genau die Informationen zu nutzen sowie überproportional zu gewichten, die zum Zeitpunkt der Entscheidung verfügbar und leicht zugänglich sind. Dabei hören sie besonders oft auf das Gefühl beim Abruf von relevanten Informationen, das heißt, wie leicht oder schwer ihnen der Abruf fällt und ignorieren dabei den abgerufenen Inhalt.

---

19 Vgl. Tversky und Kahneman (1983).
20 Vgl. Hertwig und Gigerenzer (1999: Studien 3 & 4).
21 Vgl. siehe Schwarz et al. (1991); Tversky und Kahneman (1974).
22 Vgl. Schwarz et al. (1991).

Eine Möglichkeit Leichtigkeit im Gedächtnisabruf herzustellen, besteht darin, wenige zentrale Beispiele für eine bestimmte Kategorie zu nennen. Entsprechend kann Schwierigkeit[23] beim Gedächtnisabruf mitunter dadurch entstehen, dass jemand verlangt, besonders viele Exemplare einer Kategorie abzurufen. Lassen Sie uns einige weitere Beispiele betrachten: Je mehr Episoden aus ihrer frühen Kindheit Menschen erinnern sollen, desto weniger gut meinen sie sich erinnern zu können.[24] Wenn Sie mehr Gründe generieren, die dafür sprechen, einen BMW zu fahren, bewerten Sie den BMW schlechter, als wenn Sie nur wenige Gründe produziert hätten.[25] Wenn Menschen sich an viele eigene, ungesunde Verhaltensweisen erinnern, denken sie weniger, dem Risiko einer Herz-Kreislauferkrankung ausgesetzt zu sein.[26] Wie Sie an diesen Beispielen sehen können, ist die Verfügbarkeitsheuristik ein äußerst robustes Phänomen innerhalb der Psychologie und gültig über sämtliche Urteilsdomänen.[27]

Dabei kommt sie stets zu dem gleichen, auf den ersten Blick paradoxen, Ergebnis: Im Gegensatz zur abgerufenen Menge bzw. dem Inhalt nutzen Menschen das Gefühl, welches sie beim Abruf hatten, um zu ihrem Urteil zu kommen. Wie bei jeder Heuristik werden Menschen vor allem dann von der Verfügbarkeitsheuristik beeinflusst, wenn sie wenige kognitive Ressourcen zur Verfügung haben und nicht sehr motiviert sind, sich mit einer Sache tiefer auseinander zu setzen. Dies heißt im Umkehrschluss, dass Menschen sich dem Einfluss der gefühlten Abrufleichtigkeit bzw. -schwierigkeit unter bestimmten Bedingungen durchaus entziehen können.[28]

Beurteilungen und Entscheidungen bezüglich einer bestimmten Kategorie können also negativ für diese Kategorie ausfallen, wenn der Gedächtnisabruf als schwierig wahrgenommen wird. Im Alltag sollte man mitunter also nicht darauf beharren, dass andere Personen besonders viele Gründe für etwas nennen sollen, das man selber erreichen möchte. Wenn diese anderen Personen ihre Aufgabe als zu schwierig wahrnehmen, könnte dies Ihr Anliegen gefährden.

---

23   Vgl. Schwarz et al. (1991).
24   Vgl. Belli et al. (1998).
25   Vgl. Wänke et al. (1997).
26   Vgl. Rothman und Schwarz (1998).
27   Für einen aktuellen Überblick siehe Greifeneder et al. (2011).
28   Für einen Überblick der Bedingungen siehe Greifeneder et al. (2011).

4　Die Ankerheuristik

Im Abschnitt zur Verfügbarkeitsheuristik haben wir erläutert, dass Menschen bei ihren Urteilen und Entscheidungen präferiert leicht verfügbare Informationen nutzen. Dieses universelle Prinzip der Informationsverarbeitung[29] kommt auch bei der Ankerheuristik zum Tragen. Die Ankerheuristik beschreibt das Phänomen, dass wir viele Einschätzungen an zuvor aktivierten Zahlenwerten orientieren. Mit anderen Worten: Wenn Sie irgendeine Zahl lesen oder hören, könnte dieser Umstand ausreichen, um Ihre spätere Entscheidung zu beeinflussen. In einer mittlerweile als klassisch geltenden Untersuchung haben Tversky und Kahneman[30] in Anwesenheit ihrer Versuchspersonen ein Glücksrad gedreht und anschließend diese Teilnehmenden um ein Schätzurteil in Prozent gebeten. Dieses bezog sich auf den prozentualen Anteil afrikanischer Staaten in den Vereinten Nationen. Nachdem das Glücksrad eine Ziffer zwischen 0 und 100 angezeigt hatte, sollten die Versuchspersonen zunächst entscheiden, ob diese Zahl größer oder kleiner war als der Prozentsatz, der gerade zur Debatte stand, und anschließend ein exaktes Urteil abgeben. Ein statistisch bedeutsamer Zusammenhang zwischen einem zuvor aktivierten, relativ hohen oder relativ niedrigen Wert mit dem nachfolgenden Urteil wurde in weiteren Untersuchungen seit der ursprünglichen Studie immer wieder bestätigt.

　　Dabei kann die Ankerheuristik zu teilweise ernsten Urteilsverzerrungen beitragen. In einem wichtigen anwendungsbasierten Kontext konnten Englich und Mussweiler[31] aufzeigen, dass sogar Entscheidungen bezüglich der Verurteilung von Straftätern von Ankereffekten abhängen. In einem ihrer Experimente, das wir hier exemplarisch vorstellen wollen, sollten Richterinnen und Richter mit durchschnittlich mehr als 15 Jahren Berufserfahrung einen fiktiven Vergewaltigungsfall beurteilen, der ihnen schriftlich vorgelegt wurde. Als Vorschlag für eine Verurteilung las eine Hälfte dieser Fachleute, dass der Täter eine Haftstrafe von 34 Monaten im Gefängnis verbüßen sollte, für die andere Hälfte dieser Versuchsteilnehmenden lautete der Vorschlag 12 Monate. Auch in diesem Fall ließen sich die Richterinnen und Richter durch die vorgegebenen Zahlenwerte in ihrem abschließenden Urteil beeinflussen und verhängten im Mittel höhere Strafen, wenn ihnen zuvor ein höherer Anker vorgegeben wurde. Obendrein waren sich die Richterinnen und Richter in ihrem Urteil sehr sicher.[32]

29　Vgl. Förster und Liberman (2007).
30　Vgl. Tversky und Kahneman (1974).
31　Vgl. Englich und Mussweiler (2001); siehe auch Englich et al. (2006).
32　Vgl. Englich und Mussweiler (2001: Experiment 3).

Ein weiterer wichtiger angewandter Bereich, für den die Ankerheuristik von großer Bedeutung sein kann, ist der Komplex ökonomischer Entscheidungen. So lautet eine der obersten Regeln des Feilschens beim Flohmarktbesuch, dass man nicht direkt den erstgenannten Preis bezahlen sollte. Dass dieses Wissen bei potenziellen Kundinnen und Kunden vorhanden ist, wissen wiederum auch diejenigen, die etwas verkaufen möchten. Sie veranschlagen daher zumeist zu Beginn höhere Preise, um einen gewissen Verhandlungsspielraum zu haben. Beim Feilschen, wie auch bei jeder anderen Art der Verhandlung, ist daher immer diejenige Person im Vorteil, welche das erste Gebot macht, da sie den ersten Anker setzen kann.[33] Die Robustheit des Effekts kann man sich aber auch zunutze machen, zum Beispiel beim nächsten Wagenkauf. So fanden Mussweiler, Strack und Pfeiffer[34], dass Kfz-Mechaniker auf den Anker ansprangen, den sie bei ihrer Anfrage setzten. Dazu fuhren sie mit ihrem alten Wagen von Autohändler zu Autohändler und fragten, was sie für den Wagen noch bekämen. Vorher sagten sie, dass sie denken, dass der Wagen ihrer Meinung nach 2800 D-Mark (niedriger Anker) oder 5000 D-Mark (hoher Anker) wert wäre. Während der Wagen von Kfz-Mechanikern auf 2520 D-Mark geschätzt wurde, wenn der Anker niedrig war, erzielten sie in der Bedingung mit dem hohen Anker eine im Mittel mehr als 1000 D-Mark höhere Einschätzung: 3563 D-Mark!

Auch Ariely, Loewenstein und Prelec haben Ankereffekte für ökonomisch relevante Entscheidungen demonstriert. So konnten diese Autoren zeigen, dass das Notieren einer willkürlich anmutenden Zahl, die zu ihren Versuchspersonen gehörte, nämlich den Endziffern ihrer Sozialversicherungsnummer, einen Einfluss darauf hatte, ob diese Personen einen höheren oder niedrigeren Preis für bestimmte Konsumgüter zu zahlen bereit waren. In den USA ist es üblich, dass bereits Kinder über einen Ausweis mit einer Sozialversicherungsnummer verfügen. Über das gesamte Leben hinweg gilt eine Sozialversicherungsnummer in den USA mittlerweile als identifizierendes Merkmal. Die Nummer ist neunstellig, wobei die ersten drei Ziffern für den ausstellenden Bundesstaat stehen und die letzten sechs Ziffern hauptsächlich Zufallszahlen sind. Die Teilnehmenden wurden in dieser Studie also gebeten, die letzten beiden Ziffern ihrer Sozialversicherungsnummer zu notieren.[35] Anschließend wurde den Versuchspersonen ein Objekt präsentiert, zum Beispiel ein gewöhnlicher oder ein besonderer Wein oder auch eine kabellose Tastatur. Die Teilnehmenden sollten nun jeweils angeben, ob sie bereit wären, den Betrag in Dollar für das präsentierte Objekt auszugeben oder nicht. Anschließend beantworteten sie, wie viel Geld sie maximal für das jeweilige Produkt ausgeben

---

33 Vgl. Mussweiler und Galinsky (2002).
34 Vgl. Mussweiler et al. (2000).
35 Vgl. Ariely et al. (2003: Studie 1).

würden. Ariely und Kollegen fanden, dass die Höhe der Sozialversicherungsnummer in statistisch bedeutsamem Zusammenhang mit dem Höchstbetrag stand, den die Versuchspersonen zu zahlen bereit waren. In anderen Worten: Je höher die Zahl aus den letzten zwei Ziffern der Sozialversicherungsnummer war, desto mehr Geld waren die Personen bereit, für die Produkte auf den Tisch zu legen.

Ankereffekte scheinen also sehr robust zu sein, treten in unterschiedlichsten Bereichen auf und hängen offenbar auch nicht von der Motivation ab, dass Personen ein besonders akkurates Urteil liefern möchten.[36] Problematisch ist aber nicht nur die Robustheit des Ankereffekts, sondern vor allem, dass man sich ihm schlecht entziehen kann. Um auf das Eingangsbeispiel aus der Rechtsprechung zurückzukommen: Ankereffekte lassen sich sogar bei Juristinnen und Juristen auch dann finden, wenn die geforderte Strafe (das heißt, der Anker) mit einem Würfelwurf bestimmt wurde![37]

Man kann sich aber zumindest teilweise gegen die Macht von numerischen Ankern wehren. In Verhandlungen (auch über einen Preis) kann es einerseits helfen, die Perspektive des Verhandlungspartners einzunehmen; andererseits ist es sinnvoll, sich schon vor dem eigentlichen Gespräch ein eigenes Limit zu setzen und somit quasi einen eigenen Anker zu setzen: Was sind Sie bereit, maximal zu zahlen? Beide Strategien reduzieren erfolgreich Ankereffekte.[38] Wenn man sich auf Antikmärkten und beim Gebrauchtwagenkauf beim nächsten Mal also bewusst macht, dass die Händlerinnen und Händler anscheinend darauf vertrauen, das erste Gegenangebot mit einem besonders hohen Anker in die Höhe treiben zu wollen, kann man sich entweder durch einen besonders niedrigen Anker wehren oder einfach zum nächsten Händler gehen.

5   Framing-Effekte

Häufig lässt sich ein und dasselbe Problem auf unterschiedliche Arten so beschreiben, dass eher ein Verlust oder ein Gewinn im Vordergrund steht.[39] Der englische Begriff „Frame" bezieht sich hier darauf, welche Rahmenbedingungen genannt werden und welcher Entscheidungsrahmen einer Entscheidung zugrunde gelegt wird. Framing-Effekte lassen sich vielleicht besonders einfach mit folgendem Beispiel

---

36 Siehe Wilson et al. (1996).
37 Vgl. Englich et al. (2006).
38 Vgl. Galinsky und Mussweiler (2001).
39 Siehe Tversky und Kahneman (1981); (1986).

veranschaulichen: Patienten und Patientinnen stimmen einer schwierigen Operation eher zu, wenn ihnen mitgeteilt wird, dass die Überlebenswahrscheinlichkeit bei 95 Prozent liege, als wenn man ihnen sagt, dass das Sterberisiko bei 5 Prozent liege.[40] Dazu passend deuten kürzlich veröffentlichte Befunde darauf hin, dass negativ formulierte Aussagen eher als zutreffend beurteilt werden als ihre positiven Gegenstücke.[41] Ein Beispiel verdeutlicht diese moderierende Wirkung von Valenz bezüglich Effekten des Framings: Hilbig[42] hat Versuchspersonen insgesamt 20 verschiedene statistische Aussagen vorgelegt. Davon waren jeweils zehn positiv und die anderen zehn negativ formuliert. Eine negative Formulierung lautete zum Beispiel in etwa: „In der Dominikanischen Republik werden 30 Prozent der Bevölkerung nicht durch Impfungen erreicht.", das positiv formulierte Gegenstück hingegen las sich wie folgt: „In der Dominikanischen Republik werden 70 Prozent der Bevölkerung durch Impfungen erreicht." Eine dieser beiden Aussagen gehörte zu den 20 für die Versuchsteilnehmerinnen und Versuchsteilnehmer in Hilbigs Experiment. Obwohl diese Sätze inhaltlich identisch sind[43], wurden negativ formulierte Aussagen mit einer substanziell höheren Wahrscheinlichkeit für wahr befunden als positiv formulierte. Zudem haben die Versuchspersonen negative Aussagen schneller als wahr kategorisiert als positive Ausführungen.

Diese Ergebnisse liefern also einen Hinweis darauf, dass negativ und positiv formulierte Aussagen unterschiedlich schnell verarbeitet werden und auch zu verschiedenen Urteilen in Bezug auf den Wahrheitsgehalt einer Aussage führen können. Praktische Implikationen können unter anderem für den Bereich der Werbung abgeleitet werden. So fand sich zumindest bis vor kurzem auf manchen Süßigkeiten der Hinweis, dass diese „zu mindestens 90 Prozent fettfrei" seien.

6   Die Rekognitionsheuristik

Die oben beschriebenen Urteilsheuristiken werden in der englischsprachigen Fachliteratur oft unter der Überschrift „*Heuristics and Biases*" zusammengefasst; dem gleichnamigen, Ton angebenden Artikel folgend, welcher über 23000 Mal zitiert

---

40 Siehe auch Gigerenzer (2007); für einen Überblick siehe auch Kahneman und Tversky (2000).
41 Z. B. Hilbig (2009); (2012a).
42 Vgl. Hilbig (2012a: Experiment 1).
43 Vgl. auch Hilbig (2009).

wurde.[44] Dabei steht vor allem das Wort *bias* für Verzerrungen. Eine deutsche Übersetzung könnte demnach lauten: Heuristiken und Urteilsverzerrungen. Ausgehend von der Bedeutung dieses Buches für Leserinnen und Leser über Fachdisziplinen hinweg könnte man also denken, dass heuristische Informationsverarbeitung sowie Urteilsprozesse zumindest potentiell schädlich sein können. Dieser negativen Sichtweise auf die Nutzung von Heuristiken für Entscheidungen stehen vor allem neuere Arbeiten und Ansätze aus der psychologischen Forschung entgegen.

Wie kaum eine andere hat die Arbeitsgruppe um Gerd Gigerenzer in den letzten Jahren den Ansatz vertreten, dass guten Entscheidungen häufig einfache Heuristiken zugrunde liegen, die auf einem einzigen Hinweisreiz, das heißt einer einzigen diagnostischen Information, basieren und so schnelles und (im Sinne des kognitiven Aufwandes) sparsames Handeln ermöglichen. Dieser Ansatz wird im Englischen daher auch als „fast and frugal" bezeichnet.[45] Die Rekognitionsheuristik soll im Folgenden etwas ausführlicher beschrieben werden, unter anderem, weil sie ein gutes Beispiel dafür darstellt, inwiefern sich forschende Psychologinnen und Psychologen auch in Detailfragen uneins sein können.

Die Rekognitionsheuristik[46] gilt als eine einfache Entscheidungsstrategie. Wenn Ihnen eine von zwei Entscheidungsalternativen besser vertraut ist als die andere, werden Sie derjenigen, die Sie besser kennen, vermutlich einen höheren Wert auf einem numerischen Maß beimessen als der anderen, Ihnen unbekannten Alternative. Ein recht populäres Beispiel hierfür bezieht sich auf Fragen zu Sportergebnissen aus Pokalwettbewerben anderer Länder, bei denen unterklassige gegen höherklassige Mannschaften antreten: Die Namen der höherklassigen Mannschaften werden erkannt, die der anderen Mannschaften nicht. Wer in der möglichen Partie Manchester United gegen Scunthorpe United (aktuell ein englischer Viertligist, Stand: Saison 2013 / 2014) auf einen Sieg von Manchester United tippt, liegt höchstwahrscheinlich richtig, denn meistens werden die Erstligisten häufiger wiedererkannt und diese gewinnen eben auch häufiger.

Häufig funktioniert es ganz gut, sich auf die Bekanntheit einer Alternative zu verlassen, es kann in Einzelfällen aber auch schiefgehen. Wenn Sie beispielsweise 100 Personen fragen, ob Amsterdam in den Niederlanden oder aber Ufa in Russland mehr Einwohner habe, werden die meisten Personen vermutlich fälschlicherweise auf Amsterdam tippen, da diese Stadt den meisten bekannt sein sollte. Von Ufa dürften allerdings die wenigsten bereits gehört haben. Interessanterweise hatte

---

44 Vgl. Tversky und Kahneman (1974).
45 Etwa „schnell und einfach", z. B. Goldstein und Gigerenzer (1996).
46 Vgl. Goldstein und Gigerenzer (2002).

bereits Oppenheimer[47] in zwei Studien festgestellt, dass Entscheidungsalternativen (in diesen Fällen: Städten), die bekanntermaßen klein sind (Experiment 1) bzw. deren Namen zwar bekannt sind aber nicht ihre Einwohnerzahl (Experiment 2), keine höheren Werte zugeschrieben werden als unbekannten Alternative. Dieses Ergebnis ist im Übrigen gegenläufig zu Vorhersagen, die Goldstein und Gigerenzer[48] in ihrer ursprünglichen theoretischen Formulierung der Rekognitionsheuristik vorgenommen hatten.[49]

Auf den ersten Blick leuchten die Resultate von Oppenheimers Studien[50] ein: Wenn Sie gefragt würden, welcher Hund größer ist: Ein Chihuahua oder ein Wellbaker, würden Sie wahrscheinlich antworten, der Wellbaker sei größer. Dann würde Ihr Urteil voraussichtlich darauf fußen, dass ein Chihuahua kleiner als andere Hunde ist. Dass es den Wellbaker als Hunderasse (unseres Wissens) nicht gibt, da wir ihn für dieses Beispiel erfunden haben, und eine erste Internetrecherche keine Ergebnisse lieferte, wäre für Ihre Antwort irrelevant. Würden Sie allerdings gefragt, ob es mehr Chihuahuas gäbe oder mehr Hunde der Art Wellbaker, sähe Ihre Antwort vermutlich anders aus. Da sie den Chihuahua kennen, den Wellbaker allerdings (hoffentlich) nicht, würden Sie wohl auf letztere Frage mit „Chihuahua" reagieren. Es geht also anscheinend auch stets um die adäquate Dimension, nach der gefragt wird.

Als Rekognitionsvalidität alpha bezeichnen Goldstein und Gigerenzer[51] die relative Anzahl korrekter Schlüsse geteilt durch die Anzahl korrekter sowie unkorrekter Schlüsse, die auf Basis der Rekognitionsheuristik gezogen werden. Eine hohe Rekognitionsvalidität zeigt hierbei an, dass ein Vertrauen auf die Rekognitionsheuristik gut funktioniert.

Interessierte Leserinnen und Leser finden in diesem inhaltlich nur vermeintlich begrenzten Bereich der Rekognitionsvalidität ein Beispiel dafür, wie sehr sich einzelne Forscherinnen bzw. Forschergruppen innerhalb der wissenschaftlichen Psychologie uneins sein können: So zweifeln Richter und Späth[52] am Modell von Goldstein und Gigerenzer[53]. Basierend auf einer Reihe von Studien argumentieren Richter und Späth, dass die Rekognitionsheuristik nicht ausschließlich (also nicht

---

47 Vgl. Oppenheimer (2003).
48 Vgl. Goldstein und Gigerenzer (2002).
49 Siehe auch Hilbig (2012b).
50 Oppenheimer (2003).
51 Goldstein und Gigerenzer (2002).
52 Vgl. Richter und Späth (2006).
53 Vgl. Goldstein und Gigerenzer (2002).

non-kompensatorisch) angewandt wird, wenn weitere Informationen vorliegen.[54] Im Gegenzug haben Gigerenzer und Brighton[55] Daten von Richter und Späth teilweise reanalysiert und kommen zu Schlussfolgerungen, welche die Sichtweise von Goldstein und Gigerenzer (2002) stützen. Hilbig und Richter[56] haben weitere Reanalysen der Daten von Richter und Späth (2006) durchgeführt und sehen deren Einwände als bestätigt an, was wiederum Brighton und Gigerenzer (2011) nicht unkommentiert ließen. Wir wollen uns weder auf eine der beiden Seiten schlagen, noch wollen wir uns zwischen diese Fronten stellen. Unser Eindruck vermittelt folgendes Bild: Nicht immer, aber in vielen Fällen scheint ein Vertrauen auf die Rekognitionsheuristik zu guten bzw. korrekten Entscheidungen zu führen.[57] Die Ergebnisse künftiger Forschung sollen hier eine Basis für weiteren spannenden Austausch bilden.

7   Fazit

Entscheidungen, die wir schnell und auf der Basis sparsamer Informationsverarbeitung treffen, sind manchmal gut, manchmal sind sie es nicht. Kast gibt in seinem populärwissenschaftlichen Buch *Wie der Bauch dem Kopf beim Denken hilft: Die Macht der Intuition*[58] folgenden Ratschlag, wie man mit schwierigen Entscheidungen umgehen sollte: Für eine gute, wie sie immer wieder bezeichnet wird, *Bauchentscheidung* sollte zuvor zumindest ein gewisses Maß an Wissen über das jeweilige Feld erworben werden. Dieses Wissen lässt sich anschließend am besten für eine wichtige Entscheidung einsetzen, wenn man sich nicht weiter bewusst mit dieser Entscheidung beschäftigt, sondern die Auseinandersetzung mit der Entscheidung das Unbewusste machen lässt, da man – zum Beispiel – eine Nacht über die Entscheidung schläft.[59]

Hilfreich für gute Bauchentscheidungen könnte es sein, wenn sich herausstellen sollte, dass Intuition lehr- und lernbar ist. Seligman und Kahana[60] haben vorgeschlagen, dass intuitiv getroffene Entscheidungen dadurch verbessert werden

---

54 Vgl. Richter und Späth (2006).
55 Vgl. Gigerenzer und Brighton (2009).
56 Vgl. Hilbig und Richter (2011).
57 Siehe auch Gigerenzer und Goldstein (2011).
58 Kast (2007).
59 Siehe auch Dijksterhuis und Nordgren (2006).
60 Vgl. Seligman und Kahana (2009).

können, dass die Situationen, welche die Entscheidungen umgeben, zuvor simuliert werden könnten. Diese Autoren sehen Intuition also als eine Unterform des Wiedererkennungsgedächtnisses an.

Insgesamt lässt sich festhalten, dass das Themenfeld der psychologischen Entscheidungsforschung auch nach Jahrzehnten noch ein sehr lebendiges und aktuelles Feld ist. Nicht zuletzt über Verbindungen zu anderen Bereichen wie zum Beispiel den Wirtschaftswissenschaften versprechen die nächsten Jahre und Jahrzehnte weitere spannende Einsichten in die psychologischen Komponenten von Entscheidungen zu liefern.

Quellenverzeichnis

Ariely, D., G. Loewenstein, und D. Prelec. 2003. "Coherent Arbitrariness": Stable Demand Curves without Stable Preferences. *Quarterly Journal of Economics* 18: 73-105.

Belli, R. F., P. Winkielman, J. D. Read, N. Schwarz, und S. J. Lynn. 1998. Recalling more Childhood Events leads to Judgments of Poorer Memory: Implications for the Recovered/False Memory Debate. *Psychonomic Bulletin & Review* 5: 318-323.

Brighton, H., und G. Gigerenzer. 2011. Towards Competitive instead of Biased Testing of Heuristics: A Reply to Hilbig and Richter (2011). *Topics in Cognitive Science* 3: 197-205.

Dijksterhuis, A., M. W. Bos, L. F. Nordgren, und R. B. van Baaren. 2006. On Making the Right Choice: The Deliberation-without-Attention Effect. *Science* 311: 1005-1007.

Dijksterhuis, A., und L. F. Nordgren. 2006. A Theory of Unconscious Thought. *Perspectives on Psychological Science* 1: 95-109.

Englich, B., und T. Mussweiler. 2001. Sentencing under Uncertainty: Anchoring Effects in the Courtroom. *Journal of Applied Social Psychology* 31: 1535-1551.

Englich, B., T. Mussweiler, und F. Strack. 2006. Playing Dice with Criminal Sentences: The Influence of Irrelevant Anchors on Experts' Judicial Decision Making. *Personality and Social Psychology Bulletin* 32: 188-200.

Förster, J., und N. Liberman. 2007. Knowledge Activation. In *Social Psychology: Handbook of Basic Principles (2nd ed.)*, hrsg. A. W. Kruglanski, E. T. Higgins. New York: Guilford.

Galinsky, A.D., und T. Mussweiler. 2001. First Offers as Anchors: the Role of Perspective-Taking and Negotiator Focus. *Journal of Personality and Social Psychology* 81 (4): 657-669.

Gigerenzer, G. 2004. Fast and Frugal Heuristics: The Tools of Bounded Rationality. In *Blackwell Handbook of Judgment and Decision Making*, hrsg. D. J. Koehler, N. Harvey: 62-88. Malden, MA: Blackwell Publishing.

Gigerenzer, G. 2007. *Bauchentscheidungen: Die Intelligenz des Unbewussten und die Macht der Intuition*. München: Bertelsmann.

Gigerenzer, G., und H. Brighton. 2009. Homo Heuristicus: Why Biased Minds make Better Inferences. *Topics in Cognitive Science* 1: 107-143.

Gigerenzer, G., und D. G. Goldstein. 2011. The Recognition Heuristic: A Decade of Research. *Judgment and Decision Making* 6: 100-121.

Gladwell, M. 2005. Blink: *The Power of Thinking without Thinking*. New York: Little, Brown, and Company.

Goldstein, D. G., und G. Gigerenzer. 1996. Reasoning the Fast and Frugal Way: Models of Bounded Rationality. *Psychological Review* 103: 650-669.

Goldstein, D. G., und G. Gigerenzer. 2002. Models of Ecological Rationality: The Recognition Heuristic. *Psychological Review* 109: 75-90.

Greifeneder, R., H. Bless, und M. T. Pham. 2011. When do People rely on Affective and Cognitive Feelings in Judgment? A Review. *Personality and Social Psychology Review* 15: 107-141.

Hertwig, R., und G. Gigerenzer. 1999. The 'Conjunction Fallacy' revisited: How Intelligent Inferences look like Reasoning Errors. *Journal of Behavioral Decision Making* 12: 275-305.

Hilbig, B. E. 2009. Sad thus true: Negativity Bias in Judgments of Truth. *Journal of Experimental Social Psychology* 45: 983-986.

Hilbig, B. E. 2012a. Good Things don't Come Easy (to Mind): Explaining Framing Effects in Judgments of Truth. *Experimental Psychology* 59: 38-46.

Hilbig, B. E. 2012b. Review of the Book "Heuristics: The Foundations of Adaptive Behavior" by G. Gigerenzer, R. Hertwig, und T. Pachur. *Journal of Economic Psychology* 33: 223-225.

Hilbig, B. E., und T. Richter. 2011. Homo Heuristicus Outnumbered: Comment on Gigerenzer and Brighton (2009). *Topics in Cognitive Science* 3: 187-196.

Jungermann, H., H.-R. Pfister, und K. Fischer. 2010. *Die Psychologie der Entscheidung: Eine Einführung*. Heidelberg: Spektrum Akademischer Verlag.

Kahneman, D. 2011. *Thinking, Fast and Slow*. London, UK: Penguin.

Kahneman, D., P. Slovic, und A. Tversky. 1982. *Judgment under Uncertainty: Heuristics and Biases*. New York: Cambridge University Press.

Kahneman, D., und A. Tversky. 2000. *Choices, Values, and Frames*. New York, NY: Sage.

Kast, B. 2007. *Wie der Bauch dem Kopf beim Denken hilft: Die Kraft der Intuition*. Frankfurt: S. Fischer Verlag.

Lehrer, J. 2010. *How We Decide*. New York: Mariner.

Mussweiler, T., und A. D. Galinsky. 2002. Strategien der Verhandlungsführung: Der Einfluss des ersten Gebotes. *Wirtschaftspsychologie* 4: 21-27.

Mussweiler, T., F. Strack, und T. Pfeiffer. 2000. Overcoming the Inevitable Anchoring Effect: Considering the Opposite Compensates for Selective Accessibility. *Personality and Social Psychology Bulletin* 26: 1142-1150.

Oppenheimer, D. M. 2003. Not so Fast! (and not so Frugal!): Rethinking the Recognition Heuristic. *Cognition* 90: B1-B9.

Richter, T., und P. Späth. 2006. Recognition is used as one Cue among Others in Judgment and Decision Making. *Journal of Experimental Psychology: Learning, Memory, and Cognition* 32: 150-162.

Rothman, A. J., und N. Schwarz. 1998. Constructing Perceptions of Vulnerability: Personal Relevance and the Use of Experiential Information in Health Judgments. *Personality and Social Psychology Bulletin* 24: 1053-1064.

Schwarz, N., H. Bless, F. Strack, G. Klumpp, H. Rittenauer-Schatka, und A. Simons. 1991. Ease of Retrieval as Information: Another Look at the Availability Heuristic. *Journal of Personality and Social Psychology* 61: 195-202.

Seligman, M. E. P., und M. Kahana. 2009. Unpacking Intuition: A Conjecture. *Perspectives on Psychological Science* 4: 399-402.

Selten, R. 2001. What is Bounded Rationality? In *Bounded Rationality: The Adaptive Toolbox*, hrsg. G. Gigerenzer, R. Selten, 13-36. Cambridge, MA: MIT Press.

Simon, H. A. 1955. A Behavioral Model of Rational Choice. *Quarterly Journal of Economics* 69: 99-118.

Tversky, A., und D. Kahneman, 1974. Judgment under Uncertainty: Heuristics and Biases. *Science* 185: 1124-1131.

Tversky, A., und D. Kahneman. 1981. The Framing of Decisions and the Psychology of Choice. *Science* 211: 453-458.

Tversky, A., und D. Kahneman. 1983. Extensional versus Intuitive Reasoning: The Conjunction Fallacy in Probability Judgment. *Psychological Review* 90: 293-315.

Tversky, A., und D. Kahneman. 1986. Rational Choice and the Framing of Decisions. *The Journal of Business* 59: 251-278.

Wänke, M., G. Bohner, und A. Jurkowitsch. 1997. There are Many Reasons to Drive a BMW: Does Imagined Ease of Argument Generation Influence Attitudes? *Journal of Consumer Research* 24: 170-177.

Wilson, T. D., C. E. Houston, K. M. Etling, und N. Brekke. 1996. A new Look at Anchoring Effects: Basic Anchoring and Its Antecedents. *Journal of Experimental Psychology: General* 125: 387-402.

List und Strategie in antiker Literatur

Robert Kirstein

1 List als literarisches Motiv: Frederick Forsyth's Roman *Der Schakal*

In der Abenddämmerung des 22. August 1962 eröffneten elf Männer auf der Kreuzung von Petit-Clamart bei Paris das Feuer auf die Limousine des französischen Präsidenten Charles de Gaulle (1890 – 1970). Die Kugeln durchsiebten das Dienstfahrzeug, verfehlten den Präsidenten und dessen Gattin aber knapp um wenige Zentimeter. Der präzise geplante und militärisch durchgeführte Anschlag scheiterte nur deshalb, weil die Attentäter in der anbrechenden Dunkelheit das vereinbarte Signal übersehen und einige Zehntelsekunden zu spät abgedrückt hatten. Der Anführer der Terrorgruppe war Jean-Marie Bastien-Thiry, ein Oberstleutnant (*lieutenant-colonel*) der französischen Armee. Bastien-Thiry gehörte zu einer Gruppe verbitterter nationalistischer Offiziere, der *Organisation de l'armée secrète* (kurz OAS), die in der von de Gaulle eingeleiteten Unabhängigkeit Algeriens einen Akt nationaler Schande und militärischer Schwäche sahen. In einer der größten Fahndungsaktionen der jüngeren französischen Geschichte spürten die Behörden die Attentäter auf, Bastien-Thiry wurde nach kurzem Prozess zum Tode verurteilt und am 11. März 1963 im Fort d'Ivry hingerichtet.

Einige Jahre später, 1970, erschien unter dem Titel *The Day of the Jackal* ein Roman von Frederick Forsyth, der das historische Attentat auf Charles de Gaulle zum Ausgangspunkt einer eigenen hochspannenden, im weiteren Verlauf jedoch fiktiven Handlung macht.[1] In Forsyth' Roman wendet sich die nationalistische

---

1 Die deutsche Übersetzung folgte 1971 unter dem Titel *Der Schakal*. Der Stoff wurde bisher zweimal verfilmt: 1973 von Fred Zinnemann mit Edward Fox in der Rolle des Schakal und, in freier Übertragung des Schauplatzes auf das Amerika der 90er Jahre, 1997 unter der Regie von Michael Caton-Jones mit Bruce Willis in der Hauptrolle.

Terrororganisation OAS nach dem Scheitern des Pariser Anschlags an einen in Großbritannien lebenden Killer – einen Profikiller, der den Ruf hat, der beste seines ‚Faches' zu sein. Anders als seine Auftraggeber verfolgt er keinerlei politische Interessen, sondern arbeitet ausschließlich gegen Honorar und auf eigene Rechnung. In großer Eile verschafft sich die Terrorgruppe die geforderte, exorbitant hohe und gegen die enormen Risiken aufgerechnete Geldsumme durch eine Serie brutaler Banküberfälle. Die erste Tranche wird auf ein Schweizer Nummernkonto überwiesen, und am Tag darauf nimmt der Killer unter dem Decknamen *Der Schakal* seine Arbeit auf.

Das Bemerkenswerte an Forsyth' Roman ist nicht allein die spannungsgeladene Handlung, die kalte Perfektion, mit der der Schakal seinen Attentatsplan erst entwirft, dann die dazu notwendigen Vorbereitungen trifft und schließlich von England aus über Italien nach Frankreich einreist, um sich von jetzt an stetig, in immer kleiner werdenden konzentrischen Kreisen, der Person Charles de Gaulles zu nähern – ein Vorgang, der durch die zeitliche Streckung der nun einsetzenden Ereignisse an Unheimlichkeit noch gewinnt. Bemerkenswert ist weiter nicht nur der psychologisch dramatisierte Wettlauf zwischen dem Schakal und seinem Gegenspieler, dem französischen Inspektor Lebel, ein mit allen Mitteln geführtes Spiel aus Intrige und Gegenintrige, in dem der Verfolger zum Verfolgten wird und doch bis zum Ende unfassbar bleibt. Was Forsyth' Roman besonders interessant macht, ist das Spiel mit den wechselnden Identitäten, die es dem Schakal ermöglichen, immer wieder im letzten Moment unsichtbar zu werden. Nicht weniger als *vier* Verkleidungen nimmt der Schakal im Verlauf seines Attentatsversuchs an und entkommt auf diese Weise immer wieder neu den Sicherheitskräften. Kaum sind die Behörden einem verdächtigen Briten auf die Spur gekommen, verschwindet diese Figur schon wieder und wird durch einen dänischen Pastor in Amtskleidung ersetzt. Die angenommenen Identitäten reichen vom Riviera-Urlauber über den kirchlichen Würdenträger bis zum kriegsversehrten französischen Veteranen. Sämtliche Rollen werden vom Schakal präzise und detailversessen geplant und dargestellt, mit perfekt gefälschten Ausweispapieren, kosmetischen Veränderungen des Gesichts und ständig wechselnder Garderobe samt unauffällig angepassten Gepäckstücken.

Peter von Matt hat Forsyth' Roman jüngst unter dem Gesichtspunkt der Verkleidung einer eingehenden literarischen Analyse unterzogen. In *Die Intrige. Theorie und Praxis der Hinterlist* (2006) behandelt von Matt den Motivkomplex der Verkleidung mit besonderer Ausführlichkeit, weil die Verkleidung ein besonders anspruchsvolles Beispiel von List darstellt. Sie verlangt weit mehr als nur eine *vereinzelte* Handlung, einen einzelnen Täuschungsakt, einen einzelnen Trick. Sie verlangt der Person des Verkleideten vielmehr eine *durchgehende*, konsequente und jederzeit wiederholbare Täuschungs- und Wandlungsfähigkeit ab. „In der Verkleidung", so von Matt, „radikalisiert sich die Verstellung. Sie erfordert einen ganzen Fächer von Begabungen. Denn mit der Wahl der falschen Kleider ist es noch lange nicht getan. Man muß in diesen Kleidern auch entsprechend leben können, reden können, sich benehmen können. Wer die soziale Rolle wechselt, muß die Codes beherrschen, die in der anderen gesellschaftlichen Schicht den Umgang regeln."[2]

Forsyth' Roman *Der Schakal* ist ein Musterbeispiel für List und Hinterlist, Intrige und Gegenintrige. Das Motiv selbst hingegen ist alt: Odysseus verkleidet sich bei seiner Rückkehr nach Ithaka als armer Bettler, Thetis steckt Achill in Mädchenkleider, um ihn zu verbergen, Pentheus verkleidet sich als Frau, um einem Dionysosfest beizuwohnen, dessen Zugang Männern eigentlich streng verwehrt ist. Die Verkleidung durchzieht als ubiquitäres literarisches Phänomen alle Zeiten und Gattungen. Wer kennt nicht das Märchen von Schneewittchen und der bösen Königin, die als alte Frau verkleidet, der Schönheitskonkurrentin einen tödlich vergifteten Apfel schenkt? Noch weiter gehen die Götter des olympischen Pantheon, sie verkleiden sich nicht nur, sie nehmen das jeweils gewünschte Äußere *metamorphotisch* an, werden also – zumindest äußerlich – zu dem, was sie zu sein vorgeben wollen. So vermag sich Zeus im Dienste seiner Liebesabenteuer nach Wunsch in einen Hirten, in einen Schwan, in einen Adler oder auch in einen Kuckuck zu verwandeln, ganz zu schweigen von Metamorphosen in physikalische Phänomene wie Feuer oder Goldregen.[3] Die Metamorphose ist, so könnte man in Anschluss an Peter von Matt formulieren, in demselben Maße eine „Radikalisierung der Verkleidung" wie die Verkleidung eine Radikalisierung der einzelnen Täuschungshandlung ist.

Analysiert man – um noch einmal auf das 20. Jahrhundert und Forsyth's Roman zurückzukommen – die Hauptfigur unter handlungs- und entscheidungstheoretischer Perspektive, so wird deutlich, dass der Schakal als Handelnder in einer Reihe von Entscheidungssituationen (Momente der Verfolgung durch die französischen und internationalen Sicherheitskräfte) solche Handlungsalternativen wählt und

---

2 Matt (2006: 46). – Die Figur des Schakals erfüllt diese Forderungen souverän: In jeder der von ihm angenommenen Rollen bewegt er sich vollkommen sicher und selbstverständlich. Was Forsyth' Roman darüber hinaus von anderen Thrillern und Kriminalgeschichten unterscheidet, in denen sich Personen durch Verkleidung verstellen, ist ein Aspekt, auf den Matt am Ende seiner Analyse hinweist: Der Schakal ist nicht nur in seinen verschiedenen Rollen ungreifbar und unpersönlich, sondern auch die primäre, eigentliche Identität des Briten bleibt bis zum Schluss unaufgeklärt. Man erfährt nichts über die ‚wahre' Gestalt der Hauptfigur, wie er heißt, woher er kommt und unter welchen Umständen er zu seiner Tätigkeit gekommen ist. Diese „personale Unzugänglichkeit der Hauptfigur", wie Matt es formuliert, erinnert an andere moderne Romanfiguren wie Patricia Highsmith's Tom Ripley.

3 Matt (2006: 65). Zur Metamorphose in der antiken Literatur s. z. B. Forbes Irving (1990) und Schmidt (1991).

anwendet, die für die anderen Handlungsbeteiligten unerwartet und deshalb überraschend sind und die dem ‚Helden‘ jedes Mal einen entscheidenden Vorsprung
geben (Identitätswechsel durch Verkleidung). Die folgende Untersuchung befasst
sich, ausgehend von Harro von Sengers Taxonomie der List, mit der Auffindung von
unerwarteten und überraschenden Handlungsalternativen als einem literarischen
Motiv. Als Beispiele dienen dabei Texte aus Homers *Odyssee*, Euripides' Drama
Iphigenie bei den Taurern und Herodots *Historien*.[4]

2   Anmerkungen zum Begriff der List

2.1   List: Begriffsdefinition

Die Verkleidung ist nur eine von vielen Varianten dessen, was man im weitesten
Sinne unter den Begriffen ‚List‘ und ‚Intrige‘ subsumieren kann. Damit ist man bei
dem Problem angelangt, definieren zu müssen, was genau unter diesen Begriffen
zu verstehen ist.

In jüngerer Zeit hat der Sinologe Harro von Senger in einer Reihe von Publikationen das Phänomen ‚List‘ ausführlich untersucht.[5] Sengers Ausgangspunkt ist die
Beobachtung, dass List in der ‚westlich-abendländischen‘ Tradition fast ausschließlich
aus moralischer Perspektive betrachtet wird. Entweder gilt List – negativ verstanden
– als Werk der malignen Täuschung, des Bösen, ja Teuflischen. In diesen Diskursen
stehen Begriffe wie Individualismus, Normverstoß und Ordnungsbedrohung im
Zentrum der Kritik.[6] Oder aber List wird – positiv gewendet – zwar als Täuschung,
jedoch zugleich als das berechtigte Mittel der Schwachen im Kampf gegen die

---

4   Zur List in der römischen Literatur s. die Arbeit von Wittchow (2009): „Ars Romana.
     List und Improvisation in der augusteischen Literatur".
5   Senger (1999, 2000, 2002). Zu Sengers Definition s. auch Wittchow (2009: 19-25).
6   Die Ursachen der ‚Listfeindlichkeit‘ in Rom gerade unter dem Gesichtspunkt der
     Normwidrigkeit behandelt Wittchow (2009: bes. 16-18, 46): „Die frühe Römische Ge-
     schichtsschreibung nährt sich inhaltlich – auch mangels anderer Quellen – sehr stark
     von den performativen und monumentalen Modi von Vergangenheitsbezügen, die eine
     unmittelbare kommunikative Funktion erfüllten. Diese Vergangenheitsbezüge waren
     so gestaltet, daß sie über Reduktion unmittelbar politisch handhabbar waren und ein
     Gruppenethos sicher stellten. Solche Vergangenheitsbezüge schließen listiges Verhal-
     ten, das generalisierbare Normen unterläuft und in Extremfällen sogar in Frage stellt,
     tendenziell aus. Dies ist die eigentliche Ursache der römischen Listfeindlichkeit. Sie ist
     primär in den ursprünglichen Kommunikationsregeln begründet, denen Vergangen-
     heitsbezüge unterworfen waren, sekundär in der literarischen Tradition, die sich daraus

übermächtig Starken akzeptiert.[7] Einige Listen des heimkehrenden Odysseus wie die Verkleidung als Bettler im Kampf gegen die aufdringlichen Freier können unter diese zweite Rubrik der moralisch rechtfertigbaren – weil aus unverschuldeter Not geborener – Listen fallen; ebenso der ingeniöse Einfall der Iphigenie in Tauris in Euripides' gleichnamiger Tragödie, die ihren zum Opfertod verurteilten Bruder Orest dadurch rettet, dass sie Orests Rachemord an seiner Mutter Klytaimnestra ins Feld führt und ihn durch diesen Hinweis auf begangene Schuld als würdiges Menschenopfer unmöglich macht.

Ursache für die genannten Bewertungstendenzen ist die verbreitete Gleichsetzung von List mit ‚Täuschung'. Als Beispiel zitiert Senger aus Wahrigs Deutschem Wörterbuch, in dem List kurz als „geschickte Täuschung" definiert wird.[8] Etwas differenzierter ist der Eintrag im Duden, in dem zwei Arten von List unterschieden werden. Laut Duden ist List ein „Mittel, mit dessen Hilfe man (andere täuschend) etwas zu erreichen sucht, was man auf normalem Wege nicht erreichen könnte."[9] Da das Adjektiv ‚täuschend' hier in Klammern gestellt ist, wird offengelassen, ob eine List mit oder ohne Täuschung angewandt wird. Die Auswahl der angeführten Beispiele zeigt jedoch, dass dem Verfasser auch dieses Eintrags vor allem die täuschende List vor Augen stand. Das erste Beispiel, das der Duden bietet, ist dann auch die „teuflische List".[10]

Die Neigung, List überwiegend mit Täuschung gleichzusetzen und von einem moralischen Standpunkt aus zu betrachten, hat offensichtlich dazu beigetragen, dass in der abendländischen Tradition keine ausführliche Theorie der List und ihrer verschiedenen Spielarten entstanden ist. „Die Bewertung von List lenkt ab vom Phänomen der List", weshalb man mit Senger auch etwas pointiert von einer westlichen „Listblindheit" sprechen kann.[11] Als Beispiel für eine entgegengesetzte Sichtweise, die weniger ‚listblind' und daher ‚theoriefreundlicher' ist, führt Senger Quellen aus der chinesischen Kultur an. Im Zentrum steht der sogenannte *Katalog der 36 Strategeme*, der um 1500 n. Chr. während der Ming Zeit entstanden ist

---

ergab"; zur ‚List' im Spannungsfeld der Diskussion um die sog. ‚römischen Wertbegriffe' s. Wittchow (2009: 11-19).

7 Erstes etwa in Anschluss Paulus' Worte in der Apostelgeschichte über den Magier Elymas: Σαῦλος δέ, ὁ καὶ Παῦλος, πλησθεὶς πνεύματος ἁγίου ἀτενίσας εἰς αὐτὸν εἶπεν, ὦ πλήρης παντὸς δόλου καὶ πάσης ῥαδιουργίας, υἱὲ διαβόλου, ἐχθρὲ πάσης δικαιοσύνης, οὐ παύσῃ διαστρέφων τὰς ὁδοὺς [τοῦ] κυρίους τὰς εὐθείας (Apg.13, 9-10).

8 Wahrig (1987: 840).

9 Duden (1994: 2137). Weiterführendes zur Etymologie des Wortes ‚List' im Deutschen bei Senger (1999: 9, 19f.) sowie Senger (2002: 13).

10 Kants Ablehnung der Lüge im vorliegenden Kontext behandelt Matt (2006: 253-260).

11 Senger (2002: 25).

(s. Anhang, S. 112f.). Einige Beispiele können einen allgemeinen Eindruck von diesem Werk vermitteln. Die List Nummer 4 des Katalogs lautet „Ausgeruht den erschöpften Feind erwarten", Nr. 6 „Im Osten lärmen, im Westen angreifen", Nr. 10 „Hinter dem Lächeln den Dolch verbergen", Nr. 20 „Das Wasser trüben, um die Fische zu ergreifen" und Nr. 29 „Dürre Bäume mit künstlichen Blüten schmücken".

Senger charakterisiert den Unterschied zwischen westlicher und chinesischer Sichtweise folgendermaßen: „Das Anwenden und das Durchschauen von List haben im Reich der Mitte seit alters einen viel höheren Stellenwert als in Europa. Da in China die List unbefangen betrachtet wird, haben die Chinesen jahrtausendelang vergleichsweise vorurteilsfrei über sie nachdenken können […] Keine andere Kultur der Welt verfügt über eine vergleichbare Listenliste. Das Außergewöhnliche daran sind die wertfreien Formulierungen der 36 Listtechniken und die durch deren Zusammenstellung ermöglichte grandiose Gesamtschau der List in all ihrer Vielschichtigkeit. Dem Europäer eröffnet die Kenntnis des chinesischen Listenkatalogs den Blick auf die List als solche."[12]

Im Folgenden soll untersucht werden, ob die chinesische Listtheorie im Sinne der beanspruchten anthropologischen Allgemeingültigkeit für die Interpretation antiker literarischer Texte sinnvoll herangezogen werden kann oder nicht. Es erscheint dabei sinnvoll, dem Vorschlag Sengers zu folgen und den überwiegend negativ konnotierten Begriff ‚List' durch den im Deutschen weitgehend wertneutralen Terminus ‚Stratagem' zu ersetzen.[13] Der Begriff ‚Stratagem' hat den Vorteil – anders als das weitverbreitete Wort ‚Strategie' – heute in der deutschen Sprache so selten zu sein, dass er nahezu den Charakter eines Kunstwortes trägt.[14]

---

12 Senger (2002: 10).

13 Senger (1999: 22-25) mit Hinweis auf das *Oxford English Dictionary*, Bd. 10, Oxford 1933; s. auch Senger (2002: 17).

14 In Grimms Wörterbuch hat ‚Stratagem' keinen eigenen Eintrag. Dort finden sich lediglich ‚Strategie' und als sehr seltenes Wort ‚Strategik' (bei Mommsen, RG). Vom 16. bis 18. Jahrhundert ist ‚Stratagem' dagegen auch im Deutschen belegt, dazu v. Senger (2002: 17). ‚Strategie' (oder ‚Taktik') bezeichnet, anders als ein einzelnes Stratagem, ein auf längere Dauer angelegtes Gesamtkonzept, s. Senger (2002: 21-24). Eine umfassende Wortfelduntersuchung zu ‚Stratagem' und verwandten Begriffen in der griechischen und lateinischen Sprache bietet Wheeler (1988).

2.2   List: Systematik

Nach Senger sind für die Definition von ‚List' bzw. ‚Strategem' vier Eigenschaften konstitutiv:[15]

- Ein Strategem wird bewusst bzw. intentional ausgeführt.
- Es wird mit Schläue eingesetzt.
- Es ist ein Mittel und kein Zweck, wird also nicht um seiner selbst willen angewandt.
- Das Mittel verdankt seinen Erfolg *außergewöhnlichen* und *überraschenden* Momenten, die auf *Schläue, Witz, Phantasie und Findigkeit* basieren.

Wichtig für die Abgrenzung von anderen Verhaltensweisen ist die Bestimmung des ‚Strategems' als etwas, das auf *außergewöhnliche* und *überraschende* Weise mit Hilfe von *Schläue, Witz, Phantasie und Findigkeit* ins Werk gesetzt wird. Im Roman *Der Schakal* beispielsweise liegt das *Außergewöhnliche* und *Überraschende* nicht im Akt der Verkleidung an sich, sondern darin, dass der Attentäter dieses Mittel nicht weniger als viermal hintereinander anwendet und durch diese unkonventionelle Häufung von Verkleidungen seine Verfolger immer wieder aufs Neue zum Narren hält. – Wollte man bei der Definition von ‚List' bzw. ‚Strategem' auf dieses Moment des *Außergewöhnlichen* und *Überraschenden*, das durch *Schläue, Witz, Phantasie und Findigkeit* ermöglicht wird, verzichten, geriete man in die Lage, jede beliebige Lüge unter dem zu bestimmenden Begriff subsumieren zu müssen.

Der chinesische *Katalog der 36 Strategeme* lässt sich mit Senger in sieben funktionale Gruppen gliedern, die sich durch die jeweils eingesetzten (*außergewöhnlichen*) Mittel unterscheiden:

- Simulationsstrategeme: Nr. 7, 27, 29;
- Dissimulationsstrategeme: Nr. 1, 6, 8, 10;
- Informationsstrategeme: Nr. 13, 26;
- Ausmünzungsstrategeme: Nr. 2, 4, 5, 9, 12, 18, 19, 20;
- Fluchtstrategeme: Nr. 11, 21, 36;
- Hybride Strategeme und
- Strategemverkettung.[16]

---

15   Senger (1999: 11).
16   Ausführlich Senger (1999: 27-44, insb. 33-37).

Die erste Gruppe, die ‚Simulationsstrategeme', spiegeln eine fingierte Wirklichkeit vor, beispielsweise dann, wenn eine nach Zahlen und Waffen eigentlich unterlegene Armee den Eindruck erweckt, sie sei größer und stärker, als dies tatsächlich der Fall ist. Zu den Simulationsstrategemen gehört in dem *Katalog der 36 Strategeme* unter anderem die schon zitierte Nr. 29 „Dürre Bäume mit künstlichen Blüten schmücken". Die zweite Gruppe, die ‚Dissimulationsstrategeme', arbeiten genau entgegengesetzt, indem sie eine vorhandene Wirklichkeit verbergen, etwa dann, wenn eine Armee an anderer Stelle angreift, als zuvor wahrscheinlich gemacht wurde: Nr. 6 „Im Osten lärmen, im Westen angreifen", – so erfolgreich angewandt am 6. Juni 1944 bei der Landung der alliierten Streitkräfte in der Normandie.

‚Informationsstrategeme' ermitteln oder enthüllen eine Wirklichkeit, die anderen Menschen verborgen ist. Hierzu gehört die Nr. 13 im *Katalog der 36 Strategeme*, „Auf das Gras schlagen, um die Schlangen aufzuscheuchen, und dadurch in Erfahrung zu bringen, ob und wo im Gras Schlangen lauern". Bei ‚Ausmünzungsstrategemen' wird eine bereits vorhandene oder erst provozierte Wirklichkeit für die eigenen Zwecke durch überlegene Analyse, Geschicklichkeit und Geistesgegenwart ausgenutzt, so z. B. in Nr. 4 „Ausgeruht den erschöpften Feind erwarten" oder in Nr. 5 „Eine Feuersbrunst für einen Raub ausnutzen".

Es kann auch vorkommen, dass ein und dieselbe Handlung Charakteristika von zwei oder gar von mehreren Strategemkategorien gleichzeitig aufweist. Häufig sind Simulationsstrategeme zugleich auch Dissimulationsstrategeme, etwa im Falle der Verkleidung. Denn durch die Verkleidung wird einerseits etwas verborgen – die tatsächliche Identität einer Person – und andererseits etwas vorgespiegelt – die angenommene, nicht-tatsächliche Identität. In solchen Fällen kann man von ‚Hybridstrategemen' sprechen.

Wieder anders liegen die Verhältnisse bei ‚Startegemverkettungen'. Hier werden in einer komplexen Handlungs*abfolge* mehrere gleiche oder verschiedene Strategeme nicht gleichzeitig, sondern hintereinander zur Anwendung gebracht.

3   Euripides' Tragödie *Iphigenie auf Tauris*

Ein Beispiel für eine solche ‚Strategemverkettung' findet sich in Euripides' Tragödie *Iphigenie auf Tauris*.[17] Der Stoff ist aus dem umfangreichen Sagenkomplex um

---

17 Zur Literatur der letzten drei Jahrzehnte s. den Überblick bei Knöbl (2005: 413-444).
    Hose (1991) hat die ‚Intrigen' in den Tragödien des Euripides unter dem Gesichtspunkt
    der Rolle des Chores behandelt, zur Iphigenie auf Tauris s. Hose (1991: 19-25). ‚List' und
    ‚Intrige' bei Euripides behandeln weiter Solmsen (1932: 1-17) und Strohm (1950: 140-

Iphigenie und Orest genommen. Iphigenie befindet sich fernab der griechischen Heimat im Land der barbarischen Taurer. Der Ort ist nicht freiwillig gewählt, sondern ist auferzwungenes ‚Exil'. Denn Jahre zuvor war Iphigenie von Artemis entrückt und nach Tauris verbracht worden, als ihr Vater Agamemnon sie in Aulis den Göttern opfern wollte, um die Ausfahrt der griechischen Eroberungskoalition nach Troja zu ermöglichen. Seit dieser Rettung in letzter Sekunde lebt Iphigenie bei den Taurern und versieht das Amt als Priesterin im Tempel ihrer Schutzgottheit Artemis. Iphigenies Lage ändert sich grundlegend, als unvermutet ihr Bruder Orest auftaucht. Orest führt nach dem Rachemord an Klytaimnestra ein unstetes und von Rachegeistern geplagtes Leben. In das abgelegene Tauris ist er gekommen, weil das delphische Orakel ihm aufgetragen hat, das dortige Kultbild der Artemis zu entwenden und nach Athen zu restituieren. Orest wird aber zusammen mit seinem Begleiter Pylades bereits an der Küste von Hirten ergriffen und in Gefangenschaft verbracht. Die eingedrungenen Fremdlinge sollen, so fordert es der lokale Kult, der Göttin Artemis als Menschenopfer dargebracht werden. Iphigenie erkennt ihren Bruder zunächst nicht, sie hat ihn zuletzt vor vielen Jahren als kleinen Jungen gesehen. Nach der *Anagnorisis*-Szene steht das gerade erst wiedervereinte Geschwisterpaar vor einem Problem, das gleichermaßen lebensbedrohlich wie unlösbar erscheint: Iphigenie, die Priesterin, soll ihren eigenen Bruder opfern.

In ihrer Beratung erwägen sie die wenigen Handlungsalternativen, die ihnen in dieser Situation höchster Not zur Verfügung stehen. Dass eine Rettung, wenn überhaupt, nur mit Hilfe einer List gelingen kann, ist beiden bewusst und wird von Iphigenie am Anfang auch ausgesprochen.[18] Orest macht zwei Vorschläge, die beide, wie Peter von Matt bemerkt,[19] wenig einfallsreich sind: Erst will er den Taurerkönig Thoas ermorden, doch Iphigenie lehnt dies aus ethischen Gründen ab (V. 1020-1023).[20] Dann schlägt Orest vor, er könne sich im Tempel verstecken, doch

---

156). Die Struktur der eigentlichen ‚Planszene' hat jüngst Matt (2006: 34-37) genauer analysiert.

18 V. 995ff. τὴν θεὸν δ᾽ ὅπως λάθω […].

19 Matt (2006: 36-37): „Ihm (sc. Orest) kommt nichts Besseres in den Sinn als das Totschlagen"; Matt weist auch – mit V. 1032 δειναὶ γὰρ αἱ γυναῖκες εὑρίσκειν τέχνας – auf den thematisierten geschlechterspezifischen Unterschied zwischen den Geschwistern hin: „Was Orest, dem Mann, in der Planszene in den Sinn kommt, ist in der Tat eher läppisch, während die Idee der Frau, Iphigenie, von herausragender Schlauheit ist […] Sie ist ganz das, was Odysseus vor Troja ist und die Lady Macbeth auf Schloss Inverness: die Erfinderin des großen Betrugs, Machinatrix doli." S. allerdings hierzu unten (4. Odyssee) über die doch bestehenden Unterschiede zwischen Iphigenie und Odysseus.

20 Diesen ‚moralischen' Zug im Charakter der euripideischen Iphigenie hat Goethe in seiner Bearbeitung „Iphigenie auf Tauris" (zuerst 1779, Versfassung 1786) erweitert und darin die Iphigenie-Figur zum idealen Menschheitsideal überhöht, das im Sinne

erscheint dies wegen der stets präsenten Wächter unmöglich (V. 1024-1028). Am Ende ist es Iphigenie, die eine brillante Lösung findet, ein raffiniertes Stratagem, das auch tatsächlich Erfolg hat und zu der kaum noch für möglich gehaltenen Rettung führt:[21] Iphigenie wird dem König von der Befleckung des Gefangenen berichten, die dieser durch den Mord an der eigenen Mutter erfahren hat, und daraus die Notwendigkeit ableiten, Orest vor der Opferung nach geheimen Riten entsühnen zu müssen. Die Entsühnung kann, so geht der Plan weiter, nur an geheimer Stelle und ohne weitere Zeugen erfolgen. Als Ort für die geplante Kulthandlung wird der Platz bestimmt, an dem das Schiff von Orest und Pylades vor Anker liegt, sodass die Gruppe von dort aus leicht die Flucht nach Griechenland antreten kann. Die Mitführung des Kultbildes wird damit gerechtfertigt, dass auch dieses durch die Berührung Orests befleckt sei und deshalb ebenfalls am Ufer rituell gewaschen werden müsse (V. 1029-1055).

Der Plan, den Orest und vor allem Iphigenie entwickeln, besteht bei genauer Betrachtung aus einer Verkettung von zwei verschiedenen Stratagemen.

Bei dem ersten handelt es sich um ein klassisches ‚Ausmünzungsstratagem‘. Iphigenie verhindert die Ermordung ihres Bruders ja dadurch, dass sie dessen Befleckung als Muttermörder – also eine gegebene Wirklichkeit – ins Spiel bringt. Ihre „Analysestärke und Geistesgegenwart"[22] offenbart sich hier nicht in der Fähigkeit, eine glaubwürdige Lüge zu erfinden, sondern darin, eine wahre Gegebenheit mit *Schläue, Witz, Phantasie und Findigkeit* auszumünzen. Man könnte dies in Anlehnung an von Sengers Terminologie ein ‚Stratagem der Wahrheit‘ nennen.[23]

Das zweite Stratagem dagegen ist ein ‚Dissimulationsstratagem‘. Denn Iphigenie verbirgt gegenüber dem Taurerkönig Thoas die wahre Absicht, die hinter der rituellen Reinigung steht und die in der Ermöglichung der gemeinsamen Flucht unter Mitnahme des Kultbildes besteht.

Das Beispiel der Iphigenie erlaubt es, noch eine weitere Kategorisierung von ‚List‘ und ‚Strategie‘ einzuführen. Die Situation, die Euripides in der *Iphigenie auf Tauris* auf die Bühne gebracht hat, zeigt die tragische Heldin in höchster, nahezu

---

der Kantischen Aufklärung von Selbstbestimmung und Selbstverantwortung geleitet ist. Die goethische Iphigenie kann nicht zum Mittel der List greifen, weshalb hier der Rettungsplan zur Idee des Pylades wird. Am Ende greift Iphigenie jedoch zum Mittel der (unbedingten) Wahrheit, gesteht Thoas alles und erringt auf diese Weise die Rettung. Zur Rezeption des Iphigenie-Stoffs in der Moderne s. die Textsammlung von Matuschek (2006: insb. 100-112); s. weiter Rasch (1979), Deiters (1999).

21   V. 1029ff. ἔχειν δοκῶ μοι καινὸν ἐξεύρημά τι […].

22   Vgl. Senger (1999).

23   Vgl. auch Matt (2006: 37), der in Bezug auf Iphigenies Einfall vom „Trick mit der Wahrheit" spricht.

aussichtsloser Not. In Auseinandersetzung mit dem grausamen Taurerkönig Thoas ist sie der schwächere Part, die eigentlich hoffnungslos Unterlegene, die nur durch Anwendung der gerade geschilderten List in letzter Minute sich und ihre Mitstreiter zu retten vermag. In solchen Aporie-Situationen, im Kampf des Schwächeren gegen den Stärkeren, erscheint uns die Anwendung einer List, wie oben bereits kurz berührt, häufig gerechtfertigt.

Unter dem Gesichtspunkt der ethisch-moralischen Rechtfertigung kann man die List wiederum kategorisieren und in drei funktionale Gruppen einteilen:

1. Schadensstrategeme,
2. Dienststrategeme und
3. Scherzstrategeme.

Bei den *Schadensstrategemen* überwiegt der Egoismus des Handelnden, so beispielsweise beim *Schakal*, der nur für sich selbst und ohne Not und auch nicht aus politischer oder sonstiger Überzeugung heraus handelt. *Dienststrategeme* dagegen sind Handlungen, die entweder im Dienste einer ‚höheren‘ Sache stehen oder aus einer ‚Aporie-Situation‘ heraus geboren werden.[24] Hierzu zählen etwa die Strategeme der Iphigenie in Euripides’ gerade besprochener Tragödie. Die dritte Gruppe schließlich, die *Scherzstrategeme,* sind solche, die weder Schaden anrichten noch einen besonderen, außerhalb der Belustigung liegenden Nutzen verfolgen.

4   Die *Odyssee*

Diejenige Figur der griechischen Literatur, die wie keine andere als ‚listig‘ gilt und gerade durch diese Eigenschaft Berühmtheit erlangt hat, ist Odysseus. Wie bei Iphigenie so überwiegen auch bei dem Troja-Helden die ‚Dienststrategeme‘, denn auf der langen Heimkehr stehen erst die Sorge um seine Gefolgsleute und später die Angst um seine von aggressiven Freiern bedrängte Frau sowie die Sicherung seiner Herrschaft im Vordergrund. Die Überlistung des Kyklopen, eine der berühmtesten Erzählungen der *Odyssee*, ist aus einer lebensbedrohenden Notlage erwachsen, die Odysseus anders nicht überlebt hätte. Es gibt jedoch auch andere Situationen in der *Odyssee*, in denen nicht Not und Verzweiflung, sondern „Neugier, Entdeckerfreude und Abenteuerlust" dominieren.[25]

---

24 Matt (2006: 37); Stanford (1963: 19f.).
25 Zoepffel (1999: 123).

Odysseus ist aber nicht Iphigenie. Anders als bei Iphigenie ist die Persönlichkeit des Odysseus von dem Charakterzug des ‚Listigen' durchgehend geprägt, nicht zufällig wird er schon im Proömium der *Odyssee* und dort gleich im ersten Vers auf diese Weise vorgestellt (*Od.* 1, 1 πολύτροπος, *polýtropos;* vgl. *Ilias* 2, 173, ebenfalls über Odysseus πολυμήχανος, *polyméchanos*).[26] Odysseus handelt nicht nur *einmal* listig, etwa dann, wenn es gar keinen anderen Ausweg mehr gibt, sondern gewissermaßen immer und zu jeder Gelegenheit, ja geradezu zwanghaft und aus einem inneren Antrieb heraus, der auf die Notlage, auf die aporetische Verzweiflung oder die höhere Notwendigkeit durchaus verzichten kann.[27] Die Kernstelle für diesen dominierenden Charakterzug ist Athenes Rede im dreizehnten Buches der *Odyssee*. Der Held hat nach endlosen Irrfahrten endlich seine Heimat Ithaka erreicht. Die erste Person, die ihm begegnet, ist Athene, verkleidet als junger Hirte, sodass Odysseus zunächst nicht weiß, mit wem er es zu tun hat. Sofort und geradezu reflexhaft belügt Odysseus, der durch Leid und Schicksal vorsichtig und misstrauisch gewordene Kämpfer und Abenteurer, sein Gegenüber und erzählt eine dramatische Lügengeschichte eines vorgeblichen Flüchtlings aus Kreta. Nachdem Athene sich zu erkennen gegeben hat, schmieden beide Pläne für die Rückkehr des Odysseus, und Athene spricht zu ihrem Schützling die folgenden Worte (*Od.* 13, 291-295):

> „Klug müßte der und diebisch sein, der dich überholen wollte in allen Listen, und träte auch ein Gott dir gegenüber! Du Schlimmer, Gedankenbunter, Unersättlicher an Listen! So wolltest du denn nicht einmal, wo du doch in deinem Lande bist, aufhören mit den Betrügereien und mit den Reden, den diebischen, die dir von Grund auf eigen sind?"[28]

Über die Listen des Odysseus ist viel gesagt und geschrieben worden. Hier soll deshalb nur ein besonders interessantes Beispiel herausgenommen werden, um es – ähnlich wie im Fall der euripideischen Iphigenie auf Tauris – zu einem her-

---

26 Das griechische Adjektiv πολύτροπος bedeutet sowohl ‚listenreich' als ‚viel gereist'; s. Heubeck-West-Hainsworth (1988: 69); de Jong (2001: 7) dort Anm. 13 mit weiterführenden Verweisen.

27 S. zum Beispiel Rutherford, Art. „Odysseus", in Finkelberg (2011: 581): „The cunning and deceitfulness of Odysseus are mentioned throughout [...] His self-control makes it possible to restrain and disguise his true emotions in dangerous situations. He typically dissembles and conceals his identity even in circumstances where it seems unnecessary."

28 In der Übersetzung Schadewaldts (1958: 174), das Original lautet: κερδαλέος κ' εἴη καὶ ἐπίκλοπος, ὅς σε παρέλθοι / ἐν πάντεσσι δόλοισι, καὶ εἰ θεὸς ἀντιάσειε. / σχέτλιε, ποικιλομῆτα, δόλων ἄατ', οὐκ ἄρ' ἔμελλες, / οὐδ' ἐν σῇ περ ἐὼν γαίῃ, λήξειν ἀπατάων / μύθων τε κλοπίων, οἵ τοι πεδόθεν φίλοι εἰσίν. Vgl. beispielsweise auch *Od.* 13, 375 διογενὲς Λαερτιάδη, πολυμήχαν' Ὀδυσσεῦ.

meneutischen Testfall für die durch Senger erarbeitete Systematisierung der List und ihrer einzelnen Spielarten zu machen.

Im neunten Buch der *Odyssee* wird die Begegnung des Odysseus und seiner Gefährten mit dem Kyklopen Polyphem geschildert (*Od.* 9, 188-566). Die Episode nimmt für Odysseus ein bitteres Ende, nur sechs seiner ursprünglich zwölf Begleiter und er selbst überleben den Zwischenfall mit knapper Not. Dass am Ende die Rettung gelingt, verdankt Odysseus einer seiner berühmtesten Listen. Bei genauer Betrachtung liegt hier ein überaus komplexer Fall von ‚Strategemverkettung' vor.

Die Befreiung aus der prekären Lage in der Höhle des Kyklopen beginnt – ähnlich wie in der *Iphigenie auf Tauris* – mit einer ‚Planungsszene', in der die Erfolgsaussichten verschiedener Fluchtpläne gegeneinander abgewogen werden (*Od.* 9, 299-318).[29] Odysseus verwirft darin zunächst die Alternative, Polyphem mit einem Schwert zu töten, weil er fürchten muss, dadurch zugleich jede Möglichkeit zu verlieren, den übermenschlich schweren Stein zu beseitigen, der den Höhleneingang versperrt.[30] So wartet er bis zum nächsten Tag, und als dann von Polyphem wieder zwei Gefährten gepackt und verschlungen werden, entscheidet er sich für einen anderen Plan, der ihm als der ‚beste' erscheint,[31] nämlich mithilfe eines angespitzten Pfahles Polyphem das einzige Auge auszustechen und ihn dadurch zu blenden. Aus dem Alltagsgegenstand des Pfahles (das ist er zumindest aus kyklopischer Sicht) wird das, was man ein ‚Listwerkzeug' nennen kann – ähnlich wie das Trojanische Pferd oder das Wachs bei den Sirenen oder der vergiftete Apfel im Märchen von Schneewittchen.[32] Der nächste Akt besteht in dem Betrunkenmachen des Kyklopen (*Od.* 9, 345ff.). Damit wird eine für den Gesamtplan notwendige Wirklichkeit absichtsvoll herbeigeführt, nach der Systematisierung Sengers also ein ‚Ausmünzungsstrategem' angewandt.[33] Was dann folgt, ist ein ‚Dissimulationsstrategem'. Denn auf die Frage, wie er denn heiße, antwortet Odysseus nicht mit seinem wirklichen Namen, sondern fingiert ein Pseudonym, das vielzitierte Οὖτις / *Oútis*; ‚Niemand heiße ich'.[34] Dieser Einfall ist ein Zeichen besonderer Schläue, weil darin eine Situation antizipiert wird, die in diesem Moment noch gar nicht eingetreten und auch nicht zwingend absehbar ist, nämlich die Frage der anderen Kyklopen, durch wen denn Polyphem bedrängt

---

29 Zur „Planungsszene" s. allgemein Matt (2006: 33-37).

30 *Od.* 9, 299-305 τὸν μὲν ἐγὼ βούλευσα κατὰ μεγαλήτορα θυμὸν / ἆσσον ἰών, ξίφος ὀξὺ ἐρυσσάμενος παρὰ μηροῦ [...].

31 *Od.* 9, 318ff. ἥδε δέ μοι κατὰ θυμὸν ἀρίστη φαίνετο βουλή [...].

32 Der Begriff ‚Listwerkzeug' bei Zoepffel (1999: 123).

33 S. oben 2.2.: „Bei ‚Ausmünzungsstrategemen' wird eine vorhandene oder provozierte Wirklichkeit für die eigenen Zwecke durch überlegene Analyse, Geschicklichkeit und Geistesgegenwart ausgenutzt."

34 *Od.* 9, 366 Οὖτις ἐμοί γ' ὄνομα.

werde (*Od.* 9, 403ff.). Zugleich kann man den Niemand-Trick des Odysseus auch zu den ‚Scherzstrategemen' rechnen, denn Polyphem wird ja von Odysseus zum Amüsement der Leser verspottet. Gerade aber in dieser Verbindung von ‚Dienst'- und ‚Scherzstrategem', von Ernstem und nicht so Ernstem, offenbart sich etwas Grundsätzliches im schillernden und faszinierenden Charakter der Odysseus-Figur.

Der letzte Teil des Gesamtplans besteht in der Flucht aus der Kyklopenhöhle mit Hilfe der Schafe. Die Eingesperrten binden sich unter ihren Bäuchen fest und können von Polyphem, der am Höhlenausgang jedes einzelne Tier kontrolliert, wegen ihres langen und dichten Vlieses nicht ertastet werden (*Od.* 9, 420-425):

> „Doch ich überlegte, wie es am weit besten geschehen möchte, daß ich für die Gefährten und für mich selber eine Lösung von dem Tode fände. Und alle Listen und Anschläge wob ich, wie nur, wenn es um das Leben geht – denn es war ein großes Übel nahe –, und dieses schien mir in dem Gemüte der beste Rat: da waren männliche Schafe, wohlgenährte, mit dicker Wolle [...]."[35]

Wieder liegt ein ‚Ausmünzungsstrategem' vor, aber anders als im Fall der Betrunkenheit muss hier die für den Plan notwendige Wirklichkeit – das Vorhandensein von Schafen mit langem zotteligen Fell – nicht erst herbeigeführt werden, diese ist vielmehr von vornherein gegeben und muss nur noch auf clevere Art und Weise – durch *Schläue, Witz, Phantasie und Findigkeit* (s. oben 2.2) – genutzt werden.

Die kurze Übersicht über den Ereignisverlauf unter ‚strategematischer' Perspektive zeigt, dass Odysseus' gelungene Flucht aus der scheinbar ausweglosen Lage sich als Kombination verschiedener Strategeme (im Sinne einer ‚Strategemverkettung', oben 2.2) analysieren lässt. Das Beispiel der Polyphem-Episode lädt aber noch zu einer weiteren Kategorisierung ein: Bei den meisten Strategemen, die Odysseus einsetzt, handelt es sich um ‚Tatstrategeme': das Anspitzen des Pfahles, das Betrunkenmachen des Kyklopen, das Verstecken im dichten Fell der Schafe. Der Niemand-Trick dagegen, also gerade die herausragendste Teil-List, ist ein ‚Redestrategem'.

Der prototypische Listenreichtum des Odysseus zeigt sich auch in der Verkleidung als greiser Bettler, die im dreizehnten Buch der *Odyssee* geschildert wird. Genau genommen ist es gar nicht Odysseus selbst, der den Einfall hat, sich zu verkleiden, und er nimmt den eigentlichen Akt der Verkleidung auch nicht selbst vor. Beides, Idee und Ausführung, gehen vielmehr auf Athene zurück, seine Schutzgöttin, die durch ihren Einfallsreichtum in einem kongenialen Entsprechungsverhältnis zu

---

35 Übersetzung Schadewaldt (1958) 119, Original: αὐτὰρ ἐγὼ βούλευον, ὅπως ὄχ' ἄριστα γένοιτο, / εἴ τιν' ἑτάροισιν θανάτου λύσιν ἠδ' ἐμοὶ αὐτῷ / εὑροίμην· πάντας δὲ δόλους καὶ μῆτιν ὕφαινον, / ὥς τε περὶ ψυχῆς· μέγα γὰρ κακὸν ἐγγύθεν ἦεν. / ἤδε δέ μοι κατὰ θυμὸν ἀρίστη φαίνετο βουλή· / ἄρσενες οἴες ἦσαν ἐϋτρεφέες δασύμαλλοι [...].

ihrem heroischen Schützling steht.[36] Zudem handelt es sich weniger um eine *Verkleidung* als vielmehr um eine *Metamorphose*, denn Athene *verändert* ja die Gestalt des Odysseus, lässt seine schöne Haut schrumpfen, seine Augen trübe werden und beraubt ihn seines Haupthaares.[37] Wichtiger ist hier aber ein anderer Aspekt, nämlich dass die Figur des Odysseus sich mit der Verkleidung zum Bettler auf einen sozialen Rollentausch einlässt, der radikaler nicht sein könnte: der Landesfürst und Trojaheld in der Rolle einer ganz und gar unheroischen und unherrschaftlichen Figur, als alter Bettler mit zerfetzten Lumpen am Leib und schütterem Haar. Die Verkleidung, ohnehin eine der anspruchsvollsten und radikalsten Arten der Verstellung, erfährt hier durch das Überschreiten der eigenen sozialen Sphäre eine zusätzliche Erschwernis.[38]

5   Herodots *Historien*

Zu den Werken der griechischen Literatur, in denen die List nicht weniger präsent ist als in der *Odyssee*, gehören Herodots *Historien*. Zahlreiche Figuren wenden hier eine geradezu unübersehbare Anzahl von Listen an: Herrscher, die durch eine oder auch mehrere Listen überhaupt erst an die Macht gelangen, wie Peisistratos, Deiokes, Kyros – oder etwa Dareios, der durch ein Strategem seines schlauen Stallmeisters Oibares die persische Königswahl für sich entscheidet.[39] Herrscher, die ihre bereits bestehende Macht mithilfe von Listen verteidigen oder ausweiten, wie Kyros, der in der Schlacht gegen die Lyder als Kriegslist Kamele einsetzt, vor denen sich die Pferde der Gegner fürchten (*Hist.* 1, 80). Derselbe Kyros leitet bei der Belagerung von Babylon einen die Stadt schützenden Fluss um und dringt anschließend durch das trocken gelegte Flussbett mit seinen Truppen siegreich in die Stadt ein (*Hist.* 1, 191). Die Aufzählung sämtlicher Kriegslisten, Rachelisten, Verkleidungslisten und Erprobungslisten ließe sich noch einige Zeit fortsetzen. Darunter sind sowohl Listen, die durch reines Machtstreben motiviert sind, als auch solche, die durch

---

36 *Od.* 13, 397ff. ἀλλ᾽ ἄγε σ᾽ ἄγνωστον τεύξω πάντεσσι βροτοῖσι […].

37 *Od.* 13, 429ff. ὣς ἄρα μιν φαμένη ῥάβδῳ ἐπεμάσσατ᾽ Ἀθήνη. / κάρψε μέν οἱ χρόα καλὸν ἐνὶ γναμπτοῖσι μέλεσσι […]. Zur Verwandlung des Odysseus s. de Jong (2001: 336-338).

38 „Odysseus als Landstreicher muß mehrmals seine angestammten kriegerisch-noblen Reflexe unterdrücken, wenn ihn die Freier als den hergelaufenen Lump behandeln, den er spielt, wenn sie ihn beschimpfen, ihm einen Schemel nachwerfen oder einen Kuhfuß" Matt (2006: 46), s. auch oben 1.

39 *Hist.* 3, 85ff. Δαρείῳ δὲ ἦν ἱπποκόμος ἀνὴρ σοφός […]. Zum Thema ‚Entscheidungen / Fehlentscheidungen‘ bei Herodot s. insbes. die Arbeit von Löffler (2008).

eine Aporie-Situation erzwungen werden, solche, die *mit*, und andere, die *ohne* Täuschung auskommen.[40] Nicht weniger vielfältig sind die Handlungsträger: das Mittel der List erscheint in der Darstellung Herodots als ein im anthropologischen Sinne ubiquitäres Phänomen. Nicht nur Griechen sind listig wie der an Odysseus erinnernde Themistokles, sondern gleichermaßen auch Perser, Meder und Ägypter. Ausgerechnet das Paradestück herodoteischer List-Erzählungen, ein Stück aus immer neuen Listen und Gegenlisten, die sogenannte ,Meisterdieb-Novelle', spielt gerade nicht in Griechenland, sondern in Ägypten (*Hist.* 2, 121ff.).

Im Folgenden sollen zwei Beispiele für die literarische Darstellung von Listen bei Herodot genauer untersucht werden. Im ersten Buch der *Historien* schildert Herodot die dreimalige Machtergreifung des Peisistratos (*Hist.* 1, 59ff.).[41] Auffälligerweise erreicht Peisistratos sein Ziel in allen drei Fällen durch Anwendung einer List. Beim ersten Mal (*Hist.* 1, 59, 4) fügt er sich selbst eine Wunde zu[42] und behauptet anschließend, ein Anschlag sei auf ihn verübt worden, als er gerade aufs Land habe hinausfahren wollen. Die gutgläubigen Athener lassen sich überlisten und gewähren Peisistratos eine Leibwache, mit deren Hilfe dieser sofort die Macht an sich reißt. Das Stratagem, das Peisistratos hier anwendet, ist das „Stratagem der Selbstverstümmelung", Nr. 34 im chinesischen *Katalog der 36 Strategeme*. Beim zweiten Versuch (*Hist.* 1, 60, 4) verkleidet Peisistratos eine schöne und besonders hochgewachsene Frau namens Phyë[43] als Göttin Pallas Athene und lässt sie verkünden, die Göttin Athene ehre niemanden so hoch wie Peisistratos und bringe diesen als Herrscher zurück nach Athen. Auch diese List hat Erfolg, in systematischer Sicht handelt es sich um ein Simulationsstrategem, und zwar um eine Kombination von

---

40 Zu den Rachelisten bei Herodot s. Bencsik (1994: 23-26).

41 Zu den historischen Hintergründen, die hier nicht behandelt werden können, und zum Quellenwert der herodoteischen Darstellung s. Moles (2002: 37): „The Peisistratus narrative utilizes standard motifs: triadic patterns (Chilon's three warnings to Peisistratos' father; the three rivals, of whom the youngest and seemingly weakest triumphs; Peisistratus' three *coups*); the trickster figure whose deceptions include a beautiful woman; and contests between intelligence and stupidity. Details underscore Herodotus' typology of tyranny: perversion of nature (the ,rending' of the body politic, the ,rooting' of the tyranny, the omen of Peisistratus' birth; the woman's name, Phue (,growth'), Peisistratus' unlawful intercourse); deception; popular gullibility; acquisition of a bodyguard; general military inactivity; co-operation with fellow tyrants"; Kinzl (1979: 308-316); Connor (1987: 42-47); Stein-Hölkeskamp (1989: 139-153); Forsdyke (2006: 236-237); Osborne (2002: 513-515); ausführlich Lavelle (2004). Zur Darstellung der Ereignisse in der *Athenaion Politeia* s. „Chronologie des Peisistratos" in Chambers (1990: bes. 200-205).

42 *Hist.* 1, 59, 4 τρωματίσας ἑαυτόν.

43 *Hist.* 1, 60, 4 γυνή [...] μέγεθος ἀπὸ τεσσέρων πήχεων ἀπολείπουσα τρεῖς δακτύλους καὶ ἄλλως εὐειδής.

Nr. 29 „Dürre Bäume mit künstlichen Blüten schmücken" und von Nr. 31 „Das Strategem der schönen Frau". Die dritte Machteroberung (*Hist.* 1, 63, 2) gelingt, weil Peisistratos den in die Flucht geschlagenen Gegnern seine Söhne hinterherschickt und verkünden lässt, sie könnten guten Mutes sein und nach Hause gehen. Dies entspricht der Logik des Strategems Nr. 28 „Auf das Dach locken, um dann die Leiter wegzuziehen." Durch dieses Strategem wird der Gegner in eine ausweglose Lage gebracht, wie in diesem Fall die Gegner des Peisistratos, die – dadurch, dass sie sich einmal zerstreut haben – die Chance zur schnellen Neuformation und zum Gegenangriff verlieren. Herodot spricht an dieser Stelle von einem ‚äußerst schlauen Trick', den Peisistratos ‚ersinnt'.[44]

Die Analyse der drei Listen, mit denen Peisistratos dreimal hintereinander an die Macht gelangt, erweist sich in zweifacher Hinsicht als aufschlussreich. Zum einen erlaubt sie einen genaueren Einblick in die Erzähltechnik Herodots, die sich auch in diesem Teilaspekt als ebenso raffiniert wie abwechslungsreich erweist.[45] Zum anderen dient sie dem Verständnis der Art und Weise, wie Herodot die von ihm geschilderten Personen bewertet und deutet. Bemerkenswert im Falle des Peisistratos ist der Umstand, dass sämtliche Listen – zumindest kurzfristig – Erfolg haben und zum Ziel der Machtergreifung führen. Dass dies durchaus nicht immer der Fall sein muss, zeigt das Beispiel des Xerxes, der bei Herodot geradezu als Antitypus des schlauen und listenreichen Herrschers erscheint.[46] Im neunten Buch der *Historien* schildert Herodot, wie Xerxes die Liebe der Gattin des Masistes gewinnen möchte und zu diesem Zweck die Tochter der Begehrten mit seinem eigenen Sohn Dareios verehelicht (*Hist.* 9, 108-114). Doch statt seinem eigentlichen Ziele näher zu kommen, verliebt er sich selbst in die Tochter und verstrickt sich anschließend hilflos in die Intrigen seiner rachsüchtigen und dem Gatten weit überlegenen Frau Amestris. Bemerkenswert ist ferner, dass Herodot die dritte List des Peisistratos ausdrücklich als ‚außerordentlich schlau' qualifiziert.[47] Denn hier handelt es sich wieder um eine List, die – ähnlich wie die *Niemand*-List des Odysseus – eine mögliche Gefahrensituation durch schlaue Vorahnung erst gar nicht entstehen lässt. Gerade die Voraussicht ist, wie Senger in seiner Definition hervorhebt, ein wesentlicher Bestandteil der erfolgreichen List.[48]

---

44 *Hist.* 1, 63, 2 φευγόντων δὲ τούτων βουλὴν ἐνθαῦτα σοφωτάτην Πεισίστρατος ἐπιτεχνᾶται.
45 Zum narrativen Muster dreiteiliger Ereignisdarstellungen s. Moles (2002: 37), Zitat oben Anm. 41.
46 Bencsik (1994: 31-32).
47 S. oben, *Hist.* 1, 63, 2 βουλὴν [...] σοφωτάτην.
48 Ebenso Bencsik (1994: 71).

Das zweite Beispiel steht im achten Buch der *Historien*. Herodot schildert dort die Schlacht bei Salamis des Jahres 480 v. Chr. und lässt unter den Teilnehmern auf persischer Seite auch eine gewisse Artemisia auftreten, eine Herrscherin aus dem karischen Halikarnaß. Im Verlauf des Schlachtgeschehens gerät sie durch ein sie verfolgendes attisches Schiff in Bedrängnis (*Hist.* 8, 87). Eine Flucht ist unmöglich, weil sie durch Schiffe der eigenen Flotte blockiert wird, die direkt vor ihr liegen. Eingeklemmt zwischen dem feindlichen Schiff hinter und den befreundeten Schiffen vor ihr, befreit sich Artemisia aus der Aporie-Situation durch eine Kriegslist. Sie fährt weiter voraus und attackiert eines der eigenen Schiffe. Der Anführer der Griechen fällt auf die List herein und glaubt, bei dem Schiff der Artemisia müsse es sich nicht um ein persisches, sondern um ein griechisches handeln. Er dreht ab und nimmt die Verfolgung anderer Gegner auf.[49]

Artemisias Entschluss, ein verbündetes Schiff zu rammen und zu versenken, lässt sich als Stratagem Nr. 20 beschreiben: „Das Wasser trüben, um die Fische zu ergreifen." Denn ihre unorthodoxe Handlung stiftet inmitten des Schlachtgeschehens zusätzliche Verwirrung; der Kapitän des attischen Schiffes glaubt, sich in der Freund-Feind-Zuordnung getäuscht zu haben, erwägt aber auch, wie Herodot nicht unerwähnt lässt, die alternative Erklärungsmöglichkeit, das feindliche Schiff könne zu seiner Seite übergelaufen sein (*Hist.* 8, 87, 4). Artemisia gelingt es also, mit *Schläue, Witz, Phantasie und Findigkeit* eine *außergewöhnliche* und *überraschende* Idee in die Tat umzusetzen und dadurch die eigene Aporie-Situation in eine Aporie-Situation des Gegners umzumünzen. Artemisias List entspricht zugleich aber auch der Logik eines anderen Stratagems, Nr. 17 aus dem Katalog der chinesischen Strategeme, „Einen Backstein hinwerfen, um einen Jadestein zu erlangen." Denn das Manöver, ein anderes Schiff zu rammen – ganz gleich ob freundlich oder feindlich –, ist riskant und bedeutet, sollte das eigene Schiff Schaden nehmen, ein signifikantes, vielleicht sogar tödliches Opfer. Der „Backstein" ist dieses Opfer, das zu bringen sich deshalb lohnt, weil als Gegengabe der „Jadestein" des Überlebens wartet.[50]

---

49 Die bei Herodot geschilderte Kriegslist der Artemisia erwähnt auch Polyainos von Makedonien (2. Jh.), Rhetoriklehrer und Verfasser einer Sammlung von Kriegslisten (Strategémata) in acht Büchern: Ἀρτεμισία περὶ Σαλαμῖνα συνεναυμάχει [Ξέρξῃ]· τοὺς Πέρσας ἤδη φεύγοντας οἱἭλληνες ἐδίωκον. ἡ δὲ [ἤδη] καταλαμβανομένη προσέταξε τοῖς μὲν ἐπιβάταις ἀφελεῖν τῆς νεὼς τὰ σημεῖα τὰ Περσικά, τῷ κυβερνήτῃ δὲ, ἐμβαλεῖν εἰς τὴν ναῦν τὴν προπλέουσαν (5) Περσικήν. οἱἭλληνες ταῦτα ὁρῶντες, οἰηθέντες μίαν εἶναι τῶν συμμαχίδων νεῶν, ἀπολιπόντες ταύτην ἐπὶ τὰς ἄλλας ἐτράποντο, Ἀρτεμισία δὲ τὸν κίνδυνον [τὸν] ἐπικείμενον ἐκφυγοῦσα εἰς Καρίαν ἀπλέουσα ᾤχετο (8, 53, 1). Zur Artemisia-Figur bei Herodot s. Vignolo Munson (1988: insb. 98-99).

50 Nach Herodot gelingt es Artemisia durch ihre Kriegslist nicht nur, einer gefährlichen Situation zu entrinnen und das eigene Leben zu retten, sondern überdies noch bei Xerxes einen günstigen Eindruck zu erwecken, will dieser von seinem Beobachterstandpunkt

6 Fazit

Ausgangspunkt war die Überlegung, literarische Texte der griechischen Antike unter handlungs- und entscheidungstheoretischen Fragestellungen zu untersuchen. Die Untersuchung hat sich dabei auf einen speziellen Gesichtspunkt, die Auffindung unerwarteter Handlungsalternativen – ‚Listen‘ – in Notsituationen, beschränkt und experimentell die Taxonomie der chinesischen Listtheorie, wie sie im *Katalog der 36 Strategeme* vorliegt, für das Verständnis herangezogen. Zur Beantwortung dieser Frage konnten nur einige ausgewählte Texte (Homer, Herodot, Euripides) und Gattungen (Epos, Geschichtsschreibung, Tragödie) herangezogen werden, die zwar einen exemplarischen Einblick, aber keinen vollständigen Überblick erlauben. Die Analyse der ‚Listerzählungen‘ in der *Odyssee*, in der *Iphigenie auf Tauris* und in Herodots *Historien* unter strategematischer Perspektive erlauben jedoch, eine erste positive Bilanz zu ziehen. In allen Fällen lassen sich die Listen bzw. Strategeme der Handlungsträger nicht nur eindeutig den 36 Listarten des *Katalogs* zuordnen, sondern diese Zuordnung ermöglicht darüber hinaus ein genaueres Verständnis der Texte. So etwa in Euripides' *Iphigenie auf Tauris*, in der die tragische Heldin durch Anwendung gerade eines ‚Ausmünzungsstrategems‘ (die schon bestehende Befleckung Orests durch den Muttermord) sowie durch die Kombination mehrerer Strategeme im Sinne einer Strategemverkettung als den übrigen Handlungsteilnehmern intellektuell überlegen erscheint.[51] Die auf dem *Katalog der 36 Strategeme* aufbauende Systematisierung von Listen bzw. Strategemen, die Senger erarbeitet hat, erweist sich als ebenso erhellend. So etwa die Unterscheidung von ‚Tat-‘ und ‚Redestrategemen‘, die den Niemand-Trick des Odysseus aus den anderen Listen seines Polyphem-Abenteuers signifikant heraushebt. Oder die Differenzierung von ‚gelungenen‘ und ‚misslungenen‘ Listen, die in der Darstellung Herodots der indirekten Charakterisierung der Handlungsträger dienen.

---

aus davon ausgeht, dass es sich bei dem von Artemisia versenkten Schiff um ein gegnerisches handelt und nicht um eines aus den eigenen Reihen (*Hist*. 8, 88); s. Vignolo Munson (1988: 99).

51 Und auch, zumindest im Fall des Ausmünzungsstrategems, als besonders wahrheitsliebend. Diesen Aspekt im Charakter der euripideischen Iphigenie hat Goethe erspürt und in seiner eigenen Bearbeitung ‚radikalisiert‘ (s. dazu oben Anm. 20).

Quellenverzeichnis

Adorno, Th. W. 1981. Zum Klassizismus von Goethes Iphigenie. In *Noten zur Literatur IV*, hrsg. Th. W. Adorno, 495-514. Frankfurt a. M.: Suhrkamp.

Bencsik, A. 1994. *Schelmentum und Macht. Studien zum Typus des σοφὸς ἀνήρ bei Herodot.* Bonn: Holos.

Block, E. 1985. Clothing Makes the Man. A Pattern in the Odyssey. *TAPA* 115: 1-11.

Brown, K., und A. Stephens. 1988. ‚… hinübergehn und unser Haus entsühnen‘. Die Ökonomie des Mythischen in Goethes Iphigenie. *Jahrbuch der Deutschen Schillergesellschaft* 32: 94-115.

Chambers, M. 1990. *Aristoteles. Staat der Athener.* Darmstadt: WBG.

Connor, W. R. 1987. Tribes, Festivals and Processions. Civic Ceremonial and Political Manipulation in Archaic Greece. *J. Hell. Stud.* 107: 40-50.

Detienne, M., und J. P. Vernant. 1974. *Les ruses de l'intelligence. La mètis des grecs.* Paris: Flammarion.

Deiters, F.-J. 1999. Goethes ‚Iphigenie auf Tauris‘ als Drama der Grenzüberschreitung oder: Die Aneignung des Mythos. *Jahrbuch des Freien Deutschen Hochstifts* 1999: 14-51.

Dieterle, A. 1980. *Die Strukturelemente der Intrige in der griechisch-römischen Komödie.* Amsterdam: B. R. Grüner.

Erbse, H. 1984. *Studien zum Prolog der euripideischen Tragödie.* Berlin: de Gruyter.

Feistner, E. 1996. Rollenspiel und Figurenidentität: zum Motiv der Verkleidung in der mittelalterlichen Literatur. *GRM* 46 (3): 257-269.

Finkelberg, M. (Hrsg.). 2011. *The Homer Encyclopedia. Vol. 2.* Chichester: Wiley-Blackwell.

Finsler, G. 1912. *Homer in der Neuzeit. Von Dante bis Goethe; Italien, Frankreich, England, Deutschland.* Leipzig: Teubner.

Forbes Irving, P. M. C. 1990. Metamorphosis in Greek Myths. Oxford: Clarendon Press.

Forsdyke, S. 2006. Herodotus, Political History, and Political Thought. In *The Cambridge Companion to Herodotus*, hrsg. C. Dewald, und J. Marincola, 224-241. Cambridge: Cambridge University Press.

Grimmerthal, M. 1990. *Kriegslist und Perfidieverbot im Zusatzprotokoll vom 10. Juni 1977 zu den vier Genfer Rotkreuz-Abkommen von 1949.* Bochum: Brockmeyer.

Heubeck, A., S. R. West, and J. B. Hainsworth. 1988. *A Commentary on Homer's Odyssey, 1. Introduction and Books I-VIII.* Oxford: Clarendon Press.

Homer. 1958. *Die Odysse. Übersetzt in deutsche Prosa von Wolfgang Schadewaldt.* Hamburg: Rowohlt.

Hose, M. 1990. *Studien zum Chor bei Euripides: Teil 1.* Stuttgart: Teubner.

Hose, M. 1991. *Studien zum Chor bei Euripides: Teil 2.* Stuttgart: Teubner.

Jong, I. J. F. de. 2001. *A Narratological Commentary on the Odyssey.* Cambridge: Cambridge University Press.

Kinzl, K. H. 1979. Betrachtungen zur älteren Tyrannis. In *Die ältere Tyrannis bis zu den Perserkriegen. Beiträge zur griechischen Tyrannis*, hrsg. K. H. Kinzl, 298-325. Darmstadt: WBG.

Knöbl, R. 2005. Euripides. Iphigenie bei den Taurern 1970–2000. *Lustrum* 47 (2005): 413-444.

Lavelle, B. M. 2005. *Fame, Money, and Power the Rise of Peisistratos and „Democratic" Tyranny at Athens.* Ann Arbor: University of Michigan Press.

Lange, K. 2002. *Euripides und Homer. Untersuchungen zur Homernachwirkung in Elektra, Iphigenie im Taurerland, Helena, Orestes und Kyklops.* Stuttgart: Steiner.

Löffler, H. 2008. *Fehlentscheidungen bei Herodot.* Tübingen: Narr.

Matt, P. von. 2006. *Die Intrige. Theorie und Praxis der Hinterlist.* München: Hanser.

Matuschek, S. 2006. *Mythos Iphigenie. Texte von Aischylos bis Volker Braun.* Leipzig: Reclam.

Moles, J. 2002. The Making of History. Herodotus and Athens. In *Brill's Companion to Herodotus*, hrsg. E. J. Bakker, I. F. E. de Jong, und H. van Wees, 33-52. Leiden: Brill.

Munson, R. V. 1988. Artemisia in Herodotus, *CA* 7 (1): 91-106.

Murnaghan, S. 1987. *Disguise and Recognition in the Odyssey.* Princeton: Princeton University Press.

Osborne, R. 2002. Archaic Greek History. In *Brill's Companion to Herodotus*, hrsg. E. J. Bakker, I. F. E. de Jong, und H. van Wees, 497-520. Leiden: Brill.

Radin, P., K. Kerenyi, und C. G. Jung (Hrsg.). 1979. *Der göttliche Schelm: ein indianischer Mythen-Zyklus.* Hildesheim: Gerstenberg.

Rasch, W. 1979. *Goethes Iphigenie auf Tauris als Drama der Autonomie.* München: Beck.

Schmidt, E. A. 1991. *Ovids Poetische Menschenwelt. Die Metamorphoses als Metapher und Symphonie. Sitzungsbericht der Heidelberger Akademie der Wissenschaften, Philosophisch-Historische Klasse, Bericht 2.* Heidelberg: C. Winter.

Schnabl, R. F. 1959. *Die Verkleidung in Gedicht, Erzählung und Drama.* Wien: Kaltschmid.

Seidensticker, B., und M. Vöhler (Hrsg.). 2001. *Mythen in nachmythischer Zeit. Die Antike in der deutschsprachigen Literatur der Gegenwart.* Berlin: de Gruyter.

Senger, H. von (Hrsg.). 1999. *Die List.* Frankfurt am Main: Suhrkamp.

Senger, H. von. 2000. *Die berühmten 36 Strategeme der Chinesen – lange als Geheimwissen gehütet, erstmals im Westen vorgestellt.* 2 Bde. Bern: Scherz.

Senger, H. von. 2002. *Die Kunst der List. Strategeme durchschauen und anwenden.* München: Beck.

Solmsen, F. 1932. Zur Gestaltung des Intrigenmotivs in den Tragödien des Sophokles und Euripides. *Philologus* 87 (1932): 1-17; auch in *Euripides*, hrsg. E.-R. Schwinge, 326-344. Darmstadt: WGB. 1968.

Stanford, W. B. 1963. *The Ulysses Theme. A Study in the Adaptability of a Traditional Hero.* Oxford: Blackwell.

Steward, D. B. 1991. *Divine disguise in Homer's Iliad*, Diss. Univ. of Pittsburgh, Pa.

Strohm, H. 1950. Trug und Täuschung in der euripideischen Dramatik. *WJA* (4) 1: 140-156; auch in *Euripides*, hrsg. E.-R. Schwinge, 345-372. Darmstadt: WGB. 1968.

Wheeler, E. L. 1988. *Stratagem and the Vocabulary of Military Trickery.* Leiden: Brill.

Wittchow, F. 2009. *Ars Romana. List und Improvisation in der augusteischen Literatur.* Heidelberg: Winter.

Zoepffel, R. 1999. Die List bei den Griechen. In *Die List*, hrsg. H. v. Senger, 111-133. Frankfurt am Main: Suhrkamp.

Anhang: Der chinesische Katalog der 36 Strategeme

1. Den Kaiser täuschen [indem man ihn in ein Haus am Meeresstrand einlädt, das in Wirklichkeit ein verkleidetes Schiff ist] und [ihn so dazu veranlassen,] das Meer [zu] überqueren.
2. [Die ungeschützte Hauptstadt des Staates] Wei belagern, um [den durch die Hauptstreitmacht des Staates Wei angegriffenen Staat] Zhao zu retten.
3. Mit dem Messer eines anderen töten.
4. Ausgeruht den erschöpften Feind erwarten.
5. Eine Feuersbrunst für einen Raub ausnützen.
6. Im Osten lärmen, im Westen angreifen.
7. Aus einem Nichts etwas erzeugen.
8. Sichtbar die Holzstege wieder instandsetzen, heimlich nach Chencang marschieren.
9. Das Feuer am gegenüberliegenden Ufer beobachten.
10. Hinter dem Lächeln den Dolch verbergen.
11. Der Pflaumenbaum verdorrt anstelle des Pfirsichbaums.
12. Mit leichter Hand das [einem unerwartet über den Weg laufende] Schaf wegführen.
13. Auf das Gras schlagen, um die Schlangen aufzuscheuchen [und dadurch in Erfahrung zu bringen, ob und wo im Gras Schlangen lauern/um die Schlangen zu verjagen]
14. Für die Rückkehr der Seele einen Leichnam ausleihen.
15. Den Tiger vom Berg in die Ebene locken.
16. Will man etwas fangen, muß man es zunächst loslassen.
17. Einen Backstein hinwerfen, um einen Jadestein zu erlangen.
18. Will man eine Räuberbande unschädlich machen, muß man deren Anführer fangen.
19. Das Brennholz unter dem Kessel wegnehmen.
20. Das Wasser trüben, um die Fische zu ergreifen.
21. Die Zikade wirft ihre goldglänzende Hülle ab.
22. Die Türe schließen und den Dieb fangen.
23. Sich mit dem fernen Feind verbünden, um zunächst den nahen Feind anzugreifen.
24. Vorgeben, daß man durch den Staat Yu zwecks Angriff auf den Staat Guo nur hin durchmarschieren wolle, und jenen dann doch besetzen.
25. [Ohne Veränderung der Fassade eines Hauses in dessen Innerem] die Balken stehlen und gegen [morsche] Stützen austauschen.
26. Die Akazie schelten, [dabei aber] auf den Maulbeerbaum zeigen.

27. Verrücktheit mimen, ohne das Gleichgewicht zu verlieren.
28. Auf das Dach locken, um dann die Leiter wegzuziehen.
29. [Dürre] Bäume mit [künstlichen] Blüten schmücken.
30. Die Rolle des Gastes in die des Gastgebers umkehren.
31. Das Strategem der schönen Frau.
32. Das Strategem der Öffnung der Tore [einer in Wirklichkeit nicht verteidigungsbereiten Stadt].
33. Das Strategem des Zwietrachtsäens.
34. Das Strategem der Selbstverstümmelung.
35. Die Strategem-Verkettung.
36. [Rechtzeitiges] Weglaufen ist [bei sich abzeichnender völliger Aussichtslosigkeit] das beste [der 36 Strategeme].[52]

---

52 Nach Senger (1999: 31f.) und Senger (2002: 52-75).

Entscheiden oder nicht entscheiden.
Zu einer Ästhetik des Dezisionismus in der Literatur

Carolin Rocks und Martina Wagner-Egelhaaf

In der Wochenzeitschrift *Die Zeit* vom 28. Oktober 2010 stellte der Schriftsteller und Unternehmer Ernst-Wilhelm Händler die Forderung nach mehr Dezisionismus in der Gegenwartsliteratur auf. Zwei elementare menschliche Triebfedern, so Händler, spielten in der Literatur der Gegenwart bedauerlicherweise keine Rolle, das Streben nach Macht und nach Geld. Die Literatur bilde damit den Zustand der deutschen Gesellschaft ab, die nichts Dezisionistisches ertrage und das Thema Macht am liebsten negiere.

> In Deutschland ist Machtausübung grundsätzlich zu Moderation mutiert. In anderen Ländern ist der dezisionistische Anteil weit höher. Bei uns gibt es nicht nur keinen gespiegelten George W. Bush oder Barack Obama, sondern auch keinen Software-Unternehmer wie den Gründer und Chef von Oracle, Larry Ellison – *„What's the difference between Larry Ellison and God? God doesn't think he is Larry Ellison.“* Dementsprechend tut man sich in Deutschland schwer, wenn man verkörperte Macht betrachtet. Zum Beispiel Josef Ackermann: Aus internationaler Perspektive gesehen ist er ein Leuchtturm, in der deutschen öffentlichen und veröffentlichten Meinung dagegen der Buhmann. Er lebt das, was vom dezisionistischen Faktor bei uns noch übrig geblieben ist. Aber der dezisionistische Anteil ist doch auch ein kreatives Element! Man sollte sich dieser Kreativitätsquelle nicht völlig begeben.[1]

Händlers Diagnose, dass sich die Literatur mit Entscheidungen schwer tut, scheint nicht nur auf die Gegenwartsliteratur zuzutreffen. Man muss nur an den Zauderer

---

1   Händler (2010: 51). Vgl. dagegen Sandra Pott (2004: 202f.), die feststellt, dass Wirtschaft in der (freilich internationalen) Gegenwartsliteratur eine wichtige Rolle spiele, während es die neuere deutsche Literaturwissenschaft sei, für die „die Trennung von Geist und Kapital noch so intakt [sei], dass die einschlägigen stoff- und motivgeschichtlichen Lexika nicht einmal Stichworte wie ‚Wirtschaft‘, ‚Kaufmann‘ oder ‚Unternehmer‘ verzeichnen“. Zum Thema ‚Literatur und Wirtschaft‘ vgl. grundlegend Richter [geb. Pott] (2012).

Hamlet denken, der sich nicht zur Tat aufraffen kann und dessen Dilemma „To be, or not to be: that is the question"[2] zum geflügelten Wort geworden ist. Hamlet ist das Urbild der entscheidungsschwachen Künstler, Dichter, Melancholiker und Intellektuellen. Die Literatur bringt viel Sympathie für sie auf und zieht aus ihrem Leiden ästhetisches Kapital. Als Beispiel aus der Gegenwartsliteratur sei etwa Wilhelm Genazinos Roman aus dem Jahr 2005 *Die Liebesblödigkeit* genannt, dessen Protagonist – ganz und gar kein Ackermann-Typ – das für ihn schier unlösbare Problem hat, dass er sich nicht zwischen zwei Frauen entscheiden kann. Der Roman bezieht seinen ästhetischen Reiz und seine ganze Komik daraus, dass sich die Hauptfigur dieser im Prinzip lebenswichtigen Entscheidung verweigert:

> Es ist, als trete ich aus einer sommerlichen Verwirrung hervor. Mein moralischer Hitzschlag läßt endlich nach. Schon wenige Sekunden später verstehe ich nicht mehr, wie ich mich wochenlang damit abquälen konnte, ob ich mich für Sandra oder Judith „entscheiden" soll. Ich werde weder Sandra noch Judith verlassen, ich bekenne mich zum Durcheinander des Liebeslebens und zu dessen Endgültigkeit, es bleibt alles, wie es ist und war. […] Es wird mir ein wenig feierlich zumute, indem ich immer mehr von meinem rasch älter werdenden Konflikt zurücktrete. Ich überlege, ob ich nachher zuerst Sandra oder Judith anrufen werde. Nie zuvor war mir die irdische Seligkeit dieser Frage deutlicher als jetzt. Die Verwirrung legt sich, ich kann wieder richtige Sätze denken. Ich schließe daraus, daß ich meine Entscheidung überlebt habe.[3]

Der ‚Held' des Romans ‚entscheidet sich' also, sich nicht zu entscheiden. Diese ‚Entscheidung' ist indessen nicht das Ergebnis rationalen Abwägens, sondern kommt gleichsam wie eine epiphanische Erkenntnis über ihn, wie auch der religiöse Sprachduktus der angeführten Passage zu verstehen gibt.

Die Schriftstellerin Brigitte Kronauer hat sogar die These aufgestellt, dass Ambivalenz und Zweideutigkeit der Wesenskern des Literarischen seien.[4] Und doch braucht es auch und gerade in der Literatur Entscheidungen: Jeder Romanautor muss entscheiden, wie er seine Geschichte erzählt, welche Entscheidungen er seine

---

2 Shakespeare (1977: 56).

3 Genazino (2005: 201f.).

4 Vgl. Kronauer (2002: 318). 2010 hat sie in ihrer Marbacher Schillerrede ihre ästhetische Überzeugung bekräftigt: „Das Einerseits-Andererseits ist Zentrum meiner literarischen Arbeit geblieben. Einerseits die Anfälligkeit für Formulierungen und Bilder, auch Klischees, im Leben wie in der Kunst angesichts der Schrecken des Chaotischen, die Bezauberung durch deren Überredungskraft. Andererseits das tiefe Misstrauen gegen alles Vorgeformte, die Befürchtung, um die potentielle Fülle und das vom Allgemeinen Abweichende des eigenen Erlebens betrogen zu werden." Kronauer (2010: 16). Bemerkenswerterweise bezeichnet Händler (2010) im genannten *Zeit*-Artikel Brigitte Kronauer als seine „Lieblingsautorin", „vor der [er] auf die Knie geh[t]".

Protagonisten treffen lässt und was dann passiert. Aber, dies ist die grundlegende These dieses Beitrags, die Literatur reflektiert und problematisiert die Tragweite des und insbesondere ihres Entscheidens. Dies zeigt paradigmatisch die klassische Tragödie, die ihre Helden vor Entscheidungen stellt, die, wie immer sie ausfallen, in die Katastrophe führen. „Thus conscience does make cowards of us all, / And thus the native hue of resolution / Is sicklied o'er with the pale cast of thought, / And enterprises of great pitch and moment, / With this regard their currents turn awry, / And lose the name of action. […]", so heißt es in Hamlets berühmtem Monolog weiter.[5] Die Passage reflektiert das Dilemma menschlichen Entscheidens, indem die wesentlichen Komponenten eines jeden Entscheidungsvorgangs und gleichzeitig sein retardierendes Moment namhaft gemacht werden: Der Entscheidungsträger muss sich zur Tat, zur Handlung durchringen, doch Bewusstsein und Gedanke melden ihre Zweifel an.

Dass Entscheidung eine problematische Wahl zwischen mindestens zwei Alternativen bedeutet, lässt sich den Worten eines weiteren Dramenhelden entnehmen, Schillers Wallenstein. Wallenstein steht vor der Entscheidung, seinen Kaiser zu verraten und reflektiert:

> Eng ist die Welt, und das Gehirn ist weit,
> Leicht bei einander wohnen die Gedanken,
> Doch hart im Raume stoßen sich die Sachen,
> Wo Eines Platz nimmt, muß das Andre rücken,
> Wer nicht vertrieben sein will, muß vertreiben,
> Da herrscht ein Streit, und nur die Stärke siegt.[6]

Der vorliegende Beitrag zeigt in einem ersten Schritt (1.) wie in der Figur des machtbewussten ‚Entscheiders' Wallenstein Realitätssinn und Traum, Entscheidung und Zweifel aufeinandertreffen und unauflöslich miteinander verbunden sind. Es wird dargestellt, wie gerade das Wechselverhältnis von Tatkraft und Zaudern den ‚großen Charakter' hervorbringt und dessen Abgründigkeit zum ästhetischen Motiv der dramatischen Poiesis wird. In einem zweiten Schritt (2.) wird, vor dem Hintergrund des Schiller'schen *Wallenstein*, die Probe aufs Exempel gemacht. Zwei Romane von Ernst-Wilhelm Händler, zum einen sein Wirtschaftsroman *Wenn wir sterben* aus dem Jahr 2002 und zum anderen der 2010 erschienene Roman *Welt aus Glas*, werden darauf hin befragt, ob und in welcher Weise sie das von ihrem

---

5 Shakespeare (1977: 83-88).

6 Schiller (2000). „Wallensteins Lager" (WL), 11-53. „Die Piccolomini. In fünf Aufzügen" (P), 55-150. „Wallensteins Tod. Ein Trauerspiel in fünf Aufzügen" (WT), 153-293. Hier WT, V. 787-792. Zitate aus dieser Ausgabe werden künftig im Text mit nachgestellten Versangaben nachgewiesen.

Autor formulierte Postulat einer neuen Ästhetik des Dezisionismus[7] einlösen – oder auch nicht.

1   Zur Ästhetik des (Nicht-)Entscheidens in Schillers Wallenstein

Wenn Händler zufolge die deutsche Gegenwartsliteratur das Thema ‚Macht' vermeidet und in dieser reservierten Haltung eine im gesellschaftlichen Diskurs beobachtbare Tendenz abbildet, kann dies für Schillers Dramen-Trilogie *Wallenstein* keineswegs behauptet werden. Sicherlich, den von Händler angemahnten Text „über Banker"[8] wird man von Schiller nicht erwarten dürfen; wohl aber eine konzise dramatische Studie über jenen Typus „verkörperte[r] Macht"[9], von dem, wird er zum Gegenstand literarischer Darstellung, ein kreatives Potential ausgeht. Und in der Tat stellt Schiller mit dem Feldherrn Wallenstein eine Figur auf die Bühne, deren Fallhöhe erheblich ist: Auf dem Schauplatz des Dreißigjährigen Kriegs, schon für sich genommen ein „große[r] Gegenstand" (WL 57), vollzieht sich „[e]in Unternehmen kühnen Übermuts" (WL 92). Ins Werk gesetzt wird es von einem, „verwegene[n] Charakter" (WL 93), dem gerade das Streben nach Macht zum tödlichen Verhängnis wird: „Denn seine Macht ists, die sein Herz verführt, / [...]" (WL 117). So inauguriert der Prolog des Dramas programmatisch den zur tragischen Verstrickung führenden Charakterzug des Titelhelden.

Die Geschichte vom Aufstieg und Fall des Machtmenschen Wallenstein stellt mehr noch ein im Kern dezisionistisches Setting dar (vgl. WL 94-101), denn der zentrale dramatische Konflikt besteht darin, dass Wallenstein, Oberbefehlshaber der kaiserlichen Armeen, im Verlauf des Dramas eine folgenschwere Entscheidung zu treffen hat: Entweder wendet er sich gegen den politischen Souverän, den ös-

---

7   Mit Schmitt (1985: 41f.) lässt sich als „dezisionistisch" eine Entscheidung fassen, die nicht aus ihrer Begründung resultiert: „Jede konkrete juristische Entscheidung enthält ein Moment inhaltlicher Indifferenz, weil der juristische Schluß nicht bis zum letzten Rest aus seinen Prämissen ableitbar ist [...]. Von dem Inhalt der zugrundeliegenden Norm aus betrachtet ist jenes konstitutive, spezifische Entscheidungsmoment etwas Neues und Fremdes. Die Entscheidung ist, normativ betrachtet, aus einem Nichts geboren. Die rechtliche Kraft der Dezision ist etwas anderes als das Resultat der Begründung." Vgl. auch Hofmann (1972: 160). Zur Problematik, dass entschieden werden muss, wo logisch-rational eine Entscheidung unmöglich ist, vgl. auch Wagner-Egelhaaf (2009).

8   Händler (2010: 51).

9   Ebd.

terreichischen Kaiser, indem er mit den verfeindeten Schweden paktiert und im Zuge dessen seine eigene Machtstellung auszubauen vermag – oder er fügt sich dem kaiserlichen Diktat, was jedoch die Aufgabe seiner Position als privilegierter, nahezu autonomer Feldherr bedeutet. Verrat oder schmerzliche Anerkennung der kaiserlichen Macht, so lauten die Alternativen, zwischen denen sich Wallenstein zu entscheiden hat. Ob man den Text bereits aufgrund des so skizzierten Kernproblems als „Entscheidungsdrama"[10] bezeichnen kann, erscheint fraglich, wenn man sich vergegenwärtigt, dass nahezu jedes Drama bzw. jede Tragödie in der einen oder anderen Weise ein Entscheidungsproblem thematisiert. Vorsichtiger spricht Schings von einem „prägnanten, schicksalsträchtigen Moment"[11], um den Schillers *Wallenstein* kreise. Allerdings geht die These vom ‚Entscheidungsdrama Wallenstein' möglicherweise doch nicht ganz fehl, betrachtet man die Diktion, derer sich ein Offizier bedient, um den Feldherrn auf jene ‚Prägnanz des Moments' aufmerksam zu machen:

O! nimm der Stunde wahr, eh' sie entschlüpft.
So selten kommt der Augenblick im Leben,
Der wahrhaft wichtig ist und groß. Wo eine
Entscheidung soll geschehen, da muß Vieles
Sich glücklich treffen und zusammenfinden, –
Und einzeln nur, zerstreuet zeigen sich
Des Glückes Fäden, die Gelegenheiten,
Die nur in Einen Lebenspunkt zusammen
Gedrängt, den schweren Früchteknoten bilden.
Sieh! Wie entscheidend, wie verhängnisvoll
Sich's jetzt um dich zusammen zieht! – […] (P 928-938)

Zweimal fällt hier das Wort ‚Entscheidung' und der Hinweis, dass sich in einem solchermaßen entscheidenden Moment vieles treffen und zusammenfinden müsse, kann den hier angestellten Überlegungen zur Entscheidungsproblematik im *Wallenstein* als Ansatzpunkt dienen: Denn, so soll im Folgenden argumentiert werden, Schillers Trilogie stellt eine äußerst differenzierte und vielschichtige Dramatisierung des Entscheidungsproblems dar. Der Text entfaltet ein Interaktionsspiel verschiedener Entscheidungslogiken, Entscheidungssituationen sowie Entscheidungsträger und -trägerinnen und entwirft in diesem Sinne ein komplexes dezisionistisches Szenario. Darüber hinaus problematisiert das Drama die Entscheidungsprinzipien und die entsprechenden Figuren in Entscheidungsnöten, indem diese mit internen Differenzen, Inkonsistenzen und Mehrdeutigkeiten versehen werden.

---

10 Müller-Seidel (1976: 370).
11 Schings (1990: 291).

1.1   Ein Rechenkünstler von Cäsarischem Geiste oder: Wallensteins charismatischer Dezisionismus

Bereits die erwähnte Ausgangskonstellation, d. h. die in Frage stehende Rebellion gegen den Kaiser, offenbart, dass der Text ein ‚Drama der Macht' auf höchster Ebene in Szene setzt und so ist denn auch das im Prolog alludierte ausufernde Machtstreben Wallensteins ein zentrales Thema. Relevant für das Problem des Entscheidens ist dieser Aspekt in doppelter Hinsicht, stellen doch Machterhalt und -expansion einerseits das erklärte Ziel von Wallensteins Entscheidungen dar. Andererseits ist die Wirkung zu eruieren, die Wallensteins machtvolles Auftreten und Agieren auf die übrigen Figuren ausübt, da Macht schwerlich ohne ihre Anerkennung auskommt. Gleichzeitig kann anhand einer Betrachtung dessen, wie Wallenstein von anderen Figuren wahrgenommen wird, ermessen werden, welcher Erfolg seinem ‚Entscheidungskalkül' im Text zugesprochen wird.

„Wer unter seinem Zeichen tut fechten, / Der steht unter besondern Mächten" (WL 350-351). – Dieser Ausspruch eines unter Wallensteins Kommando stehenden Soldaten resümiert pointiert das Ansehen, das der Herzog in den Reihen der Armee genießt. Mehr noch demonstrieren die sich unmittelbar anschließenden Verse, dass sein Ruf als exzeptioneller Feldherr zur Mythenbildung einlädt: „Denn das weiß ja die ganze Welt, / Daß der Friedländer einen Teufel / Aus der Hölle im Solde hält" (WL 352-354). Nicht nur ein Teufelsbündnis, auch der Besitz einer „Salbe von Hexenkraut" (WL 367), die ihn unverwundbar mache, wird Wallenstein nachgesagt. Eindringlich beschwören sowohl die Soldateska (vgl. WL 805-807) als auch die militärische Führungsriege die unifikatorische Kraft ihres Oberbefehlshabers (vgl. P 231-240). Sein politischer Einfluss geht dabei weit über das hinaus, was einem Generalissimus gemeinhin zuerkannt wird: Schon in *Wallensteins Lager* wird ein lebhafter Disput darüber geführt, ob der Kaiser oder der Herzog Herr im Reich ist (vgl. WL 845-894) und der kaiserliche Gesandte Questenberg beklagt nach einem Besuch im Lager mit einigem Unbehagen: „Hier ist kein Kaiser mehr. Der Fürst ist Kaiser!" (P 294). Insgesamt wird Wallenstein sowohl von seinen Gefolgsleuten als auch von seinen Gegnern als Charismatiker[12] mit so herausragenden Führungsqualitäten eingeschätzt, dass er zur Bedrohung des politischen Souveräns wird.

Bemerkenswert für die hier verfolgte Untersuchungsperspektive einer ‚Ästhetik des Dezisionismus' ist nun, dass die skizzierte charismatische Aura Wallensteins – erneut bereits im Prolog – in Worte gekleidet wird, die jenen Machtmenschen als Künstler erscheinen lassen. So ist etwa vom Herzog als einem „Schöpfer kühner

---

12 Vgl. hierzu auch Riedls Analyse zur Bedeutung des Charisma-Begriffs für den Text (Riedl 2006: insb. 94-98).

Heere" (WL 94) die Rede. Als ein solcher Schöpfer inszeniert sich Wallenstein im großen Monolog des dritten Teils der Trilogie selbst, wenn er seine Verdienste beim Aufbau der kaiserlichen Armee folgendermaßen beschreibt: „[…] Doch innen / Im Marke lebt die schaffende Gewalt, / Die sprossend eine Welt aus sich geboren. […] Ich sollte aufstehn mit dem Schöpfungswort / Und in den hohlen Läger Menschen sammeln" (WT 1792-1807). In übersteigertem Selbstlob sinniert er über den Erfolg seines damaligen Rekrutierungsunternehmens: „Ich tat's. Die Trommel ward gerührt. Mein Name / Ging wie ein Kriegsgott durch die Welt. Der Pflug, / Die Werkstatt wird verlassen, alles wimmelt / Der altbekannten Hoffnungsfahne zu – / […] Es ist der Geist, der sich den Körper baut, /" (WT 1808-1813). Riedl analysiert diesen Zusammenhang wie folgt: Im Monolog „stilisiert sich der vom Kaiser mittlerweile geächtete Feldherr selbst zu einem prometheischen Creator ex nihilo, ja zu einem Künstlergenie […].“[13] Auch der ihm bis zur Kenntnis seines Verrats treu ergebene Max Piccolomini rühmt Wallensteins künstlerisch-geniales Geschick bei der Armeeführung:

Und eine Lust ist's, wie es alles weckt
Und stärkt und neu belebt um sich herum,
Wie jede Kraft sich ausspricht, jede Gabe
Gleich deutlicher sich zeigt in seiner Nähe!
Jedwedem zieht er seine Kraft hervor,
Die eigentümliche, und zieht sie groß,
[…]; so weiß er aller Menschen
Vermögen zu dem seinigen zu machen. (P 424-433)

Hier indiziert insbesondere die Formulierung, es sei eine „Lust", den Feldherrn bei seinen Schachzügen zu beobachten, dass Wallensteins Machtstreben ein die Sinne ergreifendes, ein ganz und gar ästhetisches Schauspiel darstellt.

Aber noch in anderer, oben bereits angedeuteter Hinsicht fungiert die Figur Wallenstein als ästhetischer Stimulus des Textes. Wurde im Falle der Soldaten auf die Tendenz hingewiesen, einigermaßen abenteuerliche Mythen über ihren militärischen Führer zu kreieren, so ist es abermals Max Piccolomini, der sich in einer Huldigung Wallensteins zu folgender, im wahrsten Sinne des Wortes hochgegriffener Analogie hinreißen lässt: „Wie er sein Schicksal an die Sterne knüpft, / So gleicht er ihnen auch in wunderbarer, / Geheimer, ewig unbegriffner Bahn" (P 2549-2551). Auch bescheinigt Max dem „seltne[n] Mann" (P 444) in mystifizierendem Gestus einen politischen Instinkt, der dem inneren „Orakel" (P 459) des Feldherrn entspringe. Und es sind die zum Mord am Herzog entschlossenen

---

13 Riedl (2006: 98).

Offiziere Buttler und Gordon, die einer derartigen Legendenbildung die retrospektive genealogische Fundierung liefern, wenn sie die schon in der Jugend zutage tretende Exzeptionalität Wallensteins narrativ entfalten (vgl. WT 2548-2577). Besonders bemerkenswert ist dabei Gordons Bericht über den jungen Wallenstein, der diesem abermals schöpferische Fähigkeiten andichtet: „Doch oft ergriff's ihn plötzlich wundersam, / Und der geheimnisvollen Brust entfuhr, / Sinnvoll und leuchtend, ein Gedankenstrahl, / Daß wir uns staunend ansahn, nicht recht wissend, / Ob Wahnsinn, ob ein Gott aus ihm gesprochen" (WT 2555-2559). Dass die Figur des Feldherrn einigen Anlass zur Mythenproduktion gibt, kulminiert in der Furcht der von Buttler für den Mord an Wallenstein angeheuerten Hauptmänner, hier einen zu töten, der „mit der Teufelskunst behaftet" (WT 3338) sei. Geradezu satirische Züge erhält diese Episode, wenn die Hauptleute bauernschlau beschließen, einen befreundeten Dominikanermönch um die Weihung und Segnung des Mörderschwertes zu bitten, um den Bann des großen Feldherrn zu brechen (vgl. WT 3343-3348). Wallensteins Charisma, seine machtvolle Aura als herausragender Feldherr ist, so lässt sich resümieren, nicht nur entscheidend in dem Sinne, dass dieser Charakterzug zu unumwundenen Loyalitätserklärungen verschiedener Parteien führt. Darüber hinaus lassen jene Fremdwahrnehmungen erkennen, dass Wallensteins Erscheinung eine Ästhetik der Macht initiiert, von der die Dynamik des Textes in erheblichem Maße vorangetrieben wird.

Doch nicht nur eine charismatische Ausstrahlung, sondern auch ein ausgeprägter Sinn für strategische Schachzüge auf der politischen Bühne zeichnen diesen Wallenstein aus. Der von ihm enttäuschte und am Mordkomplott gegen ihn beteiligte Offizier Buttler ergreift in kritischer Absicht das Wort:

> Ein großer Rechenkünstler war der Fürst
> Von jeher, alles wußt' er zu berechnen,
> Die Menschen wußt' er, gleich des Brettspiels Steinen,
> Nach seinem Zweck zu setzen und zu schieben,
> Nicht Anstand nahm er, andrer Ehr und Würde
> Und guten Ruf zu würfeln und zu spielen.
> Gerechnet hat er fort und fort und endlich
> Wird doch der Kalkul irrig sein, er wird
> Sein Leben selbst hinein gerechnet haben, […]. (WT 2853-2861)

Diese Aussage ist in doppelter Hinsicht bemerkenswert: Einerseits wird hier die Kehrseite jener charismatischen Führungsstärke des Feldherrn artikuliert, nämlich das Absehen von Menschlichkeit und Moral auf dem ‚politischen Spielfeld'[14]

---

14 Guthke (1994) hält das Moment des Spiels für einen ästhetischen Schlüsselbegriff zum Verständnis von Schillers Drama.

und, dies wird noch näher zu betrachten sein, die ‚Fehlerhaftigkeit' seines Kalküls. Wallenstein selbst ist freilich über die Fehlkalkulationen und -urteile, die im Text fortwährend mit einem exzessiven Machtbegehren in Verbindung gebracht werden, für einen erheblichen Zeitraum der dramatischen Handlung nicht im Bilde; im Gegenteil wähnt er sich in *Die Piccolomini*, als er bereits vom kaiserlichen Plan seiner Absetzung Kenntnis genommen hat, noch gänzlich auf dem Höhepunkt seiner Macht. Schillers Protagonist verfällt hier wie so oft in freimütig artikulierten Größenwahn und inszeniert sich als undurchschaubares strategisches Genie: „Und woher weißt du, daß ich ihn [den Feind, die Schweden, C. R.] nicht wirklich / Zum Besten habe? Daß ich nicht euch alle / Zum Besten habe? […] / Es macht mir Freude, meine Macht zu kennen; […]" (P 861-868). Und Wallenstein scheut sogar, von Max mit dem Vorwurf des Verrats am Kaiser konfrontiert, den Vergleich mit keinem Geringeren als Cäsar nicht, um sein Vorgehen zu rechtfertigen (vgl. WT 835-843). Doch das Drama kennt mindestens drei Figuren, die sich vom ‚Cäsarischen Geist' (vgl. WT 842) des Feldherrn wenig beeindruckt zeigen und jenen vermeintlich Undurchschaubaren ihrerseits auf sehr unterschiedliche Art zu berechnen wissen, was aber auch heißt: Wallensteins Entscheidungen in erheblichem Maße beeinflussen. Es handelt sich um die Generäle Octavio Piccolomini und dessen Sohn Max sowie um die Gräfin Terzky. Diese Figuren haben eine die Figur Wallenstein reflektierende Funktion, indem sie in ihrer Entscheidungsstärke einerseits das vom Text entfaltete ‚Spiel der Macht' um weitere Dimensionen erweitern und im Zuge dessen das Gegeneinander verschiedener Machtpositionen in Szene setzen. Zusätzlich vermag eine Betrachtung dieser Figuren die These vom unbeirrbaren Machtmenschen Wallenstein insofern zu relativieren, als sich der Herzog in den Interaktionen mit ihnen merklich entscheidungsschwach zeigt, ja plötzlich nicht mehr in erster Linie unter besonderen, sondern unter sehr menschlichen, irdischen Mächten zu stehen scheint.

1.2   Auf das falsche Pferd gesetzt – die politische ‚Höllenkunst' des Octavio und das Herz des Feldherrn

Octavio Piccolomini, Wallensteins erklärter Gegenspieler, ist von Beginn an zur Mitarbeit am Sturz des Herzogs entschlossen. Er wird dabei durch einen kaiserlichen Auftrag gestützt, wie seiner Unterredung mit dem Gesandten aus Wien unmissverständlich zu entnehmen ist (vgl. P 296-302). Genauso unumwunden jedoch macht dieser Octavio deutlich, wie schrankenlos das Vertrauen ist, das ihm Wallenstein entgegenbringt. Dabei ist bemerkenswert, dass der Initiationsmoment jener besonderen Verbundenheit, die der Herzog gegenüber Octavio verspürt, im

Text auf eine doppelte Traumepisode zurückgeführt wird: Octavio berichtet, wie er am Morgen der Lützner Schlacht aus einem „böse[n] Traum" (P 363) erwacht sei, der ihn veranlasst habe, den Feldherrn aufzusuchen und ihn vor dem Gebrauch eines bestimmten Kriegspferds zu warnen (vgl. P 363-364). Er findet Wallenstein entfernt vom Lager unter einem Baum schlafend und, nach ausgesprochener Warnung, von einer unverhältnismäßigen Rührung ergriffen (vgl. P 365-370). Es folgt Octavios abgründiges, verräterisches Bekenntnis, das die Brisanz des Verrats noch steigert: „Seit jenem Tag verfolgt mich sein Vertrauen / In gleichem Maß, als ihn das meine flieht" (P 371-372). Doppelt ist dieses Traumintermezzo insofern, als Wallensteins eigentümliche Ergriffenheit ihrerseits auf einen Traum zurückzuführen ist, wie man in *Wallensteins Tod* (II/3) erfährt. Dort erzählt Wallenstein seinem Offizier Illo, dass er in jener Nacht kurz vor dem Einschlafen auf ein Zeichen des Schicksals dahingehend hofft, wer sein treuster Gefährte ist und einigermaßen eigenmächtig beschließt, es solle derjenige sein, der ihm am kommenden Morgen „mit einem Liebeszeichen" (WT 924) begegne. Und es ist, wie der Leser bzw. die Leserin bereits weiß, Octavio Piccolomini, der die besagte Warnung ausspricht, nicht ‚auf das falsche Pferd zu setzen', die doppelbödiger nicht sein könnte. Auffällig an dieser Episode ist zweierlei: Erstens hintergeht Octavio ganz bewusst jemanden, der mit einem Verrat von seiner Seite am wenigsten rechnet. Der Text zeichnet Octavio Piccolomini hier als rücksichtslosen Strategen, der kaum Skrupel zeigt, die Zuneigung, die Wallenstein ihm entgegenbringt, für das Komplott gegen ihn nutzbar zu machen (vgl. dazu auch P 343-344). Zweitens deutet sich hier an, dass Wallenstein in seinem Vertrauen auf Octavio alles andere als rational oder strategisch handelt und in seiner Zuneigung Wesentliches übersieht, indem er seinen größten Widersacher über weite Strecken des Dramas für seinen Intimus hält. Dementsprechend groß ist schließlich auch die Enttäuschung, als der Herzog von Octavios Verrat erfährt. Nimmt er die ihn kurz davor ereilende Nachricht, dass sich Isolani von ihm abgewandt hat, noch mit der Gelassenheit des großen Rechenkünstlers entgegen[15], so ist seine Reaktion auf Octavios Beteiligung an der Verschwörung deutlich emotionaler: „*Wallenstein sinkt auf einen Stuhl und verhüllt sich das Gesicht*" (WT S. 212), so die entsprechende Regieanweisung. Und sobald er die Worte wiederfindet, stellt er heraus, dass er sich von Octavio keinesfalls strategisch überlistet, sondern, ein ihm bis dato ferner Charakterzug, moralisch bzw. menschlich hintergangen sieht: „Das war kein Heldenstück, Octavio! / Nicht deine Klugheit siegte über meine, / Dein schlechtes Herz hat über mein gerades / Den schändlichen Triumph

---

15   „Und tut er unrecht, daß er von mir geht? / Er folgt dem Gott, dem er sein Leben lang / Am Spieltisch hat gedient. Mit meinem Glücke / Schloß er den Bund und bricht ihn, nicht mit mir. [...] Ja der verdient, betrogen sich zu sehn, / Der Herz gesucht bei dem Gedankenlosen!" (WT 1622-1635).

davongetragen. / […] Ein Kind nur bin ich gegen solche Waffen" (WT 1681-1687). Wallensteins Enttäuschung geht sogar so weit, dass er Octavio der „Höllenkunst" (WT 2105) bezichtigt. Und wieder ist es Wallensteins „Herz" das sich betrogen fühlt, ja mehr noch habe er jenen „Lügekundigsten" (WT 2107) mit „Herzblut" (WT 2111) genährt, „[i]m Herzen [s]eines Herzen eingeschlossen" (WT 2118), so die nachdrücklich verbitterte Klage. Offensichtlich scheinen also die sonst für den Herzog so bedeutsamen Entscheidungskategorien ‚Strategie', ‚Macht' und ‚Kalkül' im Falle Octavios suspendiert. Hier wird eine andere Triebfeder als handlungsleitend benannt, nämlich das vielzitierte Herz, eine dezidiert affektive Instanz. Noch betont wird dies, wenn er sein eigenes Verhalten als kindlich (vgl. WT 1687) tituliert, was die Konnotationen von Unschuld und Natürlichkeit evoziert.

Neben dem Umstand, dass Octavio in Wallenstein menschliche Gefühle weckt, erlebt man den alten Piccolomini ganz im Gegensatz zu Wallenstein in der Tat als fähigen und verschlagenen Strategen auf dem Feld der politischen Ränke. Octavio selbst fühlt sich im Besitz eines „Kalkuls" (WT 970), welches das Drama in zwei bemerkenswerten Auftritten (WT II/5 und II/6) zur Darstellung bringt. So ist Wallensteins Widersacher bestrebt, zuerst den Offizier Isolani, dann Buttler auf die Seite der Kaisertreuen zu ziehen. Mit einiger Menschenkenntnis gewinnt er Ersteren für seine Sache, indem er auf die Autoritätshörigkeit Isolanis setzt und ihn mit einiger List manipuliert. Im Falle Buttlers taktiert Octavio mit der Eitelkeit bzw. dem Titelwahn Buttlers und führt zusätzlich Wallenstein als Schuldigen daran ins Feld, dass Buttlers Bemühungen um den Grafentitel erfolglos blieben; ob diese Schuldzuweisung zutreffend ist, lässt der Text im Übrigen offen. Ein Stratege und seinerseits Machtmensch ist Octavio Piccolomini, daran lässt Schillers Zeichnung der Figur wenig Zweifel. Gleichwohl wird auch er mitnichten als konsistent Handelnder gezeigt: Etwa am Schluss des Dramas bezichtigt er den von ihm selbst auf Wallenstein angesetzten Buttler des „blutig grauenvollen Meuchelmord[s]" (WT 3788) und ist dementsprechend erschrocken über eine Tat, an der er selbst maßgeblich beteiligt war. Das Erschrecken über sich selbst verdichtet sich in der letzten Regieanweisung des gesamten Dramas: Octavio wird ein kaiserlicher Brief mit dem vorwurfsvollen Kommentar „Dem *Fürsten* Piccolomini." (WT 3867) überreicht, woraufhin es heißt: „*Octavio erschrickt und blickt schmerzvoll zum Himmel*" (WT S. 293).

1.3   „[E]in großer König sein – im Kleinen!"
Gräfin Terzkys rhetorische Macht

„Ich will es lieber doch nicht tun" (WT 414) – Es ist Wallenstein, der hier merklich
unsicher seine Zweifel darüber zum Ausdruck bringt, ob er das Bündnis mit Schweden eingehen und damit Hochverrat begehen soll. Zuvor ist der Herzog aufgrund
der Gefangennahme seines nach Schweden geschickten Unterhändlers durch die
kaiserlichen Truppen in Bedrängnis geraten (vgl. WT I/2). Die Unentschiedenheit
bezüglich der nächsten Handlungsschritte setzt sich im Gespräch mit dem schwe-
dischen Oberst Wrangel fort und Wallenstein beendet die Unterhaltung mit den
Worten: „Ihr drängt mich sehr. Ein solcher Schritt will wohl / Bedacht sein" (WT
408-409). Nur kurze Zeit später jedoch lässt dieser Unentschlossene Max Piccolomini wissen: „Urteile nicht! Bereite dich zu handeln. / […] – Wir werden mit den
Schweden uns verbinden" (WT 704-707). Woher dieser plötzliche Sinneswandel?
Es sind keinesfalls die Offiziere Illo und Terzky, die Wallenstein zu diesem Schritt
motivieren, sondern keine Geringere als die Gattin des letzteren, Gräfin Terzky.
Man kann den siebten Auftritt des ersten Aufzuges von *Wallensteins Tod*, in dem
es zum Zwiegespräch zwischen dem Feldherrn und der Gräfin kommt, als entscheidenden Wendepunkt des Dramas bezeichnen, da an dessen Ende der finale
Entschluss Wallensteins für das Bündnis mit Schweden gefällt wird. Die Gräfin
zeigt sich in dem Gespräch als äußerst geschickte Rhetorikerin, die erstens eine
Agenda verfolgt und zweitens über die Schwächen ihres Gesprächspartners bestens
im Bilde ist. Schon der Anfang der Szene ist bezeichnend:

> Terzky. Der Herzog will nicht.
> Gräfin. Will nicht, was er muß? (WT 450)

Suggestivfragen dieser Art wird Gräfin Terzky im Verlauf der Unterredung noch
einige mehr stellen und in diese Form kleidet sie auch ihr erstes Argument, wenn es
heißt: „Nur in Entwürfen bist du tapfer, feig / In Taten? […]" (WT 459-460). Einem
Feldherrn wie Wallenstein Feigheit zu unterstellen, setzt bei seinem Ehrgefühl
und seinem Machtbewusstsein an, Charakterzüge, die die Gräfin offensichtlich als
Schwachstellen des Herzogs identifiziert hat. Auf Wallensteins Aussage, er wolle
den Hochverrat vermeiden (vgl. WT 484), reagiert sie mit dem Alternativvorschlag,
einen Kniefall vor dem Kaiser in Erwägung zu ziehen (vgl. WT 489-494), nicht ohne
direkt im Anschluss mit einiger Süffisanz ein lebhaftes Bild der Konsequenzen eines
solchen Schrittes zu zeichnen:

An einem Morgen ist der Herzog fort.
Auf seinen Schlössern wird es nun lebendig,
Dort wird er jagen, bau'n, Gestüte halten,
Sich eine Hofstatt gründen, goldne Schlüssel
Austeilen, gastfrei große Tafeln geben,
Und kurz ein großer König sein – im Kleinen!
Und weil er klug sich zu bescheiden weiß,
Nichts wirklich mehr zu gelten, zu bedeuten,
Läßt man ihn scheinen, was er mag, er wird
Ein großer Prinz bis an sein Ende scheinen. (WT 506-515)

Die Vision einer solchen Existenz ohne politische Macht als, so die Gräfin, „über-
nächtiges / Geschöpf der Hofgunst" (WT 518-519) bereitet Wallenstein heftiges
Unbehagen und er selbst formuliert seine Furcht sowie die ihn treibende Kraft in
aller Klarheit: „Wenn ich nicht wirke mehr, bin ich vernichtet" (WT 528). Es ließen
sich noch einige weitere Schachzüge der Gräfin nachvollziehen, die ihre Wirkung
auf Wallenstein nicht verfehlen. Am einflussreichsten scheint jedoch der Hinweis
auf den drohenden Machtverlust zu sein. Dass sie mit dieser Strategie offenbar ins
Schwarze getroffen hat, bleibt der Gräfin nicht verborgen und sie spitzt die Situation
zu, wenn sie den Konflikt zwischen Wallenstein und dem Kaiser als einen Streit
zwischen Ebenbürtigen und noch dazu in appellativem Gestus als einen schicksalsträchtigen Moment ausweist:

Gestehe denn, daß zwischen dir und ihm
Die Rede nicht kann sein von Pflicht und Recht,
Nur von der Macht und der Gelegenheit!
Der Augenblick ist da, wo du die Summe
Der großen Lebensrechnung ziehen sollst,
Die Zeichen stehen sieghaft über dir,
Glück winken die Planeten dir herunter
Und rufen: es ist an der Zeit! [...] (WT 624-631)

Der gewünschte Effekt, Wallensteins Absage an die kaiserliche Autorität, bleibt
erwartungsgemäß nicht aus. Der Text erweitert das Spiel der Macht durch die
Intervention der Gräfin Terzky um die Position einer weiblichen Figur, die ihren
Einfluss vornehmlich auf dem Gebiet der Rhetorik geltend macht. Zusätzlich über-
nehmen sie und Octavio Piccolomini die dramaturgische Funktion, dem Bild von
Wallenstein als einem Subjekt der Macht dessen Kehrseite eines der Macht anderer
Unterworfenen zur Seite zu stellen.[16]

---

16 Vgl. Müller-Seidel (1976: 373).

1.4   Der Abgrund des geraden Weges –
Max Piccolominis Entscheidung

Wenngleich Schillers Drama die Entscheidung Wallensteins fokussiert, gibt es eine
Figur, die vielleicht in noch stärkerem Maße in Entscheidungsprobleme verstrickt
ist als der Herzog selbst, nämlich Max Piccolomini. In seinem Falle entfaltet der
Text ein überaus komplexes Szenario unterschiedlicher Entschlusssituationen.
Ausgangspunkt des Konflikts ist dabei die nahezu uneingeschränkte Treue, die
Max Wallenstein entgegenbringt (vgl. etwa P 579-582) und die es ihm schwermacht,
Position gegen den Abtrünnigen zu beziehen. Max' grundsätzliche Entscheidung
ist also die für oder gegen Wallenstein, woraus sich zwei weitere nicht minder
schwerwiegende Dilemmata entspinnen: einerseits der Entschluss für oder gegen
seinen Vater Octavio und andererseits für oder gegen Thekla, seine Geliebte, die
ausgerechnet Wallensteins Tochter ist. Ohne dieser Problematik im Einzelnen
nachgehen zu können, ist herauszustellen, dass das Drama mit Max Piccolomini
eine Figur entwirft, die sich im Gegensatz zu den übrigen Entscheidungsträgern
mit veritablen moralischen Problemen konfrontiert fühlt. Damit wird eine weitere Entscheidungsmaxime jenseits von strategischem Kalkül präsentiert, die
insbesondere in einer Auseinandersetzung der beiden Piccolomini deutlich zum
Ausdruck kommt, wenn Max erklärt: „[…] Mein Weg muß gerad sein" (P 2604).
Octavios Position spricht er im Kontrast dazu jede Redlichkeit ab und bezichtigt
ihn der Intriganz (vgl. P 2632-2634). Mehr noch konstatiert er im Sinne einer
selbsterfüllenden Prophezeiung eine Mitschuld des Vaters an Wallensteins Verrat:
„[…] Ja, Ihr könntet ihn, / Weil ihr ihn schuldig wollt, noch schuldig machen" (P
2634-2635). Für Max ist das sich ihm darbietende Schauspiel wechselnder politischer
Allianzen kein fatalistisch hinzunehmendes Resultat der von Octavio beschworenen
„Staatskunst" (P 2631). Er sieht sich vor eine Gewissensfrage (vgl. P 2606) gestellt,
vor eine Parteinahme, die für ihn in doppelter Hinsicht prekär ist, wie folgender
Ausspruch demonstriert, mit dem der zweite Teil der Trilogie schließt: „Rein muß
es bleiben zwischen mir und ihm, / Und eh' der Tag sich neigt, muß sich's erklären,
/ Ob ich den Freund, ob ich den Vater soll entbehren" (P 2649-2651). Im Gestus
der Aufrichtigkeit versucht er dann auch im direkten Gespräch Wallenstein durch
einen Appell an sein Ehrgefühl von den Umsturzplänen abzubringen (vgl. WT
821-823), wobei seine Intervention erfolglos bleibt. Voller Verzweiflung ob des
allgegenwärtigen Verrats (vgl. WT S. 182 und S. 194) kontrastiert er die politische
Sphäre mit derjenigen der zwischenmenschlichen Liebe, die ihm in Gestalt seiner
Geliebten Thekla einzig Rettung zu versprechen scheint (vgl. WT 1218-1221). Dem
Vater gegenüber bekräftigt er seine Entscheidungsmaxime mit den Worten „Dein
Weg ist krumm, er ist der meine nicht." (WT 1192), allerdings verabschiedet er sich

von Octavio auch nicht ohne ein Signal der Zuneigung (vgl. WT S. 197). Daran, dass er seinem Entscheidungsprinzip treu bleibt, ändert mithin auch die Liebe zu Thekla nichts, wenngleich die Gräfin Terzky darauf hofft, Max über ein Ultimatum der Tochter an den Vater binden zu können (vgl. WT 1309-1310 und 1320). Thekla ihrerseits wird von Max in sein Entscheidungsdilemma miteinbezogen, wenn dieser das letzte Votum an sie abzugeben versucht (vgl. WT 2336-2337). Wallensteins Tochter jedoch entzieht sich dieser Verantwortung, indem sie dem Verzweifelten zu verstehen gibt, er habe sich längst für die Einhaltung seiner Pflicht gegenüber dem Kaiser entschieden (vgl. WT 2342-2343) und sie wird Recht behalten. Auch Wallensteins rühriger Versuch, Max als seinen Sohn im Geiste zu stilisieren und daraus eine Verbindlichkeit abzuleiten, schlägt fehl (vgl. WT 2142-2175).

Um an dieser Stelle zusammenzufassen: Max Piccolominis Entscheidung für das Lager des Kaisers führt dazu, dass er sich von den drei Figuren, dem Vater, dem Vorbild Wallenstein sowie der Geliebten, abwenden muss, denen er sich in unterschiedlicher Weise verbunden sieht. Sicherlich handelt Max gemäß einem höheren Ideal, wobei der Text in aller Deutlichkeit auf den Preis aufmerksam macht, den seine Entscheidung nach sich zieht, wenn es von ihm, der im Kampf auf Seiten der kaiserlichen Truppen schließlich stirbt, heißt: „[…] man sagt, er wollte sterben" (WT 3072). Angedeutet wird hier, dass Max zwar die Entscheidung für den Kaiser trifft, daraufhin jedoch den Lebensmut verliert.[17] Das Drama problematisiert also auch die anhand von Max Piccolomini demonstrierte Entscheidungsmaxime, indem sie letztlich in ihrem Scheitern vorgeführt wird. Herauszustellen bleibt, dass sich wiederum Wallenstein trotz seiner Enttäuschung über Max' Entschluss äußerst betroffen von dessen Tod zeigt (vgl. WT 3438-3455). Diese Reaktion demonstriert ein weiteres Mal, dass der Feldherr keinesfalls nur der kalte Stratege und Machtmensch ist, als der er sich so gerne zeigt.

1.5   Entscheidungshilfe von oben – Wallensteins Blick in die Sterne

Schillers Dramenheld ist nach dem bisher Gesagten einerseits eine entscheidungsstarke Figur und er hat eine folgenschwere Entscheidung zu treffen, geht es doch um Hochverrat und damit um nicht weniger als sein Leben. Doch bei der Darstellung dieses Entscheidungsprozesses tritt ein zusätzliches Charakteristikum

---

17   Guthke (1994: 200) bezeichnet Max' Dilemma daher als „Paradoxie des sich selbst zerstörenden Idealismus", da er nicht einem „inhaltlich erfüllten Idealismus" (ebd.: 201), sondern einem „formal-idealistischen Prinzip der Wahrhaftigkeit und Gradheit" (ebd.) folge.

Wallensteins hervor, ein entscheidendes mithin: sein Hang zum Grüblerischen
(vgl. dazu Wallensteins Monolog WT I/4), Melancholischen,[18] Abgründigen und
auch zum Irrationalen; sinnfällig resümiert in der Beobachtung eines Soldaten
„Denn er denkt gar zu tiefe Sachen" (WL 636). Symptomatisch kulminiert dieser
Charakterzug in den astrologischen Überzeugungen des Feldherrn, denn es sind
die Sterne, die er bei seinen politischen Entscheidungen immer wieder zu Rate
zieht. Über die Bedeutung des astrologischen Motivs in Schillers Wallenstein ist
in der Forschung kontrovers diskutiert worden[19] und bereits die Komposition des
Dramas legt es nahe, Wallensteins Glauben an die Sterne genauer zu betrachten,
schließt sich doch sein erster Auftritt in II/2 der *Piccolomini* unmittelbar an eine
Eröffnungsszene (vgl. P II/1) an, die den Hausastrologen des Feldherrn in artifizi-
ell-magischer Szenerie auftreten lässt. Für das hier fokussierte Thema der ‚Entscheidung' ist es insofern von Belang, als Wallenstein die Astrologie als ein prognostisch
zuverlässiges Erkenntnisinstrument und damit als eine Art ‚Entscheidungshilfe'
ausweist (vgl. etwa P 986-999). Allerdings wird Wallensteins Sternenglaube im
Text fortgesetzt problematisiert, wenn etwa andere Dramenfiguren jenes Faible
als seltsam irrationalen Zug des Herzogs deuten, der sein strategisches Geschick
unterminiere und ihn zu wenig zielführenden Zweifeln verleite. So äußert sich
etwa Illo: „O! du wirst auf die Sternenstunde warten, / Bis dir die irdische entflieht!
Glaub' mir, / In deiner Brust sind deines Schicksals Sterne. / Vertrauen zu dir selbst,
Entschlossenheit / Ist deine Venus! Der Maleficus, / Der einz'ge der dir schadet,
ist der Zweifel" (P 960-965 und vgl. P 1344-1352). Ein weiteres Detail des Textes
zeigt an, dass Wallensteins Neigung zur Astrologie und seine politische Existenz in
ein nicht unproblematisches Verhältnis zueinander gesetzt werden. Die Herzogin
nämlich weiß zu berichten, dass die Sternendeutung ihres Gatten zu einem Zeitpunkt begonnen habe, da seine politische Karriere in eine handfeste Krise geraten
sei, nämlich „seit dem Unglückstag zu Regenspurg" (WT 1402). Angespielt wird
dabei wohl auf das historisch verbürgte Szenario auf dem Regensburger Fürstentag
1630, Schauplatz von Wallensteins Absetzung als Oberbefehlshaber des Heeres.
    Versucht man die übergeordnete dramaturgische Funktion des astrologischen
Motivs zu bestimmen, ist sicherlich zusätzlich die zentrale Astrologie-Szene zu
betrachten, die sich direkt zu Beginn des dritten Teils der Trilogie findet (vgl. WT
I/1). Die planetarische Konstellation, die sich Wallenstein und seinem Hausastrologen darbietet, wird vom Herzog als „Glückseliger Aspekt" (WT 9) beschrieben:
Die beiden „Segensterne" (WT 11) Jupiter und Venus hätten den „Schadensstifter"
(WT 14) Mars eingekreist und auch Saturn, wie Mars ein Planet, dem sich Wal-

---

18   Vgl. hierzu ausführlich: Borchmeyer (1988), vgl. auch Hinderer (1992: 33).
19   Vgl. etwa Guthke (1994: 72), Godel (2009: 118f.), Sinn (2005), Wolf (1990).

lenstein nicht verbunden glaubt, sei „machtlos" (WT 24). Die Forschung kommt bezüglich dieser Szene zu äußerst heterogenen Deutungen, die an dieser Stelle nicht im Einzelnen nachvollzogen werden können.[20] Hier soll davon ausgegangen werden, dass die astrologische Schau zu Beginn von *Wallensteins Tod* die anstehende Entscheidung des Herzogs nicht beeinflusst, da nicht klar wird, welche konkreten Schlüsse Wallenstein aus der Betrachtung des Sternenhimmels zieht. Zwar beschließt er direkt im Anschluss an die Eingangsszene euphorisch „[…] Jetzt muß / Gehandelt werden, schleunig, […]" (WT 32-33). Als er aber kurz darauf erfährt, dass der von ihm nach Schweden gesandte Unterhändler gefangen genommen wurde (vgl. WT I/2), ist es mit seiner Tatkraft nicht mehr weit her und erst die Gräfin Terzky vermag Wallenstein, wie geschildert, zu einem finalen Entschluss zu bewegen. Ein überragender Einfluss der Astrologie auf die Entscheidungen des Feldherrn wird also im Verlauf des Dramas nicht bestätigt. Im Hinblick auf die dramaturgische Funktion des Astrologie-Sujets ist eher Schings' Interpretation zuzustimmen. Er stellt den Sternenglauben in eine Reihe mit den Motiven des Textes, die herangezogen werden, um das Bild vom Machtmenschen Wallenstein zu konterkarieren:[21]

Schiller hat viel getan, um den Feldherrn nicht als planen homo politicus erscheinen zu lassen – deshalb der astrologische Glaube, das Vertrauen zu Octavio, die Freundschaft

---

20 Etwa wird Wallenstein ein interpretatorisches Defizit bei der Beobachtung des Sternenhimmels nachzuweisen versucht. Borchmeyer (1988) argumentiert im Sinne seiner Melancholie-These, dass Wallenstein fälschlicherweise den Sieg versprechenden Jupiter (vgl. WT 30-32) und nicht Saturn, dessen Herrschaft ja laut Senis und Wallensteins Auslegung der Sternenkonstellation beendet sei (vgl. WT 23-29), für den ihm zugeordneten Planeten hält. Wallenstein ziehe „irrige Konsequenzen aus einer an sich zutreffend beobachteten Konstellation" (Borchmeyer 1988: 34) der Sterne und begreife nicht, dass sich auch seine Regentschaft dem Ende zuneige. Dieser vermeintliche Deutungslapsus der literarischen Figur Wallenstein wird von Borchmeyer und auch von Alt mit Erkenntnissen über das von Johannes Kepler erstellte Geburtshoroskop des historischen Wallenstein wenn auch nicht explizit begründet, wohl aber durch entsprechende historische Exkurse nahe gelegt. Vgl. Borchmeyer (1988: 21-24; 37), vgl. Alt (2000: 447). Ähnlich auch Sinn (2005: 159). Eine solch fragwürdige Parallelführung bringt den Verdacht mit sich, Wallenstein hätte es, wäre eine ‚korrekte' Lesart des Sternenbildes erfolgt, besser wissen, d. h. seinen nahenden Untergang vorausahnen können. Möglicherweise spielt Schiller hier mit dem historisch überlieferten Bild des Saturnikers Wallenstein. Ob aber die in dieser Szene vorgeführte astrologische Deutung für die Entscheidung des Herzogs maßgeblich ist, erscheint fragwürdig.

21 Reinhardt (1998: 405-406) spitzt diese Lesart zu, wenn er argumentiert, dass das Astrologie-Motiv „vom Dramatiker als Instrument der Ironisierung des sternengläubigen Militärstrategen virtuos gehandhabt" wird.

zu Max, lauter Motive einer ‚phantastischen Existenz' (Goethe), […] die Wallenstein scheinbar einen Ort jenseits der politischen Welt zuweisen.[22]

Schings führt diese Deutung noch weiter, wenn er ausführt, dass der nicht ausschließlich den Regeln des Machtspiels folgende Wallenstein letztlich zum tragischen Opfer der unbarmherzigen und hermetischen politischen Sphäre werde. Bemerkenswert ist dabei folgender Satz: „Was Wallenstein an politischer Klugheit einbüßt, gewinnt er an tragischer Dignität."[23] Man kann diese Beobachtung so verstehen, dass eine Figur, die unbeirrt und zweckrational gemäß ihrem Machtimpuls handelt, weniger Potential hat tragischer Held zu sein als ein mehrdimensionaler, eben auch zweifelnder, grüblerischer, irrationaler und schwankender Charakter wie Wallenstein.

2   Ein neuer Dezisionismus für die Gegenwartsliteratur?

Vor dem Hintergrund der höchst komplexen Entscheidungskonstellationen in Schillers *Wallenstein* werden im Folgenden an zwei konkreten Romanbeispielen Händlers eigene *literarische* Antworten auf sein Postulat, die Gegenwartsliteratur möge mehr Dezisionismus wagen und das menschliche Streben nach Macht und nach Geld thematisieren, in den Blick genommen.

2.1   Wenn *wir* sterben –
„Jeder Figur ihre Erzählerin, doch wer ist wir?*"*[24]

Tatsächlich führt Ernst-Wilhelm Händlers 2002 erschienener und 2003 mit dem Preis der SWR-Bestenliste ausgezeichneter Roman *Wenn* wir *sterben* mitten hinein in die Wirtschaftswelt der Reichen und der Mächtigen. Der Text präsentiert ein Geflecht von Figuren, wechselseitigen Abhängigkeiten, Interessen und Intrigen, das in gewisser Weise durchaus vergleichbar ist mit der komplexen und komplizierten Figurenkonstellation im *Wallenstein*. Indessen sind die Hauptakteure in Händlers Roman Frauen.[25] Charlotte kauft mit Hilfe ihrer beiden Freundinnen Christine

---

22   Schings (1990: 302).

23   Ebd.

24   Händler (2002: 367). Nachweise künftig im Text.

25   Der durchweg positiv besprochene Roman wurde wegen seines Realismus gelobt (vgl. etwa die Rezension von Ijoma Mangold [2002: 16], mit einem Ausschnitt aus derselben auf der Rückseite des Bucheinbands geworben wird: „Das macht die Größe des Buches

(Stine) und Bär eine mittelständische Firma. Allerdings trickst Stine Charlotte aus und bringt sich in Besitz des Unternehmens. Freilich verliert sie es wieder, als ein mit der Topmanagerin Milla geplantes Joint Venture, das Stine den Zugang zum Weltmarkt öffnen sollte, aufgrund eines Fehlers von Stine platzt und die Firma am Ende des Romans in Millas Hand übergeht. Händler stellt seine Protagonistinnen wie Spielfiguren auf. Es gibt keine auktoriale Erzählinstanz, vielmehr wird die Geschichte aus der wechselnden Perspektive der verschiedenen Figuren (zu denen noch weitere als die genannten kommen) erzählt, und zwar in jeweils sehr unterschiedlicher Sprach- und Stillage.[26] Der Autor ruft dabei sämtliche Register der modernen Romanpoetik auf.[27] Eine so charismatische Figur wie Wallenstein präsentiert Händler freilich nicht – in Zeiten (nach) der Postmoderne wäre dies wohl auch kaum zu erwarten. In gewisser Weise ist Stine die Hauptfigur, die mittels ihrer Intrige die Firma gewinnt und dann auch wieder verliert. Freilich ist ihre Fallhöhe nicht so hoch wie die Wallensteins; am Ende des Romans erlebt man sie als Beraterin von Skihotels. Obwohl Stine als Hauptfigur betrachtet werden kann, sind ihre Mit- und Gegenspieler/innen mehr oder weniger gleichberechtigt präsent. Im Geflecht der wechselseitigen Bezüge und Interessen treten die Figuren wenig konturiert in Erscheinung, auch deswegen, weil sie sich nicht nur durch ihre inneren Monologe selbst darstellen, sondern weil in diesen Monologen auch die Gegenfiguren perspektivisch erscheinen und sich Bilder und Gegenbilder überlagern. In diesem Sinn hat Niels Werber in der *taz* zutreffend geschrieben:

> Aber besteht diese Romanhandlung wirklich aus den Handlungen der Personen? Ergibt sie sich etwa aus dem, was Bär, Charlotte, Milla und Stine tun: organisieren, sabotieren, kaufen, verkaufen, entscheiden? Oder ist es nicht umgekehrt so, dass der Roman all das, was die Figuren tun, so verkettet, dass sich eine Handlung ergibt, die jedes der vielen Segmente des Romans erfasst? Müssen Romane überhaupt von Menschen handeln? Die „Verkettung tritt an die Stelle der Subjekte", haben Deleuze und Guattari über Kafka geschrieben. Antrieb und Organisation der Verkettung haben sie als „Maschine" und „Menschen" entsprechend als „Maschinenteile" aufgefasst. Genau darum scheint es bei Händler zu gehen: In „Wenn wir sterben" sind die Personen Elemente von Verkettungen, deren Logik die Ökonomie vorgibt.[28]

---

aus: Es ist ein Roman, der es mit der Wirklichkeit aufnimmt, ein in der deutschen Gegenwartsliteratur einzigartiger Wirklichkeitszugriff."). Wie realistisch dieses weibliche Figurenszenario angesichts der in der Wirtschaft immer noch vorherrschenden männlichen Machtverhältnisse ist, sei dahingestellt.

26   Vgl. auch Schulte (2012).

27   Pott (2004: 212) macht darauf aufmerksam, dass Händlers in fünf Teile gegliederter Roman den Aufbau des klassischen Dramas nutzt.

28   Werber (2002: 15).

Auch Sandra Pott hält fest, dass Händlers Figuren nicht nur eigenständig handeln, sondern immer auch „subiectus" sind, d. h. mit Foucault gedacht, der Ordnung der Dinge unterliegen. Während, so führt Pott aus, Joseph Schumpeter in seiner *Theorie der wirtschaftlichen Entwicklung* von 1912 den Unternehmer als entscheidungsfreudige und charismatische ‚Führer'-Figur, ja gar als genialen Künstler konzipierte, unterliegen Händlers Figuren dem ‚Dispositiv' der Wirtschaft.[29] Wo die Fabrik der Akteur ist[30], verändert sich der Stellenwert des Subjekts und damit der menschlichen Entscheidungen. Natürlich werden in der Wirtschaftswelt von *Wenn wir sterben* ständig Entscheidungen getroffen, aber sie werden nicht zu zentralen Konflikten der Figurencharakteristik ausgebaut. Sie finden statt, weil sie von der ökonomischen Logik vorgegeben sind.[31]

Die an Händlers Roman unisono gerühmte Sprachlichkeit,[32] das ambitionierte Sprachspiel, das seine Figuren erschafft und dekonstruiert, verdankt sich gerade dem über die souveräne Entscheidungsmacht der Figuren hinausgehenden ‚Verschleifen' des Entscheidens, das einen Strom von Reflexionen, Phantasien, Träumen, Gedankenspielen und -alternativen hervorbringt. „Für jede Entscheidung gibt es ein Für und ein Wider. Ich komme einfach nicht voran", stellt Charlotte, die dem Geflecht der den menschlichen Faktor in sich aufsaugenden kapitalistischen Logik

---

29 Vgl. Pott (2004: 206f.; 213).

30 Vgl. Werber (2002).

31 Die Beschreibung, die Händler (2012: 54) in seinem Artikel „Lügen gegen das Kapital" von der Rolle des Gelds in der Gegenwart gibt, trifft auch auf die Verhältnisse in seinem Roman zu. Händler schreibt: „Woher kommt es, dass das Geld heute geradezu zum Inbegriff von Unfreiheit geworden ist? Das Geld ist unter anderem auch normierter Ausdruck für die äußeren Beziehungen zwischen den Menschen. Ein großer Teil der wechselseitigen äußeren Abhängigkeiten der Menschen wird durch deren Geldbeziehungen erfasst. Dabei gibt es keinen unmittelbaren Anschluss zum Seelenleben, individuelle Vorstellungen werden üblicherweise nicht in Geld ausgedrückt. Aber der innere Mensch ist alles andere als ein Monolith. Teile des Selbst gehen eigenständige Beziehungen mit der Umwelt ein: als Streben, als Begehren, über Träume und Pläne. Die Denkfreiheit, die das Geld stiftet, macht vor diesen Verbindungen nicht Halt. Die Beziehungen des inneren Menschen werden ebenfalls mit Geld in Zusammenhang gebracht. Früher hätte man gesagt, sie werden objektiviert. Die Menschen protestieren nicht nur gegen den mit der Selbstreferenzialität des Geldes verbundenen Profitzwang. Geld bezieht sich nicht allein auf sich selbst. Die Menschen haben Angst, dass ihnen das Geld als Werkzeug der Abstraktion und Isolation dasjenige entreißt, was sie für das Privateste hielten." Die Konstellation in Händlers Unternehmerroman entspricht, so Pott (2004: 213), eher den Ansichten des späten Schumpeter, der das „Veralten der Unternehmerfunktion" konstatiert.

32 Vgl. http://www.perlentaucher.de/buch/ernst-wilhelm-haendler/wenn-wir-sterben.html. Zugegriffen: 17. Februar 2013.

nicht gewachsen ist, fest (S. 44).[33] In den im dritten Teil des Romans abgedruckten Aufzeichnungen von Fleurs (d. i. Bärs Tochter) Vater findet man eine entscheidungstheoretische Erklärung für die Poetik der unmöglichen Entscheidung von *Wenn wir sterben*:

> Es ist [...] unmöglich, alle Entscheidungen und deren Verknüpfungen zu berücksichtigen, weil erstens die nötigen Daten nicht vorliegen und weil zweitens die Anzahl der Gleichungen zu groß würde. [...] Zwei Strukturen desselben Modells sind äquivalent, wenn sie die gleiche Wahrscheinlichkeitsverteilung der abhängigen Variablen zur Folge haben. In diesem Fall gehorchen die Daten, die beobachteten Zeitreihen, zwei verschiedenen Gesetzmäßigkeiten, den beiden verschiedenen Strukturen, zwischen denen man keine Entscheidung treffen kann. [...] Während die jeweiligen A-priori-Restriktionen für die einzelnen Gleichungen des Modells durchaus ihre Berechtigung besitzen, führt jedoch die Summe der A-priori-Restriktionen im Gesamtmodell häufig zu widersprüchlichen Ergebnissen – deshalb Modelle, die keine der üblichen A-priori-Restriktionen aufweisen. Alle Variablen sind endogen, es wird angenommen, daß grundsätzlich alles von allem abhängt. (S. 189f.)

Bezeichnenderweise ist derjenige, der dieses dezisionistische Kontingenzbewusstsein formuliert, auch jemand, der sich Gedanken über die Natur von Texten und Metaphern macht. „Die Metapher ersetzt nicht", heißt es ebenfalls in den Aufzeichnungen von Fleurs Vater. „Eine Metapher ist immer das Ursprüngliche" (S. 197). Und: „Es gibt keinen ursprünglichen Text. / Weil es zu viele ursprüngliche Texte gibt" (S. 198; vgl. S. 199). Will sagen: Das Bewusstsein von der Unmöglichkeit des Entscheidens ist in Händlers Roman ein texttheoretisches bzw. ein literarisches. Das Joint Venture zwischen Stine und Milla, die im Text als Spiegelbilder angelegt sind, indem sich die eine über die andere wahrnimmt, ist für beide Seiten eine Frage „des strategischen Entscheids" (S. 354; vgl. S. 356). Für Stine läuft sie auf die Frage „*unterschreiben oder nicht unterschreiben*" (S. 364) hinaus. „Milla fordert von Stine einen Wirbelsturm von Entscheidungen ein" (S. 426), heißt es im Text. Bemerkenswerterweise gewinnt diejenige das Spiel, Milla, deren ökonomische Ausgangslage die schlechtere war.

Der große Vorbehalt, unter dem das gesamte Entscheidungsszenario des Buchs steht, ist – der Titel verrät es – der Tod.[34] *Wenn wir sterben* indiziert ein Todesbewusstsein, das einmal mehr an den *zwischen* Tod und Leben reflektierenden Hamlet mit Yoricks Totenschädel in der Hand denken lässt. Zwischen Tod und Leben hat ein radikaler Schnitt statt, der den im Leben getroffenen Entscheidungen

---

33 „Charlotte würde ungeheuer erleichtert sein, wie sie es immer ist, wenn ihr eine Entscheidung abgenommen wird" (S. 92), heißt es an anderer Stelle des Romans.

34 Vgl. Schulte (2012), vgl. auch Richter [geb. Pott] (2012: 206).

den Grund entzieht. „das leben ist der schlaf, der tod ist das erwachen" (S. 382).[35] Richtet sich das reflektierende Todesbewusstsein gegen sich selbst (*Wenn* wir *sterben* – die anderen sterben sowieso), ist eine unmögliche, aber literarisch höchst produktive Zwischenposition zwischen den klaren Alternativen ‚Leben' und/oder ‚Tod' bezogen; sie markiert exakt jene nicht mehr einem identifizierbaren Erzähler zuzuordnende Position, von der aus Händlers Roman erzählt.

2.2   Welt aus Glas – *wessen Entscheidung?*

Händlers Roman *Welt aus Glas* aus dem Jahr 2009 wurde von der Kritik, anders als *Wenn* wir *sterben*, eher ambivalent besprochen. Es geht in dem als wertphilosophisch eingestuften Roman[36] Christoph Schröder zufolge um eine „philosophisch-reflexive Verschmelzung von Geist und Materie"[37], nach Manfred Koch um die „kommerziellen Mächte[] der Finsternis"[38], um, so sieht es Eberhard Falcke, „Geld, Glas, Zeit, Macht, Tod, Seele".[39] *Welt aus Glas* erzählt von einem Paar, Jillian und Jacob Armacost, das in New York eine Galerie für Glaskunst betreibt und kurz vor der Trennung steht. Jillian ist eine der Schönheit des Glases verfallene Ästhetin, ihr dreißig Jahre älterer Mann Jacob ein Frauenheld. Um sich von Jacob trennen zu können, muss Jillian noch einen großen Geschäftscoup landen. Jacob hatte durch die falsche Entscheidung, ein vermeintlich echtes Arts-and-Crafts-Haus mit Tiffany-Fenstern zu kaufen, die Galerie in finanzielle Schwierigkeiten gebracht. Durch den Kauf einer in Italien aufgetauchten wertvollen Glassammlung hofft Jillian, die Galerie retten und sich dadurch von Jacob finanziell unabhängig machen zu können. Ohne Wissen ihres Mannes, der sich gerade in Mexiko aufhält, reist sie nach Europa. Jacob wird zusammen mit einer jungen Frau Madeline, mit der er unterwegs ist, in Mexiko entführt. Dies stellt die Ausgangssituation des Romans dar. Jillian und Jacob geraten permanent in Entscheidungssituationen. Ihr Leben stellt gewissermaßen eine Sequenz von Entscheidungen dar, die, nachdem sie getroffen sind, neue Entscheidungen erzwingen. Die Frequenz von Entscheidungen,

---

35 „Wenn irgendwelche intelligenten Wesen eine völlig übertriebene Angst vor dem Tod haben, dann werden sie ihren ganzen Gehirnschmalz darauf verwenden, ihm gar nicht erst ins Gesicht zu sehen, oder, falls sich das doch nicht vermeiden läßt, ihm in letzter Minute noch ein Schnippchen schlagen. Irgendwann werden sie vom Leben eingeholt und müssen sterben […]" (S. 340).

36 Vgl. Jungen (2009: L3).

37 Schröder (2010: 28).

38 Koch (2009: 31).

39 Vgl. Falcke (2009: 62).

die zu treffen sind, ist mal höher mal niedriger. Allerdings zeigt sich rasch, dass die beiden in ihren Entscheidungen nicht autark sind, ganz im Gegenteil: Trotz ihrer von Anfang an problematischen Beziehung haben sie sich entschieden, ihr Leben miteinander zu verbinden. Obwohl sie mittlerweile getrennte Wege gehen, sind ihre Entscheidungen von den Entscheidungen des bzw. der anderen abhängig. Und nicht nur das: Jillian und Jacob machen im Laufe der Romanhandlung die Erfahrung, dass sie in ein politisch-wirtschaftliches Machtspiel geraten sind, das ihre Spielräume auf Leben und Tod einschränkt. In dem Maße, in dem sich andere in ihr Leben einmischen, steigt der Entscheidungsdruck, aber es wird zugleich deutlich, dass jede Entscheidung, die getroffen wird, die falsche ist. Es gibt keinen Ausweg mehr aus dem Kräfte- und Machtspiel der modernen Welt eines kriminell operierenden Kapitalismus. *Welt aus Glas* beschreibt keineswegs eine Welt, die transparent und durchschaubar wäre. Der Titel des Romans zeigt, wie Ästhetik und Kommerz miteinander verbunden sind. Jillian ist der Ästhetik des Kunstglases, mit dem sie handelt, verfallen; zugleich ist sie aber auch gezwungen, ihren Unterhalt damit zu verdienen. Diese Welt aus Glas scheint beständig vom Zerbrechen bedroht.

Der Roman, der Züge eines Thrillers hat, beginnt mit einer Verfolgungsjagd. Jacob und Madeline werden von dem brutalen mexikanischen Polizisten Chuy verfolgt, weil sich Jacob mit dessen Geliebter Pilar eingelassen hatte. In einer rasanten Verfolgungsjagd versuchen sie, mit ihrem Wagen die amerikanische Grenze zu erreichen, doch Chuy und seine Helfer sind ihnen dicht auf der Spur. Es geht also gleich zu Beginn des Romans um Leben und Tod. Jacob, der am Steuer sitzt, muss blitzschnell Entscheidungen treffen. Kalkül und Instinkt kommen zusammen.

> Fieberhaft kalkulierte Jacob: Zum Grenzübergang San Ysidro brauchte man gewöhnlich zehn Minuten, zum Grenzübergang Otay fast eine halbe Stunde. Bei San Ysidro wartete man mit dem Wagen um diese Tageszeit etwa zwei bis drei Stunden, bei Otay eine Stunde. Sie mußten mit ihrem Jeep die Taxispur nehmen und bis zur Grenze vorfahren, nur dann hatten sie eine Chance. Den Wagen würden sie einfach stehenlassen und an der Fußgängerschlange vorbei zur Immigration rennen.[40]

Indessen gelingt es Jacob und Madeline nicht, ihre Verfolger abzuschütteln; sie werden gestellt und entführt. Damit beginnt eine Zeit, in der sie nicht mehr über sich selbst entscheiden können. Die Entführer verlangen Lösegeld und Jacob reflektiert über die Chancen ihrer Befreiung: „Für Madeline war Geld da. Madelines Mann mußte sich entscheiden. Seine, Jacobs, Frau brauchte sich nicht zu entscheiden. Keine Bank würde Decorative arts beleihen" (S. 194). Jacob muss erfahren, dass

---

40 Händler (2009: 11). Nachweise künftig im Text.

sein Leben von seiner Bereitschaft, mit seinen Entführern zu kooperieren, abhängig ist. „Es ist deine Entscheidung", sagt ihm Chuy (S. 221) – eine Entscheidung also, die keineswegs eine freie Willensentscheidung darstellt. Aber auch Jillian, die unterdessen dabei ist, die wertvolle Glassammlung in Italien zu erwerben, kann nur innerhalb eines vorgegebenen Rahmens ihre Entscheidungen treffen. Auch diese sind existenziell, denn es geht um Jillians künftiges Leben. Dass Entscheidungen keineswegs souverän und rational gefällt werden, reflektiert Jacob in der Zeit seiner Gefangenschaft:

> Die Seele war das, was sich entschied, wenn sich der Mensch entscheiden konnte. Sie bestimmte, wie ein Mensch handelte, wenn er genausogut anders hätte handeln können. Die Seele des Menschen war das, was an andere Menschen dachte. Über ihre Seelen standen alle Menschen in Verbindung. Wer keine Seele mehr hatte, war wirklich aus der Welt gefallen. (S. 401)

Entscheidung ist also kein rationales Kalkül, sondern folgt einem moralisch-affektiven Impuls.

Auch in diesem Text findet das Hamlet'sche „To be or not to be" im Text eine glasklare Entsprechung: „Entweder man lebte, oder man lebte nicht, entweder man war tot, oder man war nicht tot. Es gab ihn, Jacob, und Madeline, oder es gab sie nicht. Zwischen Sein und Nichtsein war keine Brücke gespannt" (S. 554). Dies bleibt allerdings zuvörderst eine theoretische Einsicht; die Handlung des Romans spricht eine andere Sprache: Da gibt es Zustände, sowohl in der Geschichte Jacobs als auch bei Jillian, die dieser klaren Dichotomie ebenso entgegenstehen wie der Souveränität des Entscheidens. So sehr die Leserin mit den Protagonisten fiebert, dass ihre Entscheidungen sie aus dem Geflecht der dunklen Machenschaften herausführen mögen, kommt es zu keinem Happy End. Jillian spielt mit dem Gedanken an den Freitod, ohne sich entscheiden zu können, und Jacobs Fluchtversuch, zu dem er sich entschieden hatte, scheitert nach einer weiteren dramatischen Verfolgungsjagd. Somit beginnt am Ende des Romans für ihn eine neue Phase seines Lebens, in der er nicht selbst über sein Leben entscheiden kann. Der Roman endet mit einer offenen Entscheidung Jillians; ihr Kollege Bova fragt sie, ob sie ihn auf einer Reise begleiten würde:

> „Jillian, kommst du mit mir?"
> Jillian gab keine Antwort. (S. 608)

Welt aus Glas ist eine Reflexion über Entscheidungsmacht. Leben heißt Entscheidungen treffen, aber nie sind sie souverän und rational. Das Geflecht der Kontingenzen holt jede getroffene Entscheidung wieder ein, sodass der entscheidungsabhängige „Plot" des Lebens wie der Romanerzählung nur scheinbar geradlinig verläuft.

3   Fazit. Kein Roman über Banker – vorerst

Wenn Schriftsteller ihre eigene Zunft kritisieren, bietet sich für die literaturwissenschaftliche Analyse die Gelegenheit, über die im Zuge dieser Kritik implizit verhandelten Funktionen und das Selbstverständnis der Literatur nachzudenken. Die vorstehenden Textanalysen zu Schillers *Wallenstein* und zu Ernst-Wilhelm Händlers Romanen haben deutlich gemacht, dass literarische Texte sich mit ‚bloßen' Entscheidungen, mit einem planen dezisionistischen ‚Entweder oder' nicht zufriedengeben. Ihr produktives und ästhetisches Potenzial besteht gerade in der Kontextualisierung von Entscheidungen, in deren Fragilität, im Bewusstsein ihrer Kontingenz, im Offenhalten von Entscheidungsalternativen und in der Wahrnehmung des Verlusts souveräner Entscheidungsmacht. „Die Literatur ist ein Transportmittel für Alternativen des Denkens und des Handelns", schreibt Händler entsprechend in einem Beitrag von 2012.[41] Und, so ließe sich Händlers Feststellung fortsetzen: Die Literatur hält das, was in der getroffenen Entscheidung nicht aufgeht, vor, indem sie es weiterwirken und im Gedächtnis des Texts insistieren lässt. Wenn sich literarische Figuren wie Wallenstein, Stine oder Jillian und Jacob Armacost entscheiden, wo sie sich eigentlich nicht entscheiden können bzw. jede Entscheidung die falsche ist, sind sie in der Tat dramatische ‚Helden' des Dezisionismus. Händlers Figuren verfügen freilich kaum noch über Entscheidungsmacht, weil sie, wie im Falle von *Wenn wir sterben* nurmehr Funktionen des ökonomischen Systems oder wie in *Welt aus Glas* abhängig von den Entscheidungen anderer im kriminellen Ränkespiel sind. „In den differenzierten Gesellschaften wird der Prozess der Ökonomisierung zu einem Automatismus, der die Wahlmöglichkeiten der Einzelnen und der Gesellschaft nicht mehr nur ausweitet, sondern auch einschränkt", konstatiert Händler.[42] Die Zeit der souveränen und tragischen Entscheider ist also offensichtlich vorbei. Händlers Ruf nach einem „Roman über Banker" scheint vor diesem Hintergrund nachvollziehbar, verspricht der Banker-Roman doch ein Ausbrechen aus dem postmodernen Geflecht der ökonomischen Automatismen, der Abhängigkeiten und Verflechtungen. Ob und inwiefern Banker heute indessen nicht auch nur Funktionen des Kapitalsystems sind und ob sie tatsächlich das Zeug zu einem literarischen Charakter haben, der

41 Händler (2012: 318).
42 Händler (2012: 315).

einen Gegenentwurf gegen die ökonomische Formatierung des Subjekts darstellen könnte, ist die Frage. Immerhin ist es bemerkenswert, dass Händler, wenn er über die Mittel der Literatur im Kapitalismus spricht, sich stark einer an Schiller erinnernden idealistischen Ästhetik nähert: Die Kraft der Literatur, so hält er fest, setzt an der Lebenssituation des Einzelnen an, um aber im Ausgang davon über Allgemeingültiges, über menschliche Universalien zu reflektieren. Als weiterer literarischen ‚Machtfaktor' führt er die grundsätzlich von einer kapitalistischen Logik unabhängige ‚Idee der Erzählung'[43] an und führt zusätzlich mehrfach die Sinnlichkeit als Erkenntniskanal des Literarischen gegen ökonomische Zwänge ins Feld. Gefühl, Alternativen, Kunst als Idee und Verhandlungsort des Universalen – hier zitiert Händler Termini und Konzepte, die an eine überaus traditionsreiche, u. a. von Schiller prominent vertretene Funktionsbestimmung der Literatur erinnern. So schließt Händlers späterer Essay denn auch mit dem Plädoyer, die Literatur solle „ihre Chance nutzen, ihre Position in der Gesellschaft substantiell mit Geist und Gefühl zu besetzen."[44] Die Sphäre des Literarischen erscheint hier gerade als der von Kronauer angezeigte Ort der Existenz und Vermittlung von Differenz, als Ort des ‚Sowohl als auch' und damit eben auch als nicht entscheidungsfreudiges, aber Entscheidungsproblematiken reflektierendes Medium.

Es bleibt festzuhalten, dass Ernst-Wilhelm Händler sein Bankerroman-Projekt vorerst vertagt hat, wie dem Bericht von einer gemeinsam mit dem *Zeit*-Reporter Moritz von Uslar unternommenen Reise in das von der Finanzkrise geplagte Athen zu entnehmen ist:

> Der Schriftsteller Händler trägt Reebok-Turnschuhe. Wann wird er den lang erwarteten Roman über Goldman Sachs veröffentlichen? Händler: ‚Garantiert nicht jetzt. Das ist für die Kunst nicht gut, wenn man zeitlich zu nah dran ist.' Ein geplantes Buch über die Finanzwelt habe er sogar extra verschoben: ‚Ich bin kein Aktueller der Literatur.'[45]

---

43   Händler (2012: 319).
44   Händler (2012: 320); vgl. S. 317, S. 318.
45   Uslar (2012: 43).

Quellenverzeichnis

Alt, P.-A. 2000. *Schiller. Leben – Werk – Zeit*, Bd. 2. München: C. H. Beck.

Borchmeyer, D. 1988. *Macht und Melancholie. Schillers Wallenstein*. Frankfurt a. M.: Athenäum.

Falcke, E. 2009. Wehe, man schaut näher hin! *Die Zeit* (64) 49: 62.

Genazino, W. 2005. *Die Liebesblödigkeit. Roman*. München, Wien: Hanser.

Godel, R. 2009. Schillers ‚Wallenstein‘. Das Drama der Entscheidungsfindung. In *Aufklärung und Weimarer Klassik im Dialog*, hrsg. A. Rudolph und E. Stöckmann, 105-134. Tübingen: Niemeyer.

Guthke, K. S. 1994. Wallenstein. Ein Spiel vom Spiel – und vom Nichtspieler. In *Schillers Dramen. Idealismus und Skepsis*, hrsg. K. Guthke, 165-206. Tübingen: Francke.

Händler, E.-W. 2002. *Wenn wir sterben. Roman*. Frankfurt a. M.: Frankfurter Verlagsanstalt.

Händler, E.-W. 2009. *Welt aus Glas*. Frankfurt a. M.: Frankfurter Verlagsanstalt.

Händler, E.-W. 2010. Bitte ein Roman über Banker. Macht und Geld sind elementare menschliche Triebfedern. Warum werden sie in der deutschen Gegenwartsliteratur ausgeblendet? Ein Gespräch mit dem Schriftsteller Ernst-Wilhelm Händler. *Die Zeit* (65) 44: 51.

Händler, E.-W. 2012. Die Ökonomisierung der Gesellschaft und die erzählende Literatur. *Sprache im technischen Zeitalter* (50) 203: 314-320.

Händler, E.-W. 2012. Lügen gegen das Kapital. *Die Zeit* (67) 16: 54.

Hinderer, W. 1992. Wallenstein. In *Interpretationen: Schillers Dramen*, hrsg. W. Hinderer, 202-279. Stuttgart: Reclam.

Hofmann, H. 1972. Dezision, Dezisionismus. In *Historisches Wörterbuch der Philosophie*, hrsg. J. Ritter, Bd. 2: D-F, Sp. 159-161. Basel: Schwabe.

http://www.perlentaucher.de/buch/ernst-wilhelm-haendler/wenn-wir-sterben.html. Zugegriffen: 17. Februar 2013.

Jungen, O. 2009. Sex, Lügen und Läuterung. *Frankfurter Allgemeine Zeitung* (60) 238: L3.

Koch, M. 2009. Die herzlose Kauffrau. ‚Welt aus Glas‘ – Ernst-Wilhelm Händlers philosophisches Epos um Sex, Geld, Kunst und Tod. *Neue Zürcher Zeitung* (229) 265: 31.

Kronauer, B. 2002. „Ein Augenzwinkern des Jenseits. Die Zweideutigkeiten der Literatur“. In *Zweideutigkeit. Essays und Skizzen*, hrsg. B. Kronauer, 309-318. Stuttgart: Klett-Cotta.

Kronauer, B. 2010. Poetische Würde – Was soll das denn? Über den bemoosten Stein, das Gezwitscher der Vögel und das sprunghafte Denken – Die Marbacher Schillerrede 2010. *Süddeutsche Zeitung* (65) 262: 16.

Müller-Seidel, W. 1976. Episches im Theater der deutschen Klassik. Eine Betrachtung über Schillers ‚Wallenstein‘. *Jahrbuch der Deutschen Schillergesellschaft*, hrsg. F. Martini et al. Bd. 20, 338-386. Stuttgart: Kröner

Pott, S. 2004. Wirtschaft in der Literatur. ‚Ökonomische Subjekte‘ im Wirtschaftsroman der Gegenwart. *Kulturpoetik* 4 (2): 202-217.

Reinhardt, H. 1998. Wallenstein. In *Schiller-Handbuch*, hrsg. H. Koopmann, 395-414. Stuttgart: Kröner.

Richter [geb. Pott], S. 2012. *Mensch und Markt. Warum wir Wettbewerb fürchten und trotzdem brauchen*, Hamburg: Murmann.

Riedl, P. P. 2006. Legitimität und Charisma in Zeiten des Krieges. Überlegungen zu Schillers ‚Wallenstein‘-Trilogie. In *Schiller neu denken. Beiträge zur Literatur-, Kultur- und Kunstgeschichte*, hrsg. P. P. Riedl, 91-109. Regensburg: Schnell + Steiner.

Schiller, F. 2000. *Wallenstein. Ein dramatisches Gedicht, Werke und Briefe in zwölf Bänden*, Bd. 4, hrsg. F. Stock. Frankfurt a. M.: Suhrkamp.

Schings, H.-J. 1990. Das Haupt der Gorgone. Tragische Analysis und Politik in Schillers ‚Wallenstein‘. In *Das Subjekt der Dichtung. Festschrift für Gerhard Kaiser*, hrsg. G. Buhr, F. A. Kittler und H. Turk, 283-307. Würzburg: Königshausen & Neumann.

Schmitt, C. 1985. *Politische Theologie. Vier Kapitel zur Lehre von der Souveränität*. Berlin: Duncker & Humblot.

Schröder, C. 2010. Der Tod, das Geld und das Böse. *Die Tageszeitung* (32) 9090: 28.

Schulte, S. 2012. Ernst-Wilhelm Händler. Munzinger Online/KLG – Kritisches Lexikon zur deutschsprachigen Gegenwartsliteratur. http://www.munzinger.de/document/16000000631. Zugegriffen: 28. April 2012.

Shakespeare, W. 1977. *Hamlet. Prinz von Dänemark*. Englisch und Deutsch, in der Übersetzung von Schlegel und Tieck, hrsg. L. L. Schücking. Mit einem Essay ‚Zum Verständnis des Werkes‘ und einer Bibliographie von W. Clemen. Hamburg: Rowohlt.

Sinn, C. 2005. Würfel, Schach, Astrologie. Macht und Spiel in Schillers ‚Wallenstein‘-Trilogie. *Jahrbuch des freien deutschen Hochstifts*, hrsg. A. Bohnenkamp, 124-168. Tübingen: Niemeyer.

Uslar, M. von. 2012. Athen, du Ärmste, Teil 3. *Die Zeit* (67) 29: 43.

Wagner-Egelhaaf, M. 2009. Überredung/Überzeugung. Zur Ambiguität der Rhetorik. In *Amphibolie, Ambiguität, Ambivalenz*, hrsg. F. Berndt und S. Kammer, 33-51. Würzburg: Königshausen & Neumann.

Werber, N. 2002. Optimale Auslastung der Fickmaschine. *Die Tageszeitung* (24) 6865: 15. http://homepage.ruhr-uni-bochum.de/niels.werber/Haendler.html. Zugegriffen: 15. 02. 2013.

Wolf, M. 1990. Der politische Himmel. Zum astrologischen Motiv in Schillers ‚Wallenstein‘. In *Schiller und die höfische Welt*, hrsg. A. Aurnhammer, K. Manger und F. Starck, 223-232. Tübingen: Niemeyer.

Konsensstreben im beginnenden chinesischen Kaiserreich?

Eine Fallstudie

Reinhard Emmerich

Der folgende Aufsatz geht vom Allgemeinen ins Besondere. Eingangs stellt er, auf allseits bekannten Fakten beruhend, mit Chinas Erstem Kaiser sowie dem Gründer der Han-Dynastie zwei eminente Herrscher aus der beginnenden Kaiserzeit in ihrem Agieren zwischen Konsens und Autokratie vor. Mit dem nächsten Abschnitt werden die Institution der Hofkonferenz und andere Formen der Entscheidungsfindung gewürdigt; auch hier kann auf wissenschaftliche Literatur zurückgegriffen werden. Dies ist im zweiten Teil des Aufsatzes weit weniger der Fall; er gilt dem Procedere und den Rechtfertigungen für die i. J. 74 v. Chr. vorgenommene Inthronisierung und die nur wenige Wochen später folgende Entthronung eines ganz bedeutungslosen Herrschers.

1 Der Erste Kaiser zwischen Konsensstreben und Autokratie

Im Jahre 221 v. Chr. gelang den Truppen des Königs von Qin mit ihrem Sieg über das Königreich Qi die Beseitigung des letzten Rivalen um die Oberherrschaft über das nach staatlicher Einheit strebende China. Unmittelbar darauf erließ der siegreiche König in dem vielleicht ersten offiziellen Akt in seiner neuen Stellung eine Verlautbarung (*ling*) an zwei seiner höchsten Beamten. Sie rechtfertigt die in den zurückliegenden neun Jahren unter dem jetzt allein herrschenden König Zheng von Qin (geb. 259, gest. 210 v. Chr.), der mit 13 Jahren auf den Thron gekommen war, unternommenen Beseitigungen rivalisierender Königreiche. Auf jede wie auch immer geartete religiöse oder ideologische Überhöhung verzichtend, beschränkt sie sich darauf, jedem einzelnen der vernichteten Könige Verstöße gegen Vereinbarungen mit Qin aufzuzeigen: Ihr einziges Argument ist also der Vorwurf konkreter

Vertragsbrüche, der Vorwurf der Zuwiderhandlung gegen Abmachungen, wie auch immer diese gefunden und festgehalten worden sein mögen.[1]

Eine genaue Lektüre des besten Zeugnisses, das wir über ihn haben, ergibt ein uneinheitliches Bild jenes Königs Zheng, der nach der angesprochenen Reichseinigung von 221 v. Chr. noch elf Jahre herrschen sollte, nunmehr als der allbekannte Erste Kaiser. Sein Zeuge ist Sima Qian (145 bis ca. 86 v. Chr.), Chinas großer Historiograph. Wir sehen zunächst einen die Diskussion suchenden bzw. zur Diskussion gedrängten Herrscher, den wir mit zwei Entscheidungen vorstellen wollen: Der Festlegung des Herrschertitels und der Entscheidung über die Verwaltungsstruktur des geeinten Reiches.

1.1   Shihuang auf Konsenssuche

Im sicheren und unmissverständlich ausgesprochenen Bewusstsein, die rivalisierenden Könige ihrer „Bestrafung" zugeführt und „alles unter dem Himmel sicher gefestigt" zu haben, gleichzeitig aber in Sorge um das historische Urteil über ihn, reklamierte König Zheng einen neuen, seinen präzedenzlosen Errungenschaften „angemessenen" Ehrentitel.[2] Daraufhin schlugen seine höchsten Beamten vor, der Herrscher von Qin solle wegen der mit seinen „gerechten Truppen" unternommenen „Bestrafungen" und seiner sonstigen Meriten halber künftig als „Großer Höchster" (*tai huang*) bezeichnet und damit auf gleiche Höhe mit dem „Himmlischen Höchsten" (*tian huang*) und dem „Irdischen Höchsten" (*di huang*) gestellt werden. Der König selbst entschied daraufhin, auf die Spezifizierung „Großer" (*tai*) zu verzichten und sich als schlechthin „Höchster" (*huang*) titulieren zu lassen, zusätzlich aber auch den aus dem Altertum bekannten Ehrentitel „Erhabener" (*di*) zu übernehmen: Als „Höchster Erhabener" (*huang di*) wolle er gelten. Um aber der Nachwelt weder die Pflicht noch die Möglichkeit zu geben, durch posthume Kaisernamen historische Urteile zu fällen, verfügte er nach dem Zeugnis des Sima Qian gleichzeitig, ihn

---

1   Siehe Sima Qian (1975), im Folgenden zitiert als *Shiji*. Hier *Shiji* 6.235. Übersetzt bei Nienhauser (2006: 135). Allenfalls in der Versicherung des Siegers, „gestützt auf die Geister der Ahnentempel" seine Gegner, die sogenannten Sechs Könige, „ihrer (passenden) Bestrafung zugeführt" zu haben, könnte man eine nichtprofane Argumentation erblicken. Doch ginge man zu weit, diesen Worten eine göttliche Sanktionierung der Eroberungen entnehmen zu wollen. Von einem Mandat des Himmels, also einem Auftrag dazu, ganz zu schweigen. Die Quellen geben keine Einzelheiten über die Art der Konsensfindung und der materiellen Form der Abmachungen.

2   *Shiji* 6.236, Nienhauser (2006: 135f.); alles hier und im Folgenden in Anführungsstriche Gesetzte ist Zitat.

und alle künftigen Kaiser lediglich mit Ordinalzahlen zu spezifizieren, mit ihm selbst als dem Ersten (*Shihuang* oder *Shihuangdi*) beginnend.

Auch die als nächste vorzustellende, vielleicht weitestreichende Entscheidung des Ersten Kaisers, war keine einsame herrscherliche Verfügung. Wie, so fragte sein Kanzler unmittelbar nach der Reichseinigung, sollte das gewaltsam vereinte Großreich eigentlich zusammengehalten werden? Welche Rolle sollte den Söhnen des Ersten Kaisers zugedacht werden? Während die große Mehrheit der Beamten – die Quellen sprechen hier und in vielen vergleichbaren Fällen leider nur unspezifisch von der „gesamten Beamtenschaft" (*qun chen*) – sich dem Plädoyer des Kanzlers anschloss, die eroberten und königslos gemachten Staaten kaiserlichen Prinzen zu überantworten, weil nur so die Herrschaft über die hauptstadtfernen Gebiete gesichert werden könne, gab der Justizminister Li Si (ca. 280 – 208 v. Chr.) mit historischen Verweisen zu bedenken, erbliche Lehnsmänner verlören im Laufe der Zeit ihre Bindungen an den Lehnsgeber, verwandtschaftliche Beziehungen seien nicht belastbar, eine auf Blutsbande zählende Sicherung des Reiches fragil. Diesem Sondervotum schloss sich der Kaiser an und teilte sein Reich in 36 Kommandanturen (*jun*) und eine Reihe weitere Verwaltungseinheiten, die jeweils wechselnden und der Zentrale direkt verantwortlichen Karrierebeamten mit nur engen individuellen Gestaltungsmöglichkeiten unterstehen sollten.[3] Damit wurde eine Territorialverfassung bestimmt, die mit der Tradition der eroberten Königreiche brach, wenn sie auch im prädynastischen Qin bereits erprobt worden war. Doch ist es weniger dieses das bürokratische China auch späterer Jahrhunderte fundamental kennzeichnende Faktum selbst, was unser Interesse verdient. Besondere Aufmerksamkeit verdient die Entscheidung vielmehr vor allem deswegen, weil sie nach Zeugnis des Sima Qian sieben Jahre später (= 213 v. Chr.) noch einmal diskutiert wurde. Und auch wenn das abermalige Plädoyer für eine dezentrale politische Ordnung am erneuten Protest des Justizministers Li Si und am Widerstand des Ersten Kaisers scheiterte, ist diese Wiederaufnahme der Diskussion doch ein kaum zu überschätzender Beweis für eine offene Streitkultur in der beginnenden Kaiserzeit.[4]

---

3   *Shiji* 6.239, Nienhauser (2006: 137).

4   Sima Qian widmet der Wiederaufnahme der Diskussion viel Raum: *Shiji* 6.254f., Nienhauser (2006: 146-148).

1.2   Entscheidungen des Shihuang ohne Diskussion

Während diese und etliche andere Beispiele den Ersten Kaiser als einen die Diskussion suchenden, einsame Entscheidungen scheuenden Herrscher zeigen, lassen
sich doch auch leicht gegenteilige Exempla finden. Auffälligerweise stehen viele
Bestimmungen des Ersten Kaisers, für die nach historiographischem Zeugnis
keine vorausgegangenen meinungsbildenden Diskussionen ausgemacht werden
können, im Zusammenhang mit religiösen Angelegenheiten.[5] Gleich drei von
ihnen datieren in das Jahr 215 v. Chr., als sich der Kaiser auf der vierten seiner
fünf großen Reisen befand, die er zwischen 220 und 210 v. Chr. in verschiedene
Gebiete des geeinten Reiches unternahm. Während dieser Reise beauftragte er ohne
jede erkennbare Abstimmung mit begleitenden Beamten einen Gelehrten mit der
Suche nach zwei „Unsterblichen".[6] Wenig später schickte er drei Männer auf die
Suche nach dem Elixier der Unsterblichkeit; und als, abermals kurz darauf, ein
von einer Überseemission zurückgekehrter Gelehrter im Gespräch über „Geister
und Götter" den Untergang der kaiserlichen Dynastie Qin prophezeite, entsandte
er einen General mit 300.000 Kriegern gegen die nördlichen Nachbarn, weil er aus
der Prophezeiung schloss, die dortigen Hu-Barbaren seien die Totengräber seines
Herrscherhauses. All das bestimmte er ohne erkennbare Diskussion.[7] Auch andere
Entscheidungen von großer Tragweite müssen wir uns nach historiographischem
Zeugnis als einsame Verfügungen vorstellen: Die bereits erwähnten, in der Forschung viel diskutierten und seine kurze Kaiserherrschaft einmalig prägenden fünf
großen Reisen ebenso wie den von ihm veranlassten, 212 v. Chr. begonnenen und
Unsummen verschlingenden Bau großer Straßen durch sein Reich, um nur zwei
weitere Beispiele zu nennen.[8]

---

5   Gemeinsam mit anderen Beobachtungen nährt das den Verdacht, Sima Qian habe den
     Kaiser als religiös überspannt darstellen wollen, doch ist hier nicht der Ort für Histo-
     riographiekritik. Aus der sehr reichen Literatur über Sima Qian und das vorwiegend
     von ihm verfasste *Shiji* seien nur zwei Titel genannt, die ihrerseits Weiterführendes
     erwähnen: Schaab-Hanke (2010); Durrant (1995).

6   *Shiji* 6.251 und Kommentar in Anmerkungen, wo die Gesuchten als „Unsterbliche"
     identifiziert werden. Nienhauser (2006: 144). Nach alternativem Textverständnis hätte
     der Kaiser nur nach einem Mann suchen lassen, doch das ist hier ganz nebensächlich.

7   *Shiji* 6.252, Nienhauser (2006: 145).

8   Zu Letzterem siehe *Shiji* 6.256, Nienhauser (2006: 148).

1.3   Shihuang im Selbstzeugnis

Schließlich sind wir in der günstigen Situation, über erstrangige Ego-Dokumente des Ersten Kaisers zu verfügen, nämlich Stelen, die er bei seinen Reisen an herausragenden Orten des Reiches aufstellen ließ. Der Kaiser stellt sich darin als Friedensbringer dar, als unermüdlich um das Wohl seiner Untertanen besorgt, er nimmt in Anspruch, den Menschen Harmonie gebracht und Tyrannen ausgemerzt zu haben, und er brüstet sich mit historisch unvergleichlichen Taten. Aber nie und nirgends verliert er in den Inschriften ein Wort über seine Helfer, nie eine Andeutung darauf, seine Entscheidungen könnten anderes und mehr als einsame Festlegungen eines Großen gewesen sein.

2   Der Dynastiegründer Liu Bang (Han Gaozu): gespielter Konsens?

Sind schon die historiographischen Informationen über den Ersten Kaiser reich, sind diejenigen über Liu Bang (256 oder 247 bis 195 v. Chr.), der das Qin-Reich beerben und die langlebige Dynastie Han (206 v. Chr. bis 220 n. Chr.) begründen sollte, noch viel umfangreicher. Auch erlauben sie ein so differenziertes Bild über eine bedeutende Herrscherpersönlichkeit, dass hier nur sehr weniges angesprochen werden kann.

Zunächst nähere Umstände seiner Erhebung zum Kaiser. Sie erfolgte i. J. 202 v. Chr., nachdem mit Xiang Yu (232 bis 202 v. Chr.) der Erzrivale beseitigt worden war. Doch anders als knappe zwei Jahrzehnte zuvor im Falle des Ersten Kaisers fand dieses Mal eine Kaiserwahl statt. Eine wohl inszenierte Wahl freilich, durfte sich Liu Bang doch von den sieben Kaisermachern, die ihm seit langem verbunden gewesen waren und unbeachtet ihres faktischen Wirkens als *warlords*, unbesehen ihrer teils niederen Herkunft gleich ihm als Könige zu adressieren waren, nicht nur den erst zwei Jahrzehnte alten Titel Kaiser (*huang di*) antragen lassen; er durfte sich auch in Bescheidenheit als ungeeignet zieren und sich ein zweites Mal bitten lassen, bevor er den Titel anzunehmen einwilligte: „Wenn Sie, die Lehnskönige, es glücklicherweise als förderlich für die Welt betrachten, dann mag es angehen."[9] Das ist ein Bekenntnis zur Notwendigkeit des Konsens, auch wenn die Bescheidenheit vorgetäuscht und gespielt sein mag.

---

9   Ban Gu (1962), im Folgenden zitiert als *Hanshu*. Hier *Hanshu* 1B.52. Übersetzt bei Dubs (1938: 101).

Wenig später datiert nach historiographischem Zeugnis eine Unterhaltung, in der wir einen sich der Wichtigkeit der Delegation von Macht und der Wichtigkeit des Konsens bewussten Kaiser sehen; einen Herrscher, der eine kritische Selbsteinschätzung seiner eigenen Stärken und Schwächen vornehmen konnte: In einem von Alkohol gelockerten Gespräch soll Liu Bang Lehnsherren und Generäle um ihre Meinung darüber gebeten haben, weshalb es denn ihm und nicht seinem großen Rivalen Xiang Yu gelungen sei, das Reich zu gewinnen.[10] Da bekam er durchaus Kritisches zu hören: „Sie beschimpfen andere und machen sich lustig über sie, während Xiang Yu mitmenschlich war und andere respektierte." Indes habe Xiang Yu keinen anderen Fähigen neben sich ertragen und habe seine Soldaten keinen Anteil an dem Erbeuteten und Eroberten nehmen lassen, während Gaozu das Reich gerade deshalb gewonnen habe, weil er seine Kombattanten nie leer ausgehen ließ. Solche Reden mögen dem gerade inthronisierten Kaiser gefallen haben, doch wollte dieser die Liste seiner persönlichen Stärken um den s. E. wesentlichen Aspekt erweitern: Er sei, so der Dynastiegründer Gaozu, eben deswegen überlegen gewesen, weil er besser als sein Rivale Männer an sich zu binden, zu „nutzen" wusste, die im Ränkeschmieden, im Kriegführen und im Befrieden, kurz: im erfolgreichen und nachhaltigen Erobern, ihm selbst überlegen waren. Er sei, modern ausgedrückt, an die Spitze gekommen, weil er sich auf das Erkennen von Talenten, das Managen und das Delegieren verstehe.

3   Hofkonferenzen und andere Formen der Entscheidungsfindung in der Han-Zeit

Charles O. Hucker hat vor zweieinhalb Jahrzehnten in einer herausragenden Fleißarbeit ein Verzeichnis zusammengestellt, das ungeachtet seines Überblickscharakters sehr gute Einblicke in Wesen und Wandel bürokratischer Institutionen und individueller Beamtentitel der chinesischen Kaiserzeit bietet. Ausweislich dieses *Dictionary of Official Titles in Imperial China* war die Hofkonferenz eine für die gesamte Kaiserzeit typische Institution zur Erzielung eines Konsenses auf breiter Basis der Hofbeamten. Hucker gibt folgende Erklärung des in den Quellen häufigen Begriffs *hui yi*, den er mit „Court Conference" übersetzt:

„[T]hroughout imperial history, a gathering of court officials under imperial orders to consider a proposal about policy, a criticism of policy, or an important judicial

---

10 Zu Folgendem siehe *Hanshu* 1B.56, Dubs (1938: 106f.).

action, with the expectation of achieving a consensus about what imperial reaction to recommend."[11]

Lassen wir hier die Fragen beiseite, ob die Teilnehmer wirklich nur Hofbeamte waren, der Auftraggeber wirklich nur der Kaiser, die Konferenzen tatsächlich nur über schon vorhandene Vorschläge, schon verbalisierte Kritik debattierten; lassen wir auch unberücksichtigt, dass weitere Begriffe als das von Hucker angeführte *hui yi* als „Hofkonferenz", „Konferenz" o. ä. übersetzt werden können, ist das angeführte Zitat doch Ausdruck der Überzeugung, die Hofkonferenz sei ein Instrument der Konsensfindung gewesen. Eben das ist allerdings, jedenfalls bezüglich der Han-Zeit, umstritten. Ch'ü T'ung-tsu etwa betont, das Wort des Monarchen sei Gesetz gewesen, und er sieht die Existenz der Hofkonferenz nachgerade als Beleg für den Supremat des Kaisers, weil dieser nicht an das Votum der Konferenz gebunden gewesen sei.[12] Heftige Kritik an der u. a. in Huckers kurzen Worten impliziten Deutung der Hofkonferenz als Instrument zur Beschränkung der kaiserlichen Macht durch die Bürokratie findet auch Lewis, der von den scheinbar leicht zu vollziehenden Zurücksetzungen der Beamten zugunsten von Eunuchen oder auch kaiserlichen Verwandten als Vertretern des „inneren Hofes", wie sie die chinesische Geschichte tatsächlich immer wieder gesehen hat, auf generelle Machtlosigkeit der Bürokratie, des „äußeren Hofes", schließt:

> „[…] the emperor was defined as the center of the realm and the source of political authority. Some Western scholars, attacking the cliché of ‚oriental despotism,' have argued that the bureaucracy developed methods to check the emperor's power by appeals to Heaven as marked by omens, thus achieving a semblance of ‚division of powers.' Others have gone so far as to argue that true power resided in the bureaucracy, while the emperor, like the present-day monarch of Great Britain, ‚reigned but did not rule.' However laudable the intent behind these arguments, they are wrong. The clearest demonstration of this is a pattern in which policy-making power shifted from the formal bureaucracy to whatever group of people – largely eunuchs or imperial affines (relatives by marriage) – surrounded the emperor's person. This shift of power from ‚outer' court to ‚inner' court was institutionalized by the reign of Emperor Wu, and was repeated throughout early imperial and medieval China, when emperors were less autocratic than in late imperial China. The formal bureaucracy had no effective base of independent power. Far from developing the power to check the emperor or significantly affect policy, the bureaucrats of early imperial China sank into impotence, serving only to execute policies formulated by others."[13]

---

11 Hucker (1985: 263), Eintrag Nr. 2883.

12 Ch'ü (1972: 69ff.). Mit dieser Interpretation stützt sich Ch'ü T'ung-tsu explizit auf Wang Yü-Ch'üan (1949: 134-187, besonders 173-178).

13 Lewis (2007: 63f.).

Ohne beim Namen genannt zu werden, muss sich von Lewisens offensichtlich auf Wang Yü-Ch'üan zurückgehender Kritik vor allem Hans Bielenstein getroffen fühlen.[14] Diesem stets quellennah arbeitenden Gelehrten verdanken wir die detailreichsten Ausführungen über die Han-zeitliche Konferenzkultur, die zwar auf die dreißigjährige Herrschaft eines einzigen Kaisers (Guangwu, reg. 25 – 57) beschränkt sind, denen gleichwohl Verallgemeinerndes zu entnehmen ist. Dafür mag der folgende Überblick über die ersten zehn der 23 unter Kaiser Guangwu nachweisbaren Konferenzen genügen.[15]

1. Konferenz: Wenige Tage nach seiner Thronbesteigung lässt Guangwu anlässlich einer Prophezeiung in einem apokryphen Text darüber diskutieren, wer Leiter der zivilen Verwaltung werden solle; die Teilnehmer der Diskussion sind nicht bekannt, der Kaiser erhält Zustimmung für seinen Kandidaten.
2. Konferenz: Ein halbes Jahr später, anfangs d. J. 26 n. Chr. nimmt Guangwu Belehnungen verdienstvoller Männer zu Markgrafen vor und muss sich die Kritik eines Gelehrten gefallen lassen, dabei über die klassische Größe von Markgrafschaften hinauszugehen; der Kaiser verteidigt die exzeptionelle Größe der Lehen und findet Unterstützung bei weiteren, namentlich unbekannten, Diskutanten.
3. Konferenz: Weitere zwei Monate später lässt der Kaiser anlässlich einer von ihm verfügten Generalamnestie hochrangige Beamte sowie Gelehrte über die Mäßigung von Verstümmelungsstrafen diskutieren; der Kaiser selbst ist bei der Diskussion nicht präsent, die Ergebnisse sind unbekannt.
4. Konferenz: Am Neujahrstag d. J. 28 n. Chr. präsidiert der Kaiser einer Diskussion unter hohen Beamten und Gelehrten über den Vorschlag, an der kaiserlichen Universität Lehrstühle für eine bestimmte Interpretationsrichtung des *Buches der Wandlungen* (*Yi jing*) sowie für das Geschichtswerk *Zuo zhuan* zu etablieren, wodurch die sog. Alt-Text-Schule gestärkt würde; im Ergebnis der kontroversen Diskussion stimmt er einem Lehrstuhl für das *Zuo zhuan* zu.

---

14   Nicht weniger prononciert als Lewis vertritt etwa Michael Nylan (2007) die Gegenposition: Zwar sei in der Forschung schon lange bekannt, dass die meisten Entscheidungen der Kaiser der Han-Zeit erst nach Beratungen mit Beamten erfolgten, „but the Oriental Despot model dies hard." (2007: 188).

15   Folgendes nach Bielenstein (1979: 53-71). Die Konferenzen werden in den Quellen mit verschiedenen Termini bezeichnet, doch ist das für unseren Zusammenhang bedeutungslos.

5. Konferenz, ebenfalls 28 n. Chr.: Diskussion über den probaten Ort eines für rituelle Zwecke wichtigen Gebäudes; der Kaiser favorisiert, die Antwort aus Offenbarungen apokrypher Texte zu erschließen, der einzige namentlich bekannte Diskutant hält dagegen; die Diskussion bleibt folgenlos, das Gebäude wird nicht errichtet.

6. Konferenz: Im Jahre 30 n. Chr. lässt der Kaiser die Bitte seines Schwagers diskutieren, aus gesundheitlichen Problemen und weil die nunmehr gefestigte Dynastie seine Dienste nicht mehr benötige, in Ruhestand gehen zu dürfen; der Kaiser folgt den Ausführungen seines Kanzlers, der Schwager sei unentbehrlich, lässt ihn mit Medizin versorgen und weist ihn an, sein Amt nach Kräften weiterzuführen.

7. Konferenz, 30 n. Chr.: Der Kaiser lässt unbekannte Diskutanten darüber beraten, wie mit den Überresten der Truppen eines jüngst vernichteten Rivalen zu verfahren sei.

8. Konferenz, Winter 30 n. Chr.: Diskussion des Vorschlags, Beamte länger auf ihren Posten zu belassen, damit sie langfristige Aufgaben angehen können; die mit der Diskussion beauftragten Minister stimmen alle zu, der Vorschlag wird umgesetzt; unklar, ob der Kaiser an der Diskussion beteiligt.

9. und 10. Konferenz, 26 n. Chr. und 31 n. Chr.: Zwei Konferenzen mit Beamten und Gelehrten behandeln die Frage, welcher Vorfahr des Kaisers in den kaiserlichen Opfern am Himmelsaltar als irdisches Äquivalent dem Himmel „gleichgestellt" werden soll: der Dynastiegründer Liu Bang (Han Gaozu) oder der ferne mutmaßliche Ahnherr des Kaiserhauses, der mythische Herrscher Yao. In der ohne den Kaiser abgehaltenen ersten Konferenz plädieren die meisten für den Dynastiegründer; in der zweiten Konferenz findet sich eine Mehrheit für Yao als Gegenstück des Himmels, und der Kaiser schließt sich ihr an. Als jedoch ein nachgeordneter Beamter in einem Sondervotum bedenkt, die noch junge Dynastie habe keine enge Beziehung zum fernen und historisch zweifelhaften Yao, belässt es der Kaiser bei der hergebrachten Regelung und beopfert den Dynastiegründer weiter als Gegenstück des Himmels.

Mit Bielenstein lässt sich die Konferenzkultur des Kaisers Guangwu, die als repräsentativ für die gesamte frühe Kaiserzeit genommen werden mag, zusammenfassen: Die Konferenzen deckten ein breites Spektrum ab; sie konnten sich über einen längeren Zeitraum hinziehen und wurden teils mündlich teils schriftlich ausgetragen; nicht immer sind die Diskutanten bekannt, häufig werden die Drei Herzöge und die Neun Minister, also die ranghöchsten Hofbeamten, explizit genannt, deren Ratgeber dürften sie begleitet haben, der Kreis der Diskutanten ist aber nicht selten deutlich erweitert gewesen, etwa durch Gelehrte oder Lehnsherren, in wenigstens einem Fall ist die Meinung eines nicht anwesenden, mit den strittigen lokalen Verhältnissen betrauten Experten eingeholt worden;[16] der Kaiser war bei den Diskussionen nicht notwendigerweise persönlich zugegen; er folgte unterschiedlich dem Mehrheiten- oder dem Minderheitenvotum. Diese Beobachtungen stärken Bielensteins Interpretation der Han-zeitlichen Machtverhältnisse und der Kraft der Bürokratie:

> „The Han rulers were not autocrats. While there existed no written constitution, custom allowed total power to neither the emperor nor the bureaucracy. The two limited each other. […] The conferences were a mechanism for efficient government, not a tool for imperial power."[17]

Anderes ist schwieriger einzuschätzen, zunächst und vor allem Fragen der Repräsentativität der Daten: Wie ist es bspw. zu interpretieren, wenn die für die Zeit des Guangwu belegten Konferenzen sich nicht gleichmäßig über seine dreißigjährige Herrschaftszeit verteilen und für seine letzten Jahre keine Zusammenkünfte mehr belegt sind? Wie ist es zu deuten, wenn eine bestimmte Entscheidung zur Diskussion gestellt wurde? Darf dann der spezifische Gegenstand als generell diskussionsbedürftig gelten, darf dann angenommen werden, jede vergleichbare Entscheidung habe Diskussionsbedarf generiert? Wenn das aber, und das ist wahrscheinlich, nicht der Fall war, lassen sich dann jeweils spezifische Kriterien bestimmen, die Konferenzen notwendig machten?

Weitere Fragen ergeben sich aus Notizen über herausgehobene Diskutanten, denn beiläufige Bemerkungen erwecken den Eindruck, die Teilnahme an Konferenzen sei mitunter ein Privileg gewesen.[18] Nicht zuletzt sind schließlich Fragen des Verlaufs von Hofkonferenzen, der Diskussionskultur und der Offenheit des Gesprächs nicht in der wünschenswerten Klarheit bekannt.[19] Doch ebenso wie

---

16 So bei einer Konferenz d. J. 36 n. Chr.; siehe Bielenstein (1979: 57).

17 Bielenstein (1979: 53 und 59).

18 Man beachte das Beispiel des Fan Sheng (gest. nach 60 n. Chr.): Dessen Ratschläge sollen zwar beim jungen Kaiser Guangwu keine Akzeptanz gefunden haben, gleichwohl soll ihn derselbe Kaiser bei jeder späteren „großen Konferenz" um seine Meinung gefragt haben: Fan Ye (1965), im Folgenden zitiert als *Hou Han shu*. Hier *Hou Han shu* 36.1227. Über drei weitere Männer im Umfeld des jungen Guangwu heißt es, ihre Zulassung zu Konferenzen über wichtige Staatsangelegenheiten sei als eine Ausnahme und ein Gunsterweis zu betrachten (*Hou Han shu* 17.667). Auch aus früheren Zeiten wird Vergleichbares berichtet, eine sehr herausragende Stellung als Ratgeber wird Dong Zhongshu (ca. 170 – ca. 100 v. Chr.) zugesprochen, der noch auf dem Krankenlager durch den als Kurier entsandten Justizminister um seine externe Expertise gebeten wurde, wenn große Konferenzen bei Hof ausgerichtet wurden (*Hanshu* 56.2525, *Hou Han shu* 48.1612f.).

19 Sicher galten während der Konferenzen bestimmte Tabus für die Teilnehmer. So wurde etwa ein Mann namens Xiahou Sheng beschuldigt, während einer Hofkonferenz Majes-

Details förmlicher Konferenzen unbekannt sind, ist auch das Procedere sonstiger Entscheidungsfindungen nicht mit Bestimmtheit nachzuzeichnen. Selbst dann, wenn sie nicht vorwiegend oder exklusiv auf mündlicher Kommunikation beruhten, sondern die Historiographie schriftliches Material erhalten hat, muss mit verkürzten Darstellungen gerechnet werden.

Glücklicherweise ist aus der beginnenden Han-Zeit ein Fall bekannt, der ob seiner Detailfülle geradezu als „model case of the decision-making process at the early Han court" bezeichnet worden ist, nämlich die i. J. 117 v. Chr. geführte Diskussion darüber, ob und wie hoch die drei Söhne des Kaisers Wu (reg. 140 – 87 v. Chr.) belehnt werden sollten.[20] Giele hat die hier in aller Kürze zu skizzierende, in sechs Schritten verlaufene, Diskussion ausführlich nachgezeichnet.[21]

1. Ein sehr hochrangiger Beamter bittet um eine nicht weiter spezifizierte angemessene Belehnung der drei Prinzen. Der Kaiser fordert andere Beamten zur Diskussion der Petition auf.
2. In einem gemeinsamen Memorandum berichten weitere hohe Beamte, sie hätten die Petition geprüft und schlössen sich ihr an; ihr Memorandum bittet ferner um Belehnung der drei Prinzen als Könige. Darauf ergeht eine erneute Aufforderung des Kaisers: Man überprüfe, ob die Prinzen nicht lediglich zu Markgrafen gemacht werden sollten.
3. Abermalige Denkschrift der hohen Beamten, die bereits das erste Memorandum vorgelegt hatten: Eine Diskussion mit weiteren Beamten habe ergeben, dass die drei Prinzen in Übereinstimmung mit alten Präzedenzien zu Königen, nicht zu Markgrafen zu machen seien. – Eine entgegenlaufende Anordnung des Kaisers bestimmt darauf die Einsetzung der Prinzen als Markgrafen.
4. Drittes Memorandum der gleichen Absender: Auch Konsultationen mit wieder anderen Beamten ließen sie raten, die Prinzen als Könige zu belehnen. – Dieses Memorandum „verbleibt im Palast", wie der Historiograph vermerkt, der Kaiser beantwortet es nicht.
5. Nahezu zwei Wochen später ergeht ein viertes Memorandum, das von teils anderen hohen Beamten getragen ist, inhaltlich aber lediglich bereits Vorgebrachtes

---

tätsbeleidigung begangen zu haben, und 2 v. Chr. wurden zwei Männer wegen ihres heftigen Streits bei einer Konferenz durch Degradierung bestraft. Siehe Hulsewé (1955: 175 und 183 sowie zugehörige Anmerkungen).

20 Zitat Giele (2006: 225).

21 Giele (2006: 224-232). Die Dokumente dieser über einen Monat lang schriftlich geführten Diskussion sind dank eines exzeptionellen Zufalls historiographisch überliefert worden (*Shiji* 60.2105-2111) und haben auch in der von Giele vorbildlich gewürdigten chinesischen und japanischen Forschung Aufmerksamkeit erhalten.

wiederholt. – Nun erklärt eine Anordnung des Kaisers das Einverständnis zur
Belehnung der drei Prinzen als Könige.

6. Ein fünftes und letztes Memorandum bittet um genaue Benennung der Lehen
für die Prinzen; eine kaiserliche Anordnung trifft eine entsprechende Festlegung.

Die Quellenlage lässt leider den repräsentativen Wert der skizzierten Diskussion
nicht entscheiden. Giele selbst misstraut zu Recht einer definitiven Interpretation,
wenn er sie einerseits als „model case of the decision-making process at the early
Han court" bezeichnet, andererseits das Zögern des Herrschers, seine Söhne als
Könige zu belehnen, als Ausdruck gespielter Bescheidenheit und echter Sorge, in
persönlichen und familiären Belangen nicht als gierig gelten zu wollen, zu deuten
versucht.[22] Auch könnte, über Giele hinausgehend, Kaiser Wus Zögern, die Prinzen
zu Königen zu machen, im Gegenteil gerade von seinem Misstrauen gegen starke
Könige im Allgemeinen, seine Söhne im Besonderen diktiert gewesen sein. Immerhin lag es nur eine Generation zurück, dass der Aufstand der Sieben Könige
(154 v. Chr.) die Han-Dynastie massiv bedroht hatte; und es war erst fünf Jahre
her, dass Kaiser Wus Onkel Liu An (179 – 122 v. Chr.), der als mächtiger König
Rechte auf den Kaiserthron beansprucht hatte, einer Rebellion bezichtigt und in
den Selbstmord getrieben worden war. Wenn schließlich zwei der drei Prinzen,
über deren Belehnung i. J. 117 v. Chr. verhandelt wurde, später Ambitionen auf den
Thron zeigen sollten, mag auch der Vater befürchtet haben, allzu hohe Privilegien
könnten seine Söhne ungebührlich anspruchsvoll machen.

4 Eine Fallstudie: Inthronisierung und Entthronung des Liu He, Juli/August 74 v. Chr.

4.1 Die verhinderte Wahl des Liu Xu

Im Juni 74 v. Chr. verstarb, in seinem beginnenden dritten Lebensjahrzehnt und
doch schon 13 Jahre auf dem Thron, der Han-Kaiser Zhao (reg. 87 – 74 v. Chr.),

---

22 Giele (2006: 230): „That in the end the emperor was so easily won over by the bureau-
crats' warming up of their old arguments would seem to indicate that […] the whole
foreplay of exchanges was really not much more than a show of imperial righteousness
and modesty. In order not to go into history as a greedy and selfish monarch, Liu Che
[i.e., emperor Wu; R. E.] had to comply with the tradition of […] three times rejecting
an offer of appointment, in this case not his own, but that of his sons, while in reality
he could be – or made – sure that the offers would keep coming in."

Liu Fuling (94 – 74 v. Chr.). Weil er weder einen Erben hinterlassen noch einen sonstigen Thronfolger bestimmt hatte, oblag es nun der hohen Beamtenschaft, einen Nachfolger zu benennen. Die Wahl fiel auf Liu Xu (gest. 54 v. Chr.), einen älteren Halbbruder des Verstorbenen, den einzig noch lebenden unter dessen fünf Brüdern zumal, der vordem König von Guangling gewesen war. Die Wahl scheint einstimmig gewesen zu sein, wie jedenfalls eine lapidare Notiz der eminenten historiographischen Quelle *Buch der Han (Dynastie)* glauben macht.[23] Weiteres Wichtiges verschweigt die Notiz: Weder spezifiziert sie die über die Nachfolge des Verstorbenen Diskutierenden, noch nennt sie eventuelle alternative Kandidaten, sie führt keine Argumente pro und contra Liu Xu an, und sie enthält sich sogar eines Hinweises auf Unstimmigkeiten innerhalb der Beamtenschaft, der gerechtfertigt gewesen wäre. Einiges lässt sich aus weiteren Quellen erschließen, über anderes ist immerhin zu mutmaßen:

Die zitierte Bemerkung, Liu Xu sei seinerzeit der einzige noch lebende Sohn des Kaisers Wu (reg. 141 – 87 v. Chr.) gewesen, lässt annehmen, das Recht der Abstammung sei zu seinen Gunsten angeführt worden. Er war der einzige noch lebende Sohn des letzten Kaisers mit leiblicher Nachkommenschaft überhaupt. Da er überdies bedeutend älter als sein jüngst verstorbener Halbbruder Kaiser Zhao war, hatte er ehedem schon Erwartungen gehegt, die Nachfolge des gemeinsamen Vaters Wudi anzutreten. Dies war jedoch am Willen des Wudi selbst gescheitert, der auf dem Sterbebett seinen minderjährigen jüngsten Sohn Liu Fuling als Nachfolger bestimmt und einem Triumvirat um seinen Vertrauten Huo Guang (130? – 68 v. Chr.) anvertraut hatte. Bei der seinerzeitigen Zurücksetzung des älteren Liu Xu scheinen nicht zuletzt väterliche Bedenken gegen die Lebensführung und den Charakter des Sohnes erwogen worden zu sein, wie die ganz ungewöhnlich persönliche Mahnung belegt, die Kaiser Wu seinem Sohn bei dessen Einsetzung zum König von Guangling mit auf den Weg gegeben hatte: „Verkehre nicht mit Vergnügungssüchtigen, halte dich fern von kleinen Leuten, nimm allein das Gesetz zum Vorbild."[24]

---

23 „Unter den sechs Söhnen des Kaisers Wu lebte nur noch (Liu) Xu, der König von Guangling. Die Beamtenschaft beriet, wer zu inthronisieren sei, und alle votierten für den König von Guangling." *Hanshu* 68.2937 (Biographie des Liu He), engl. Übersetzung in Watson (1974: 128). Mit Vokabeln wie „votieren für" und „Wahl" soll keineswegs eine förmliche Wahl mit klaren Regeln suggeriert werden.

24 *Hanshu* 63.2760, Watson (1974: 65). Diese Mahnungen fügen sich gut zu weiteren Notizen über Schwächen des Charakters und der Lebensführung, die Liu Xus Biographie in *Hanshu*, a. a. O., mitteilt. Darüber hinaus musste sich Liu Xu wiederholte magische Praktiken und Indienstnahme einer Schamanin vorwerfen lassen (*Hanshu* 63.2760-2762). Im Übrigen ist Liu Xu einer der drei Söhne des Kaisers Wu, über deren Belehnung i. J. 117 v. Chr. in der oben skizzierten Diskussion gesprochen wurde.

Auch Huo Guang hatte Vorbehalte gegen Liu Xu und war entschlossen, ihn als Kaiser zu verhindern.[25] Dafür musste er jedoch das mutmaßlich stärkste Argument für seine Wahl zum Kaiser entkräften, nämlich das ungeschriebene Recht der früheren Geburt. Huo Guang tat dies vermittels einer, ohne Zweifel von ihm selbst bestellten, Expertise eines ungenannten Höflings, die unter Verweis auf zwei Präzedenzfälle der „Angemessenheit" oder „Geeignetheit" (*yi*) den Vorzug vor dem Geburtsrang gab. Bei der Herrscherfolge „kommt es nur darauf an, wer angemessen ist", befand der Experte, und schloss mit dem bedauerlicherweise nicht begründeten negativen Urteil über Liu Xu: „Der König von Guangling ist nicht geeignet, den (Dienst im) Ahnentempel zu übernehmen."[26]

4.2   Die Wahl des Liu He

Dann überschlugen sich die Ereignisse: Der mächtige Huo Guang legte das ihm willkommene Gutachten umgehend dem Kanzler Yang Chang (gest. 74 v. Chr.) vor, und noch am selben Tag traf die ranghöchste Person des Hofes, die erst 15-jährige Witwe des verstorbenen Kaisers, Anordnungen zugunsten des Liu He (93 – 59 v. Chr.) als künftigen Kaiser. Leider sind Einzelheiten des Procedere und der Argumentation abermals im Dunkeln: Weder wissen wir, ob und in welcher Form die von Huo Guang besorgte Expertise der bislang Liu Xu zugeneigten Beamtenschaft vorgelegt wurde, noch wissen wir, ob und wie diese umgestimmt oder – von wem? – überstimmt wurde. Ebenso wenig wissen wir, welche Überlegungen in der Diskussion zwischen dem betagten Kanzler Yang Chang, dem übermächtigen Huo Guang und der Witwe des Kaisers (einer Enkelin des Huo Guang) zugunsten des Liu He angeführt wurden, ganz zu schweigen von eventuellen Vorbehalten gegen den erst 18-jährigen Enkel des Kaisers Wu, der nach damals schon 13-jährigem Wirken als König von Changyi (Shandong) kein unbeschriebenes Blatt mehr sein

---

25   Huo Guangs Bedenken sind in einer Bemerkung seiner Lebensbeschreibung angedeutet, welche gleichzeitig die Einmütigkeit des Votums der Beamtenschaft für Liu Xu Lügen straft: „Der König (Liu Xu) aber hatte von Grund auf den rechten Weg verloren und war deswegen vom ehemaligen Kaiser (Wudi) nicht (als Nachfolger?) herangezogen worden. (Huo) Guang war daher in seinem Innern nicht ruhig." *Hanshu* 68.2937, vgl. Watson (1974: 128). Die Ablehnung des Liu Xu durch Huo Guang war sicher nicht nur mit den Vorbehalten des Beamten gegen die Lebensführung des Kandidaten begründet, sondern auch mit der Angst Huo Guangs vor seinem möglichen eigenen Machtverlust, doch spielt dies hier keine Rolle.

26   *Hanshu* 68.2937, vgl. Watson (1974: 128). Die besagten Präzedenzfälle datieren in die beginnende Zhou-Dynastie.

konnte und sich bald Vorwürfen erheblicher sittlicher und rechtlicher Verfehlungen ausgesetzt sehen sollte.[27]

Immerhin wissen die Quellen, wie nach der „Wahl" des Liu He, der um eine Generation jünger als der erste Favorit, Liu Xu, war, verfahren wurde und welche kulturellen und religiösen Implikationen das Verfahren beinhaltete: Die junge Witwe des verstorbenen Kaisers Zhao entsandte vier zivile und militärische Hofbeamte sowie den Vorsteher der kaiserlichen Familie, um den König Liu He in die Hauptstadt zu geleiten. Dort sollte Liu He den Begräbnisfeierlichkeiten für den verstorbenen Kaiser Zhao vorstehen und damit Aufgaben übernehmen, die ihn zum Sohn seines verstorbenen Onkels machten und ihm als Trauernden religiöse Pflichten und harte Einschränkungen in der Lebensführung abnötigten, während sie ihm andererseits bedeuteten, er dürfe das Erbe des Kaisers antreten.[28]

4.3   Liu Hes Reise nach Chang'an, seine Inthronisierung und seine Entthronung

Die Ereignisse zwischen der Ankunft der Emissäre im Königreich Changyi, der Inthronisierung des Liu He und seiner 27 Tage später erfolgten Entthronung sind in verschiedenen Teilen unserer Hauptquelle *Hanshu* mehr oder weniger detailliert beschrieben. Die Biographie des mächtigen Hintermannes Huo Guang vermerkt knapp: „Liu He kam in die Hauptstadt, kam auf den Thron und benahm sich verdorben."[29] Etwas ausführlicher halten sich die „Kaiserannalen": Am Tage *bing yin* des sechsten Monats, also am 18. Juli 74 v. Chr., 43 Tage nach dem Tod des Kaisers Zhao, übernahm Liu He Siegel und Siegelschnur des Kaisers und hob den Titel der Kaiserwitwe an; 27 Tage später „reichte (Huo) Guang ein Memorandum ein, wonach (Liu) He zügellos und verdorben sei, und bat, ihn abzusetzen".[30]

Die Informationen über die wenigen Tage zwischen Liu Hes Abreise aus Changyi und seiner Verstoßung vom Thron stehen naturgemäß im Lichte der zu seiner Absetzung führenden Vorgänge, die ihrerseits in der unten noch im Detail vorzustellenden Denkschrift gegen ihn gipfelten. Sieht man von Informationen ab, die aus übler Nachrede zu gewinnen sind, ergibt sich: (1.) Liu He nahm die Einladung

---

27 Einzig daran, dass die Entscheidung zugunsten des Liu He ein von Huo Guang inszeniertes Ränkespiel war, lässt das *Hanshu* (8.238) keinen Zweifel.

28 *Hanshu* 63.2764: „Huo Guang forderte, der König (Liu) He solle dem kaiserlichen Begängnis vorstehen."

29 *Hanshu* 68.2937.

30 *Hanshu* 8.238, Dubs (1944: 203f.).

nach Chang'an rasch und ohne angemessenes Zögern an; seine Abreise aus Changyi erfolgte zügig, die Reise verlief schnell. Seit Antritt der Reise war Liu He in Trauerkleidung und hatte Vorschriften für Trauernde zu genügen. (2.) Auf seiner Reise nach Chang'an war Liu He von vielen Beamten und Vertrauten seines bisherigen königlichen Hofstaats begleitet, weitere ließ er nach Chang'an nachkommen. (3.) Nach Ankunft in Chang'an wurde Liu He bei einer Audienz mit der Witwe des verstorbenen Kaisers Zhao zu dessen Kronprinz ernannt. Der Titel der Witwe des Zhaodi wurde von „Kaiserin" (*huang hou*) zu „Kaiserwitwe" (*huang tai hou*) angehoben.[31] (4.) Durch Aushändigung zweier in einer versiegelten Schatulle aufbewahrten, nicht permanent mitzuführenden, Siegel vor dem Sarg mit der Leiche des verstorbenen Kaisers Zhao wurde Liu He als Kaiser designiert.[32]

4.4   Das Verfahren zur Absetzung des Liu He

Das Verfahren zur Absetzung des Liu He ist, vor allem über die Lebensbeschreibungen der Hauptakteure, bis in Details bekannt; man kann es der besseren Übersicht halber in elf Schritte gliedern:[33]

1.   Tian Yannian (gest. 72 v. Chr.) liefert Huo Guang einen Präzedenzfall zur Legitimation der beabsichtigten Entthronung des Liu He:
      „In Sorge" über das ungebührliche Verhalten des kürzlich inthronisierten Liu He sucht Huo Guang den Kontakt mit Tian Yannian, der als Minister für den Ackerbau zu den Neun Ministern und mithin zur höchsten zivilen Beamtenschaft gehört und ihm außerdem aus seiner früheren Karriere als „vertrauter ehemaliger Büttel" verbunden ist. Ohne seine Absicht zu verhehlen, bekundet er doch Sorge, mit der Enthebung eines Kaisers gegen ein Tabu zu verstoßen. Tian Yannian aber redet Huo Guang zu, die Angelegenheit der Kaiserwitwe vorzutragen, damit ein „Würdiger" als neuer Kaiser ausgewählt werde; ferner und im Besonderen verweist er auf einen (vermeintlichen) historischen Prä-

---

31 *Hanshu* 8.238, Dubs (1944: 203f.).

32 *Hanshu* 68.2940 und 2943, Anm. 34.

33 Die chinesische Geschichtsschreibung hat eine Vorliebe für das Erzählen und lässt die Protagonisten sich gerne persönlich äußern. Das setzt sie dem leicht nachvollziehbaren Vorwurf aus, reichlich unverbürgtes Material als authentisch zu präsentieren, erst recht dann, wenn es sich um Äußerungen ohne Beisein von Zeugen handelt. Bielenstein hat diesen Vorwurf in einer wichtigen Studie relativiert, die sich zwar auf das *Hou Han shu* beschränkt, aber darüber hinaus von grundsätzlichem Wert ist: Bielenstein (1954: 9-81), Ausführungen zu Text „History" und „Historiography".

zedenzfall, der eine Rechtfertigung für die Entthronung des Liu He biete und Huo Guang als Retter des Staates in Ehren bringen könne.[34] – Damit darf Huo Guang als der Initiator der Absetzung des Liu He, Tian Yannian aber als ihr „Denker" und „Stichwortgeber" bezeichnet werden.

2. Huo Guang versichert sich in einem explizit als „heimlich" charakterisierten und historiographisch nicht ausgeschmückten Gespräch, das sicher auch das weitere Procedere betraf, der Unterstützung eines weiteren langjährigen Vertrauten, des Generals Zhang Anshi (gest. 62 v. Chr.).[35] – Zhang Anshi muss neben Huo Guang als der wichtigste Initiator der Inthronisierung des Liu He ebenso wie als der neben diesem bedeutendste Betreiber seiner Absetzung betrachtet werden.[36]

3. Huo Guang beauftragt Tian Yannian, den Kanzler Yang Chang (gest. 74 v. Chr.) über die zwischen Huo Guang und General Zhang Anshi getroffenen Vereinbarungen zu informieren. Der Kanzler stimmt dem geplanten Sturz des Liu He zu.[37]

4. Solchermaßen vorbereitet, lädt Huo Guang zu einer „Beratung" (*yi*) in den Weiyang-Palast ein. Die Teilnehmer der Beratung sind neben dem zuvor bereits ins Vertrauen gezogenen Kanzler der kaiserliche Sekretär, Markgrafen, zur zweithöchsten Besoldungsgruppe („volle 2000 Stein") gehörende Beamten sowie nicht weiter spezifizierte „Großwürdenträger" (*dai fu*) und „Gelehrte" (*bo shi*).[38] Die historiographisch mitgeteilten Einzelheiten lassen an der guten

---

34 *Hanshu* 68.2937, Zitate hieraus; vgl. Watson (1974: 129). Der Kommentator Yan Shigu (581– 645) mutmaßt (*Hanshu* 68.2938, Anm. 4), Huo Guang habe sich nach einem Präzedenzfall für die Absetzung eines Herrschers erkundigen müssen, weil er selbst wenig Bildung besessen habe. Möglicherweise war sein Vorgehen aber eher durch das Kalkül diktiert, sich der Unterstützung eines bedeutenden Beamten zu versichern. Jedenfalls bringt es die schon angesprochene Expertise des anonymen Höflings in Erinnerung, beim Herrscherwechsel gehe nichts über die „Geeignetheit" eines Kandidaten.

35 *Hanshu* 68.2937; vgl. Watson (1974: 129). Der General dürfte sich das Vertrauen des Huo Guang spätestens gesichert haben, als er sich Jahre zuvor (i. J. 80 v. Chr.) bei einer angeblichen Verschwörung auf die Seite Kaiser Zhaos und Huo Guangs gestellt hatte; Huo Guang seinerseits hatte sich deswegen für eine Belehnung des Zhang Anshi und auch für dessen Einsetzung zum General verwendet: *Hanshu* 59.2647 (Biographie des Zhang Anshi).

36 So die Biographie des Zhang Anshi in *Hanshu* 59.2647f. sowie die Biographie des Du Yannian, *Hanshu* 60.2665.

37 Details in *Hanshu* 66.2889 (Lebensbeschreibung des Yang Chang).

38 So nach *Hanshu* 68.2937; vgl. Watson (1974: 129). Weitere Details fehlen, es ist schwer vorstellbar, dass bei der Beratung alle „Großwürdenträger" und Markgrafen zugegen waren.

Inszenierung dieser Versammlung keinen Zweifel:[39] (4.1) Huo Guang eröffnet die Beratung mit seiner Einschätzung, das nicht näher beschriebenes Verhalten des Liu He gefährde die Dynastie, und er fragt die Versammelten, wie dem abzuhelfen sei. (4.2) Diese verstehen die Frage als Andeutung des Huo Guang, den Kaiser entthronen zu wollen, wagen aber in ihrem Schock nicht, sich zu äußern. Einzig der zuerst in die Pläne eingeweihte und sie legitimierende Tian Yannian ergreift das Wort. Mit drohender Gebärde, der Hand am Knauf seines Schwerts, erinnert er Huo Guang in direkter Anrede an seinen ihm von Kaiser Wu aufgetragenen und über dessen Tod hinaus gültigen Auftrag, die Dynastie zu sichern; er fordert das sofortige Ende der Beratung und droht, jeden zu köpfen, der seine Zustimmung zur Entthronung des Liu He verweigere. (4.3) Huo Guang erwidert die gut in Szene gesetzte Erinnerung des Tian Yannian mit der Versicherung, sich der Verantwortung um das Wohlergehen des Reiches bewusst zu sein; sämtliche Versammelten versichern Huo Guang unter Gesten der Untertänigkeit den Gehorsam.

5. Huo Guang und „die Beamtenschaft" – kontextuell sicher die zuvor aufgezählten Versammelten oder deren Delegierten – begeben sich zur Kaiserwitwe und „führen in einer Darlegung detailliert aus, dass der König von Changyi nicht geeignet ist, den Dienst in den Ahnentempeln zu übernehmen".[40] Daraufhin begibt sich die Witwe zu den Versammelten und verfügt, Liu Hes „Untertanen aus Changyi" den Zugang zum Palast zu verweigern, wodurch dieser von seinen wichtigsten Gefolgsleuten abgetrennt wird.[41]

6. Liu He wird von seinen Gefolgsleuten aus Changyi getrennt; diese werden auf Veranlassung des Huo Guang aus dem Palast entfernt, während der General Zhang Anshi der Palastwache befiehlt, über 200 von ihnen in das dem Justizminister unterstehende Kaiserliche Gefängnis zu verbringen. Liu He selbst wird unter Aufsicht von Beamten des verstorbenen Kaisers Zhao gestellt.

7. Die Kaiserwitwe lädt Liu He per Dekret (zhao) vor; er findet sich vor einer beeindruckend bedrohlichen Versammlung – die Kaiserwitwe selbst sitzt militärisch gekleidet in einem von hunderten Waffenträgern umgebenen Militärzelt, weitere Männer unter Waffen sind an den Aufgängen zur Empfangshalle postiert – und muss sich in Gegenwart der rangmäßig aufgetretenen „ganzen Beamtenschaft" die Verlesung der von Huo Guang und anderen verfassten Eingabe (zou) gegen ihn anhören. Die Verlesung geschieht unter großer emotionaler Anteilnahme,

---

39 Zu folgendem siehe *Hanshu* 68.2937f.; vgl. Watson (1974: 129f.).
40 *Hanshu* 68.2938; vgl. Watson (1974: 130). Die Erwähnung einer „Darlegung" deutet m. E. auf einen schriftlichen Bericht hin. Keine Details bekannt.
41 *Hanshu* 68.2938f.; vgl. Watson (1974: 130).

etwa in der Mitte der Denkschrift unterbricht die junge Witwe den Sprecher mit einem Aufschrei über die Liu He zu Last gelegte Vorwürfe.

8. Ohne Aussprache und ohne Anhörung des Beschuldigten billigt die Kaiserwitwe unmittelbar nach ihrer Verlesung die Eingabe gegen Liu He per Dekret (*zhao*) mit dem herkömmlichen Vermerk „genehmigt" (*ke*). Huo Guang zwingt Liu He zur Annahme des Dekrets.

9. Huo Guang entwendet Liu He Siegel und Siegelschnur und übergibt beides der Kaiserwitwe als der nun wieder ranghöchsten Person am Hof; er geleitet Liu He die Empfangshalle hinab und eskortiert den Abgesetzten unter Geleit der Beamtenschaft zur hauptstädtischen Residenz des Königs von Changyi.[42]

10. Die nicht weiter spezifizierte „Beamtenschaft" erbittet um Verschickung des entthronten Liu He in ein „entferntes Gebiet", doch die Kaiserwitwe dekretiert seine Rückkehr in sein Königreich Changyi.[43]

11. Die im Gefängnis einsitzenden ehemaligen „Beamten aus Changyi" werden angeklagt, Huo Guang lässt sie, mehr als zweihundert an der Zahl, hinrichten; die Klage lautet auf die Vorwürfe „Verstoß gegen die Pflicht, zu unterstützen und (zum Guten) anzuleiten" sowie „Verleitung des Königs (Liu He) zum Bösen".[44]

4.5 Die Eingabe gegen Liu He

Im Zentrum des im Vorstehenden skizzierten Entthronungsverfahrens steht die Verlesung der Eingabe gegen Liu He vor der jungen Kaiserwitwe in Gegenwart der hohen Beamtenschaft und starkem militärischem Aufgebot. Unbesehen ihres mündlichen Vortrags und der dramatischen Inszenierung, die im Abscheu bekundenden Aufschrei der Witwe ihren Höhepunkt findet, halte ich die Eingabe für ein erstrangiges Dokument der zeitgenössischen politischen Kultur, das eine intensive Betrachtung verdient; auch scheint es sich bei der in Huo Guangs Lebensbeschreibung überlieferten Eingabe um die *in toto* zitierte Anklageschrift gegen Liu He zu han-

---

42 *Hanshu* 68.2946; vgl. Watson (1974: 136).

43 *Hanshu* 68.2946; vgl. Watson (1974: 136f.). Möglicherweise war die hier genannte „Beamtenschaft" identisch mit der Gruppe derer, die zuvor das Misstrauensvotum gegen Liu He abgegeben hatte, aber das ist nicht gesichert. Die Motive der Kaiserwitwe, den Entthronten wieder in sein Königreich zurückzuschicken und ihn auch sonst materiell gut zu versorgen, werden nicht genannt.

44 *Hanshu* 68.2946; vgl. Watson (1974: 137). Mit den beiden Anklagepunkten sind wahrscheinlich keine konkreten Straftatbestände zitiert.

deln.[45] Sie umfasst 943 Schriftzeichen und ist unter einem formalen Gesichtspunkt in zwei nahezu gleich lange Teile zu gliedern (525 und 418 Zeichen), doch hat der die Gliederung markierende Aufschrei der Kaiserwitwe keine interpretatorische Bedeutung für das Schriftstück.[46] Inhaltlich ist das Dokument in fünf ungleich lange Teile zu untergliedern, von denen das sehr umfangreiche Mittelstück durch den Ausruf der Kaiserwitwe unterbrochen wird:[47]

1. Aufzählung der Unterzeichner der Eingabe (185 Zeichen).
2. Präambel: Einleitungsfloskel, politisches Grundbekenntnis und Sachstandsbericht (78 Zeichen).
3. Aufzählung verfehlten Benehmens des Liu He (512 Zeichen).
   3.1 Vier Verfehlungen auf der Reise nach Chang'an.
   3.2 Eine Verfehlung nach der ersten Audienz bei der Kaiserwitwe.
   3.3 Zahlreiche Verfehlungen nach symbolischer Aushändigung kaiserlicher Siegel.
   3.4 Zusammenfassung der Vorwürfe.
4. Expertise der Gelehrten (131 Zeichen).
5. Handlungsvorschlag und Ausleitungsfloskel (37 Zeichen).

Ad 1:
Die Denkschrift gegen Liu He beginnt mit der Nennung von 36 Unterzeichnern. Die Liste wird angeführt vom Kanzler, gefolgt von Huo Guang und vier Generälen, auch vier Markgrafen haben unterzeichnet, darunter ein Nichtchinese, des Weiteren die höchsten Beamten der hauptstädtischen Bürokratie, der Vorsteher der kaiserlichen Familie usw.; auch drei der vier Männer, die kurz zuvor Liu He von Changyi in die Hauptstadt eskortiert hatten, finden sich unter den Unterzeichnern. Man ist geneigt, die Unterfertigten insgesamt als die seinerzeit Mächtigen zu betrachten.

---

45 Zitat der Eingabe *Hanshu* 68.2939-2946; vgl. Watson (1974: 131-136). Die zu Beginn erfolgende lange Aufzählung der Unterzeichner sowie die Eingangs- und Schlussfloskeln sind Indizien für die Vollständigkeit des Dokuments.

46 Wenn die Editoren des *Hanshu* die besagte Zweiteilung vornehmen, so ist das lediglich eine Konsequenz ihrer satztechnischen Konvention, Zitate von Dokumenten einzurücken.

47 Die im Folgenden benutzten Bezeichnungen entsprechen weder sinologischen Konventionen noch eingeführten chinesischen Termini; die detaillierte Betrachtung chinesischer Dokumente steht in der Sinologie noch in den Anfängen.

Ad 2:

Auf eine kurze unterwürfige Einleitungsfloskel – „Ich, Ihr Untertan (Yang) Chang und die anderen (Unterfertigten) neigen das Haupt in Proskynese und nehmen die Strafe des Todes auf uns" – hebt die Eingabe mit einem politischen Grundbekenntnis in Form einer apodiktischen Beschreibung der Aufgaben eines Kaisers an. Um „auf ewig die Ahnentempel zu schützen und Zusammengehörigkeit und Einheit auf der Welt zu stiften", habe ein Kaiser sechs Tugenden zu beachten, die als drei ,Tugendpaare' oder ,Doppeltugenden' vorgestellt werden: Er muss „Güte und Kindespietät, Riten und Angemessenheit, (korrekte) Belohnungen und Bestrafungen zur Grundlage machen". Die Autoren zitieren diese Forderung ohne Verweis auf einen *locus classicus*, und tatsächlich scheint sie in der überlieferten Literatur in dem von ihnen benutzten Wortlaut nicht nachweisbar zu sein, wenn sie auch ohne Zweifel mit der zeitgenössischen politischen Rhetorik konform ging. Viel wichtiger ist indes, dass die Petenten mehrfach auf diese Eingangsforderung zurückkommen, die also eine Art Grundmotiv darstellt.

Übergangslos folgt sodann gleichsam als Sachstandsbericht eine Erinnerung an die näheren Umstände der Bestimmung des Liu He zum Nachfolger des Kaisers Zhao sowie zu den damit verknüpften Erwartungen: Nach dem Tod des erbenlos verstorbenen Monarchen hätten der die augenblickliche Eingabe vortragende Kanzler und weitere anonyme Personen in „Beratungen" gefunden, Liu He sei als Nachfolger „angemessen"; daraufhin sei Liu He in Übereinstimmung mit dem Grundsatz der Riten: „Der Nachfolger eines Mannes ist dessen Sohn", durch eine hochrangige Delegation aus seinem Königreich Changyi in die Hauptstadt Chang'an geleitet worden, damit er dort dem kaiserlichen Begängnis vorstehe. – Damit ist die Forderung umschrieben, Liu He habe mit seiner Wahl die Rolle des Sohnes von Kaiser Zhao, der realiter sein Neffe war, übernehmen und als trauernder Sohn besonderen Erfordernissen der Kindespietät genügen müssen.[48]

Ad 3:

Der sehr umfangreiche Mittelteil der Denkschrift besteht aus einer langen und zuletzt in eine Zusammenfassung mündenden Aufzählung von Verstößen des Liu He. Er lässt sich in vier Abschnitte gliedern:

(3.1) Der erste Abschnitt nennt vier Verfehlungen des offiziell in Trauer lebenden und diesem durch entsprechende ungesäumte, aus grobem Hanf gefertigte Kleidung Ausdruck verleihenden Königs. Die vier Verfehlungen lassen sich als Verstöße gegen

---

48 Der zitierte Grundsatz ist in diesem Wortlaut im *textus receptus* des *Buchs der Riten* nicht nachzuweisen, ist aber in der älteren Literatur sonst ebenfalls präsent und gehört zum anerkannten zeitgenössischen Gedankengut.

die Kindespietät (*xiao*) sowie gegen Riten und Angemessenes (*li yi*) zusammenfassen und sind teils konkreter, teils allgemeiner Art: Liu He „vergaß die Trauergesinnung" und „legte die Riten und das Angemessene beiseite", er begnügte sich nicht mit der einem Trauernden angemessenen fleischlosen „einfachen Nahrung" und beauftragte mitreisende Bedienstete, Frauen zu rauben und im Kleiderwagen versteckt in seine Reiseunterkunft zu bringen.[49]

(3.2) Der zweite Abschnitt nennt einen Verstoß, den sich Liu He nach seiner in der Audienz mit der Kaiserwitwe erfolgten Ernennung zum Kronprinzen zuschulden kommen ließ: Er kaufte sich des Öfteren heimlich Huhn und Schwein zum Essen. – Auch das ein Verstoß gegen die Kindespietät (*xiao*) sowie gegen Riten und Angemessenes (*li yi*).

(3.3) Unvergleichlich viel länger ist der sodann als dritter Abschnitt folgende Katalog von 17 Verstößen nach Liu Hes Designation zum Kaiser. (3.3.1) Er erbrach die ihm ausgehändigte Schatulle mit den beiden Siegeln, durch deren Übergabe er zum Kaiser designiert wurde (s. o.), versiegelte sie nicht wieder und ließ dadurch den nötigen Respekt für diese herausragenden Regalien vermissen. (3.3.2) Er ließ über 200 Personen seiner alten Gefolgschaft aus Changyi kommen, bis hinunter zu Stallburschen und Staatssklaven, und pflegte häufig vertrauten privaten Umgang mit ihnen. (3.3.3) Er besorgte sich persönlich 16 Kreditive, Legitimationsausweise für Gesandte, und hatte selbst bei den morgendlichen und abendlichen Aufwartungen beim aufgebahrten Kaiser Zhao Männer um sich, die „abwechselnd die Kreditive hielten", um seine Anweisungen aufzunehmen und weiterzuleiten.[50] (3.3.4) Er ließ durch eine briefliche Anordnung, worin er sich selbst als Kaiser (*huang di*) bezeichnete, einem seiner Bediensteten aus Changyi tausend Pfund Gold zukommen, damit dieser sich „zehn Frauen nehme". Er entnahm m. a. W. zu viel Geld aus der Schatulle des Staates für private Vergünstigungen und war in seinen „Belohnungen" nicht angemessen.[51] (3.3.5) Sowohl vor der Beisetzung des Kaisers Zhao als auch unmittelbar danach ließ Liu He durch das hauptstädtische Musikamtsbüro und auch durch Leute aus Changyi Musik aufspielen und Tänze vorführen. (3.3.6) Er ließ drei aufwendige *tai lao* Opfer, Suovetaurilia, ausrichten und vergnügte sich samt seinem Gefolge an den Opfergaben. (3.3.7) Er begab sich in offiziellem kaiserlichen Gefährt zu den gemeinen Vergnügungen Schweine- und Tigerkämpfe. (3.3.8) Er ließ die von Ponys gezogene Karosse der Kaiserwitwe anspannen und

---

49 *Hanshu* 68.2940; vgl. Watson (1974: 132). Das Verwerfliche dürfte eher der sexuelle Verkehr in der Trauerzeit als der Frauenraub gewesen sein. Die Kommentatoren übergehen diesen Vorwurf.

50 *Hanshu* 68.2940; vgl. Watson (1974: 133).

51 *Hanshu* 68.2940; vgl. Watson (1974: 133). Der Vorwurf zielt wohl weniger auf die Anzahl der betroffenen Frauen.

seine Dienerinnen darauf fahren. (3.3.9) Er unterhielt unsittliche Beziehung zu Palastdamen des Kaisers Zhao.[52] (3.3.10) Er nahm Lehnskönigen und Markgrafen sowie hohen Beamten in der Hauptstadt und in der Provinz ihre Siegelschnüre ab und gab diese an seine Gefolgsleute aus Changyi, ja sogar dortige „freigelassene Sklaven", also ganz niedrige Personen. (3.3.11) Er nahm symbolträchtige Änderungen bei der farblichen Gestaltung der Kreditive vor. (3.3.12) Er ließ Preziosen, Gold, Dolche und Schwerter, jadene Gerätschaften und Seide, aus der Staatskasse an Leute ausgeben, die sich gemeinsam mit ihm vergnügten. (3.3.13) Er hielt mit Gefolgsleuten (aus Changyi?) und Amtssklaven nächtliche Trinkgelage ab. (3.3.14) Er bestellte sich, wenngleich in Trauer, gewöhnliches Essen – ein lang dargelegter Vorwurf. (3.3.15) Er hielt abendliche Bankette ab. (3.3.16) Er verfügte durch eine briefliche Anordnung, seinem leiblichen Vater (König Ai von Changyi) drei aufwendige Suovetaurilia (*tai lao*) opfern zu lassen, wobei er sich selbst als „Ihr Erbe, der Kaiser" adressieren ließ. (3.3.17) In den 27 Tagen seit Empfang des kaiserlichen Siegels autorisierte er insgesamt 1127 Mal Gesandte mit den unterschiedlichsten, nicht spezifizierten Aufträgen, und als er für diese Willkür wiederholt ermahnt wurde, ließ er einen Kritiker vermahnen, einen anderen gefangen setzen.

(3.4) Der Katalog der Verfehlungen mündet in eine Zusammenfassung der Vorwürfe und die Versicherung, die Autoren der Denkschrift hätten gegenüber dem jungen Kaiser schon verschiedentlich erfolglos remonstriert:

> „(Liu He) ist liederlich und verwirrt, er hat es an den Riten für einen Kaiser und dem für diesen Angemessenen fehlen lassen und bringt alle Bestimmungen und Maßregeln der Han ins Durcheinander. Wir, Ihr Untertan Chang und die anderen, haben mehrfach Ermahnungen vorgebracht, doch er hat sich nicht geändert und ist von Tag zu Tag nur ärger geworden, so dass wir fürchten, er bringe die Staatsaltäre (= den Staat) in Gefahr und das ganze Reich sei nicht mehr in Sicherheit."[53]

Ad 4:

Der vierte Teil der Denkschrift beginnt mit dem unvermittelten Bekenntnis ihrer Autoren, sich mit sechs Gelehrten über die Verfehlungen des Liu He beraten (*yi*) zu haben, und besteht im Übrigen im Zitat der gelehrten Expertise selbst, einem sehr wichtigen Dokument:

> „Der Große Kaiser = der Dynastiegründer hat ein verdienstvolles Werk errichtet und ist dafür zum Stammvater der Han geworden, während der pietätvolle Kaiser Wen („der kultivierte Kaiser") für seine Güte und Menschlichkeit, seine Sparsamkeit

---

52 *Hanshu* 68.2940; vgl. Watson (1974: 133). Bei der Nennung dieser Verfehlung unterbricht die Kaiserwitwe die Verlesung.

53 *Hanshu* 68.2944; vgl. Watson (1974: 135).

und Frugalität zum Höchsten Ahn geworden ist. Nun haben Majestät das Erbe des pietätvollen Kaisers Zhao („des strahlenden Kaisers") angetreten, sein Benehmen ist aber liederlich und verdorben und hält sich nicht an die Normen. In den Liedern (*Mao* # 256.10) heißt es: ‚Du magst sagen, du seist noch unwissend, / Hältst aber doch schon ein Kind auf dem Arm.' Von den fünf zu Umgehenden (= unter höchster Strafe stehenden Verfehlungen) ist nichts größer als Pietätlosigkeit. Weil König Xiang der Zhou seiner Mutter nicht dienen konnte, sagt das *Chun qiu* über ihn: ‚Der Himmelskönig verließ (Zhou) und ließ sich in Zheng nieder.' (Tatsächlich) hat man ihn infolge seiner Pietätlosigkeit (aus Zhou) vertrieben und ihn vom Reich abgetrennt. Die Ahnentempel sind bedeutender als ein (einzelner) Fürst, Majestät haben noch nicht im Höchsten Ahnentempel das Mandat zur Herrschaft übernommen, sind ungeeignet, die himmlische Ordnung fortzusetzen, im Tempel des Stammvaters und des Ahnen zu dienen und die 10.000 Geschlechter als seine Kinder zu behandeln, (Majestät) sind abzusetzen."

Dieses Gutachten verdient eine eingehende Betrachtung:

1. Die Expertise beginnt mit einer Erinnerung an den Dynastiegründer und dessen Sohn und Nach-Nachfolger, von denen der Vater für seine Leistung (Gründung der Dynastie), der Sohn für andere Tugenden posthum als Stammvater und Ahn der Han-Dynastie Anerkennung fanden. Mit dem Beiwort „pietätvoll" für Kaiser Wen sowie den jüngst verstorbenen Herrscher wird Pietät (*xiao*) als unabdingbar eingefordert.
2. Es ist sicher anzunehmen, dass die Gelehrten in der besagten „Beratung" mit den die Eingabe unterzeichnenden Beamten über die Anschuldigungen gegen Liu He informiert worden waren, wenn diese nicht ohnehin hofweit notorisch waren. Gleichwohl verzichten sie auf eine Abwägung des kaiserlichen Benehmens im Einzelnen und kommen ohne Weiteres zu ihrem Befund über Liu He: „Sein Benehmen ist liederlich und verdorben und hält sich nicht an die Normen."
3. Liederliches und verdorbenes, von den Normen abweichendes Benehmen verstößt im Urteil der Gelehrten gegen die eingangs erhobene Grundanforderung an einen Kaiser schlechthin: Ein Kaiser muss „pietätvoll" (*xiao*) sein. So tief verwurzelt ist dieser Anspruch im Urteil der Gelehrten, dass „pietätvoll" ein notwendiges Epitheton in den posthum verliehenen Kaisernamen nach dem Dynastiegründer ist.
4. Mit einem Zitat aus dem *Buch der Lieder* (Mao # 256.10) weisen die Gelehrten den hypothetischen oder faktisch erhobenen Einwand zurück, der 18, 19 Jahre alte Liu He sei wegen jugendlicher Unkenntnis zu exkulpieren: Wer Kinder

zeugen könne, wer eigene Kinder habe, müsse sich angemessenes sittliches Urteilen und Handeln abverlangen lassen.[54]

5. Der nächste Satz, das absolut gesetzte Verdikt, Pietätlosigkeit sei das schlimmste unter den Vergehen, für welche die fünf Körperstrafen gelten,[55] wird auffälligerweise nicht begründet. Es gehörte gleichwohl zum festen Bestand der zeitgenössischen politischen Rhetorik, geht es doch zurück auf ein Konfuzius zugeschriebenes Wort im *Buch der Kindespietät* (*Xiao jing*).[56]

6. Ebenso wie mit einem kurzen Verweis auf das Buch der Lieder die Schuldfähigkeit des jungen Liu He postuliert wird, wird sodann mit einem den Konfuziusschen *Frühlings- und Herbst-Annalen* (*Chun qiu*) entnommenen Präzedenzfall die Forderung begründet, ein pietätloser Herrscher habe sein Land zu verlassen.[57]

7. Mit ihren letzten Worten sprechen die Gelehrten als Rechtskenner. Sie deuten die Auffassung an, Liu He sei noch gar nicht rechtskräftig inthronisiert, weil „Majestät den Auftrag (zur Herrschaft) im Ahnentempel des Dynastiegründers noch nicht erhalten haben". Doch es scheint, sie seien sich bei dieser Rechtsansicht keineswegs sicher gewesen: Hätte sonst ihre Expertise Liu He durchweg als „Majestät" (*bixia*) tituliert, also einen Titel benutzt, der für die direkte Anrede des Kaisers benutzt wurde? Hätte sonst ihr Urteil, Liu He „ist abzusetzen", eine Formulierung benutzt, die nur dann sinnvoll ist, wenn zuvor eine „Einsetzung" erfolgt war?[58]

Ad 5:

Der fünfte und letzte ist der bei weitem kürzeste Teil der Denkschrift. Er besteht in einem Handlungsvorschlag und einer sehr knappen ausleitenden Floskel der Bescheidenheit. Die explizite Bitte (Handlungsanweisung) lautet, die Zuständigen

---

54 Übersetzung und Interpretation des Lieds Mao # 256.10 folgen Yan Shigu, *Hanshu* 68.2946. Gelegentlich wird anders interpretiert, aber das ist für den vorliegenden Zusammenhang unwichtig.

55 In der Qin- und Han-Zeit Brandmarkung, Amputation der Nase, Amputation des linken Fußes, Amputation des rechten Fußes, Enthauptung mit anschließender öffentlicher Zurschaustellung.

56 Zitat aus *Xiao jing*, 11, „Wu xing", in Übersetzung von Legge (1966: 481): „The Master said, 'There are three thousand offenses against which the five punishments are directed, and there is not one of them greater than being unfilial.'"

57 Zitat aus *Chun qiu*, Xi 24, in Legge (1960: 190); die Auslegung geht, wie Yan Shigu, *Hanshu* 68.2946, Anm. 5 nachweist, auf das *Gong yang zhuan* zurück.

58 Auch im historischen Rückblick lässt sich nicht eindeutig sagen, wann die Inthronisierung eines Han-Kaisers Gültigkeit erhalten hat. Vermutlich erst mit der Vorstellung im *Gao miao*, Ahnentempel des Dynastiegründers, doch wird dies in den Quellen zu selten und zu ungenau thematisiert.

mögen unter Ausrichtung einer Suovetaurilia Meldung (über die Angelegenheit) im *Gao miao*, Ahnentempel des Dynastiegründers, machen.[59]

Die obige inhaltliche Wiedergabe der Denkschrift über die Verfehlungen des Liu He soll mit ihrer bewussten Pedanterie die Gliederung eines wichtigen Dokuments erschließen helfen. Denn allzu oft werden chinesische Texte nur so vorgestellt, wie sie auf Anhieb wirken: jeder Struktur entbehrend. Versucht man indes, die Eingabe auf ihre argumentative Struktur und ihre Rhetorik zu untersuchen, so fällt weiteres Interessantes auf.

Vor allem verschiedene Kniffe der Autoren, die Autorität ihrer Eingabe zu steigern und ihren Ausführungen Glaubwürdigkeit zu verleihen. Diesem Ziel dient, leicht ersichtlich, das Zurücktreten der Unterzeichner der Denkschrift hinter die gelehrten Experten, das sonst eventuell aufkommende Anschuldigungen der Voreingenommenheit, der Ranküne und des politischen Ränkespiels im Keim erstickt. Es sind, das ist wichtig, zuletzt nicht die Beamten und Politiker mit ihren möglicherweise parteiischen machtpolitischen Überlegungen, es sind vielmehr die Gelehrten als unvoreingenommene Kenner der Tradition, die das Verdikt: „Majestät sind abzusetzen" (*dang fei*) aussprechen und begründen. Weitere der Steigerung ihrer Glaubwürdigkeit und Objektivierung dienende Techniken sind das Zitat von Dokumenten und die Nennung von Namen. So verschwinden die sechs gelehrten Verfasser der Expertise nicht etwa in Anonymität, sondern werden einzeln benannt, ihre Ausführungen werden in extenso zitiert, statt nur im Ergebnis festgehalten zu werden; von der Versicherung, das Urteil der Gelehrten sei allstimmig ergangen, zu schweigen. Auch in ihrem langen Mittelteil führt die Denkschrift in Form von Dokumenten und Namen Zeugen ihrer Objektivität an, auch Zeugen für die Steigerung der Beweiskraft: Die Anschuldigung, er habe einem Bediensteten eine große Summe zukommen lassen, damit dieser sich „zehn Frauen nehme" (3.3.4), zitiert zum Beweis aus einem Brief des Liu He.[60] Die der jungen Witwe einen Aufschrei der Abscheu entreißende Anschuldigung, Liu He habe unsittliche Beziehungen zu Palastdamen des Kaisers Zhao gepflegt, spricht, wenn sie von Verbindungen zu einer „Meng und anderen" redet, wenigstens einen Namen aus (3.3.9).

---

59 Die Eingabe geht sogar so weit, die Zuständigen zu benennen. Dabei werden drei mit Namen genannt, die alle zu den Unterzeichnern der Eingabe gehören.

60 Das Exzerpt rechtfertigt mit seinen 25 Schriftzeichen die Annahme, die Petenten hätten das Schriftstück in Gänze zur Verfügung gehabt. Doch sind Einzelheiten des herrscherlichen Schriftverkehrs für unseren Zusammenhang uninteressant.
    Man halte sich vor Augen: Die Denkschrift ist abzüglich der langen, 185 Schriftzeichen benötigenden, Auflistung der Unterzeichner nur 758 Schriftzeichen lang. Davon entfallen 132 Schriftzeichen auf das Zitat von Dokumenten, nämlich 25 Zeichen für den Brief des Liu He und 107 für das Gutachten der Gelehrten.

Im Zusammenhang mit dem Verweis auf die Palastdamen „Meng und andere" springt aber noch ein weiteres Anliegen der Petenten ins Auge: Ihr Bemühen, am Unrechts- und Schuldbewusstsein (und natürlich auch an der Schuldfähigkeit) des jungen Mannes keinen Zweifel aufkommen zu lassen. So jedenfalls muss der Hinweis darauf interpretiert werden, Liu He habe dem Haremswächter den Tod angedroht, falls er den – ihm bewussten – unsittlichen Verkehr preisgebe. Nicht anders argumentieren übrigens, wie gezeigt, die Gelehrten mit ihrem Zitat aus dem Buch der Lieder, Mao # 256.10.

Ein letzter rhetorischer Griff der Petenten besteht darin, der Anschuldigung vorzubeugen, sie selbst hätten Liu He absichtlich im Unklaren über seine Fehltritte lassen wollen. Dafür verweisen sie am Ende ihres langen Katalogs der Vorwürfe (3.3.17) auf die beiden namentlich gewürdigten und die Denkschrift mitunterzeichnenden Kritiker Xiahou Sheng und Fu Jia, und beklagen, diese hätten für ihre wiederholten Remonstrationen Strafen in Kauf nehmen müssen. Bei der Zusammenfassung des Katalogs (3.4) schließlich exkulpieren sich die Unterzeichner kollektiv und präventiv von dem möglichen Vorwurf der Untätigkeit mit der Versicherung: „Wir, Ihr Untertan Chang und die anderen, haben mehrfach Ermahnungen vorgebracht, […]." Das war ein Gebot der vorausschauenden Klugheit, denn die Autoren mussten mit dem gewichtigen Vorwurf rechnen, untätig geblieben zu sein, als der unerfahrene junge Herrscher in sein Unglück ging; wenn nicht gar mit dem Vorwurf, seinen Weg ins Unglück befördert zu haben. Mit eben diesen Anschuldigungen sollten später einige Vertraute des Liu He verurteilt werden. Doch ist das nicht mehr Gegenstand unserer Betrachtungen.

Quellenverzeichnis

Ban Gu (32 – 92 n. Chr.). 1962. *Hanshu*. 12 Bände. Beijing: Zhonghua shuju.
Bielenstein, H. 1954. The Restoration of the Han Dynasty. With Prolegomena on the Historiography of the Hou Han shu. In *Bulletin of the Museum of Far Eastern Antiquities* 26: 1-209.
Bielenstein, H. 1979. The Restauration of the Han Dynasty. Volume IV: The Government. In *Bulletin of the Museum of Far Eastern Antiquities* 51:1-300.
Ch'ü, T.-T. 1972. *Han Social Structure*. Seattle und London: University of Washington Press.
Dubs, H. H. 1938. *The History of the Former Han Dynasty. Vol. 1. First division – The Imperial Annals, Chapters I-V*. Baltimore: Waverly Press.
Dubs, H. H. 1944. *The History of the Former Han Dynasty. Vol. 2. First division – The Imperial Annals, Chapters VI-X*. Baltimore: Waverly Press.
Dubs, H. H. 1955. *The History of the Former Han Dynasty. Vol. 3. Imperial Annals XI and XII and the Memoir of Wang Mang*. Baltimore: Waverly Press.

Durrant, S. W. 1995. *The Cloudy Mirror. Tension and Conflict in the Writing of Sima Qian.* Albany: State University of New York Press.

Fan Ye (398 – 445 n. Chr.). 1965. *Hou Han shu.* 12 Bände. Beijing: Zhonghua shuju.

Giele, E. 2006. *Imperial Decision-Making and Communication in Early China. A Study of Cai Yong's Duduan.* Wiesbaden: Harrassowitz.

Hucker, C. O. 1985. *A Dictionary of Official Titles in Imperial China.* Stanford: Stanford University Press.

Hulsewé, A. F.-P. 1955. *Remnants of Han Law. Vol I. Introductory Studies and an Annotated Translation of Chapters 22 and 23 of the History of the Former Han Dynasty.* Leiden: E. J. Brill.

Legge, J. 1960. *The Chinese Classics, Bd. 5: The Ch'un Ts'ew with The Tso Chuen.* Hongkong: Hongkong University Press.

Legge, J. 1966. *The Sacred Books of China: the Texts of Confucianism. Part I. The Shu king, the Religious Portion of the Shih king, the Hsiao king.* Delhi: Motilal Banarsidass.

Lewis, M. E. 2007. *The Early Chinese Empires, Qin and Han.* Cambridge, Mass. und London: The Belknap Press of Harvard University Press.

Nienhauser, W. N. (Hrsg.). 2006. *The Grand Scribe's Records: The Hereditary Houses of Pre-Han China, Part I, Bd. V.1.* Bloomington: Indiana University Press.

Nienhauser, W. N. (Hrsg.). 1995. *The Grand Scribe's Records: The Hereditary Houses of Pre-Han China, Part I, Bd. I.* Bloomington: Indiana University Press.

Nylan, M. 2007. Enno Giele: Imperial Decision-Making and Communication in Early China: A Study of Cai Yong's Duduan (Opera Sinologica). *Bulletin of the School of Oriental and African Studies* 70 (1): 187-189.

Schaab-Hanke, D. 2010. *Der Geschichtsschreiber als Exeget. Facetten der frühen chinesischen Historiographie.* Gossenberg: Ostasien Verlag.

Sima Qian (145 – ca. 86 v. Chr.). 1975. *Shiji.* 10 Bände. Beijing: Zhonghua shuju.

Wang, Y.-C. 1949. An Outline of the Central Government of the Former Han Dynasty. *Harvard Journal of Asiatic Studies* 12 (1/2): 134-187.

Watson, B. 1974. *Courtier and Commoner in Ancient China. Selections from the History of the Former Han by Pan Ku.* New York und London: Columbia University Press.

Entscheidungen im professionellen Handeln von Pädagoginnen und Pädagogen
Das Beispiel der Bildungsgangempfehlung

Stefanie van Ophuysen, Bea Harazd und Johannes Bellmann

Das Thema Entscheidung ist Gegenstand unterschiedlicher wissenschaftlicher Disziplinen wie der Philosophie, der Psychologie, der Ökonomie, der Rechtswissenschaft, der Politikwissenschaft und der Wirtschaftswissenschaften. In diesem Beitrag geht es darum, genauer darzustellen, welchen spezifischen Zugang die Erziehungswissenschaft zum Thema Entscheidung hat und wie man diesen Zugang am Beispiel der Bildungsgangempfehlung näher charakterisieren kann.

Bei einem Blick in die Wörterbücher und Lexika der Pädagogik und Erziehungswissenschaft fällt zunächst auf, dass der Begriff der Entscheidung keine zentrale Rolle im disziplinären Diskurs einnimmt. Der Sachverhalt wird jedoch unter anderen Begriffen wie ‚Wahl' und ‚Urteil' sehr wohl verhandelt. So haben bereits die pädagogischen Klassiker das Problem der Wahl und das Erlernen richtiger Wahlentscheidungen in den Mittelpunkt gerückt. Erziehung hieß für Johann Friedrich Herbart im Kern Charakterbildung, und diese bedeutet „Machen, daß der Zögling sich selbst finde als wählend das Gute, als verwerfend das Böse".[1] Erkennbar ist, dass es hier nicht um das Erlernen rationaler, sondern moralischer Wahlentscheidungen ging. Diese sind aber nur dann moralisch, wenn sie von einem moralischen Subjekt selbst getroffen werden. Erst die Existenz verinnerlichter, angemessener Bewertungsmaßstäbe im Sinne von Werten und Normen befähigt das Individuum dazu, moralisch zu entscheiden. Die Erziehungsperson kann Hilfestellungen geben und Lernbedingungen bereitstellen, um die Werteentwicklung zu unterstützen, aber abnehmen kann sie weder die „Charakterbildung" noch die moralischen Wahlentscheidungen.

Dass das Thema der richtigen Wahlentscheidung in der Pädagogik um 1800 so prominent wird, hängt damit zusammen, dass erst im Kontext moderner Gesellschaft vieles plötzlich zur Wahl steht, was vormals durch die ständische

---

1 Herbart (1804/1982: 108).

Ordnung fraglos festgelegt erschien. Gerade Bildungsverläufe sind in der Moderne nicht mehr geburtsständisch determiniert, sondern Bildung wird zu einer Frage der Wahl, wenn auch nicht für alle im gleichen Maße (siehe weiter unten zu sozialen Disparitäten). In seinen Überlegungen über den „Mutmaßlichen Anfang der Menschengeschichte" deutet Kant diesen historischen Umbruch in ein anthropologisches Distinktionsmerkmal um. Der Mensch „entdeckte in sich ein Vermögen, sich selbst eine Lebensreise auszuwählen, und nicht gleich anderen Tieren an eine einzige gebunden zu sein".[2] Kant hat bereits klar gesehen, dass die Möglichkeit der Wahl zugleich die Qual der Wahl ist:

> „Auf das augenblickliche Wohlgefallen, das ihm dieser bemerkte Vorzug erwecken mochte, musste doch sofort Angst und Bangigkeit folgen: wie er, der noch kein Ding nach seinen verborgenen Eigenschaften und entfernten Wirkungen kannte, mit seinem, neu entdeckten Vermögen zu Werke gehen sollte."[3]

Hiermit sind bereits die pädagogischen Implikationen des Themas klar benannt: Von der Möglichkeit, wählen zu können, einen rechten Gebrauch zu machen, muss erst erlernt werden; dies gilt für die Menschheitsgeschichte wie für die Individualgeschichte.

Mit Blick auf den Bildungsprozess kommt als weitere Besonderheit ‚pädagogischer' Entscheidungen hinzu, dass dort – anders als bei Konsumwahlentscheidungen – keine Entscheidung für oder gegen etwas ansteht, das – wie ein Produkt – dem Subjekt der Entscheidung äußerlich ist. Bildungsprozesse sind so mit der eigenen Identitätsentwicklung verknüpft, dass es sich bei der Wahl eines bestimmten Bildungsgangs gewissermaßen um eine Entscheidung für sich selbst handelt. Im Umkreis einer vom Existentialismus beeinflussten Pädagogik wurde deshalb davon gesprochen, dass es gelte, in Bildungsprozessen einen gewissen Entwurf seiner selbst, und damit gewissermaßen „sich selbst" zu wählen. So betrachtet können Bildungsentscheidungen bisweilen existentielle Entscheidungen sein, deren „Rationalität" sich bestenfalls im Lichte der „Ganzheit eines Lebensvollzuges"[4] beurteilen lässt.

Vor diesem Hintergrund wird deutlich, dass die Erziehungswissenschaft einen spezifischen Zugang zum Thema Entscheidung hat, der mit spezifischen Bedingungen pädagogischer Settings verknüpft ist. Was die Adressatenseite angeht, hat es die Pädagogik häufig mit Personen zu tun, die (noch) nicht im vollen Sinne entscheidungsfähig sind. Es kann somit als ein übergeordnetes Ziel von Erziehung und Bildung angesehen werden, Menschen dabei zu helfen, sich dasjenige Wissen

---

2   Kant (1786/1983: 88).
3   Kant (1786/1983: 88f.).
4   Rosa (1996: 171).

und Können sowie Wertmaßstäbe und Normen anzueignen, die die Voraussetzung dafür sind, das selbstständige Entscheiden zu lernen.

In dem hier vorliegenden Beitrag soll jedoch im Weiteren nicht die Position der Adressatin oder des Adressaten, sondern die des pädagogischen Handelnden und seiner professionellen Entscheidungen zum Wohle des Adressaten in den Blick genommen werden. Auch wenn Pädagogen in Rechnung stellen, dass ihre Adressaten (noch) nicht selbst entscheiden können, so sollten sie deshalb nicht einfach für diese und über deren Köpfe hinweg entscheiden, da – wie oben ausgeführt – ein Fokus des pädagogischen Handelns gerade darin besteht, die Entwicklung der individuellen Entscheidungsfähigkeit zu unterstützen. Das häufig als „pädagogisches Paradox" gefasste Dilemma, wie Autonomie (Entscheidungsfähigkeit) durch Heteronomie (Fremdbestimmung) entwickelt werden kann, ist das Grunddilemma der Pädagogik. Es lässt sich nicht theoretisch auflösen; es kann freilich durch seine Verzeitlichung, d. h. im Vollzug pädagogischer Kommunikation, bearbeitet werden.

Auch in der therapeutischen Praxis wird mit Klienten gearbeitet, die nicht im vollen Sinne in der Lage sind, für sich selbst zu entscheiden. Der Grund hierfür ist zwar häufig kein Mangel an Wissen und Können, sondern eine Unfähigkeit, die eigenen Ressourcen zu sehen und zu nutzen. Doch auch in der therapeutischen Praxis sollte der Therapeut in der Regel nicht stellvertretend und ohne Rücksprache für den Klienten entscheiden. Auch wenn dies in bestimmten Fällen notwendig ist, stellt es nicht den Kernpunkt der therapeutischen Praxis dar. Deren Erfolgsbedingung besteht vielmehr darin, an Stelle stellvertretenden Handelns in der gemeinsamen Arbeit und Kommunikation die Ressourcen für Entscheidungsfähigkeit bei den Klienten (wieder)herzustellen.

Entsprechend sind Entscheidungen von pädagogisch Tätigen in vielen Kontexten nicht verbindlich, sondern als Empfehlung oder Rat zu verstehen, die häufig mit den Adressaten gemeinsam entwickelt oder im Kontext von Beratung vorgestellt und von ihnen angenommen oder verworfen werden können. Dies soll nicht darüber hinweg täuschen, dass es durchaus immer wieder vorkommt und erforderlich ist, dass Pädagogen Entscheidungen für ihre Klienten treffen, ohne diese direkt in den Prozess einzubinden. Insbesondere im schulischen Kontext liegt die Entscheidungsgewalt an vielen Stellen bei der Lehrperson. Jedoch stellen eher gemeinsam erarbeitete Entscheidungen bzw. die systematische Förderung der Entscheidungsfähigkeit die idealtypischen pädagogischen Aufgaben dar – auch in der Schule. Mit diesen Aufgaben übernehmen Pädagogen eine (stellvertretende) Verantwortung, und um dieser gerecht zu werden, ist eine Professionalisierung des pädagogischen Handelns unerlässlich.

1   Entscheidung als Bestandteil professionellen Handelns von Pädagogen

Das professionelle Handeln von Pädagogen impliziert, dass Entscheidungen über Ziel und Prozess der Arbeit bewusst reflektiert und unter systematischer Berücksichtigung normativer Vorgaben sowie theoretischer und empirischer Befunde getroffen werden.[5] Zunächst ist also davon auszugehen, dass pädagogische Entscheidungen auf bewussten bzw. bewusstseinsfähigen, kognitiven Prozessen basieren. Insbesondere rekurrieren professionelle Entscheidungen auf Informationen über die betroffene Person, die bestehende Situation und die Wechselwirkung zwischen Person und Situation. Häufig werden Informationen, die über einen längeren Zeitraum gesammelt wurden, berücksichtigt. Eine Entscheidung, die über die Art des nachfolgenden, zielgerichteten Handelns bestimmt, erfordert damit die punktuelle Verdichtung und Integration einer Vielzahl relevanter Informationen.[6]

Bei der Systematisierung dieser Entscheidungen kann zunächst unterschieden werden zwischen ergebnisorientierten „Was"-Entscheidungen, die sich auf das Ziel der pädagogischen Arbeit beziehen und prozessorientierten „Wie"-Entscheidungen, die die Art und Weise der pädagogischen Arbeit fokussieren. Innerhalb der prozessorientierten Entscheidungen kann in Anlehnung an die psychologische Diagnostik analytisch unterschieden werden zwischen Modifikations- und Zuweisungsentscheidungen.[7]

Modifikationsentscheidungen sind Entscheidungen, die in systematischen Veränderungen resultieren, seien sie auf Seiten der Situation oder der Person bzw. ihres Verhaltens selbst. Das können einerseits Veränderungen der Situation sein: Um einem Kind mit Konzentrationsproblemen bei den Hausaufgaben zu helfen, wird sein Arbeitsplatz zuhause von Ablenkungen befreit (kein Spielzeug auf dem Tisch etc.). In diesem Fall spricht man von Bedingungsmodifikation. Verhaltensmodifikation meint hingegen die direkte Einwirkung auf die Person, mit der ihr Verhalten verändert werden soll. So könnte das Kind mit Konzentrationsproblemen an einem Entspannungstraining teilnehmen, um sein Arbeitsverhalten direkt zu beeinflussen.

Während die Modifikationsentscheidungen zu pädagogischen (oder organisatorischen) Maßnahmen führen, die unmittelbar auf das Individuum abgestimmt sind, handelt es sich bei Zuweisungsentscheidungen um die Zuordnung von Personen zu festen, bestehenden pädagogischen Settings. Im schulischen Kontext sind

---

5   Vgl. Baumert und Kunter (2006).
6   Vgl. van Ophuysen (2010).
7   Vgl. Amelang und Schmidt-Atzert (2006); Krohne und Hock (2007).

hier die Wahl der weiterführenden Schulform zu nennen oder die Empfehlung für eine sonderpädagogische Fördermaßnahme. Innerhalb der Zuweisungsentscheidungen wird von Platzierung gesprochen, wenn es keinen Mangel an Plätzen gibt, während bei der gezielten Auswahl von Personen für wenige Plätze von Selektion gesprochen wird.

Während bei der Entscheidung über das ‚Wie‘ des pädagogischen Handelns theoretisches und empirisches Wissen sowie individuelle Erfahrungen der Pädagogen ausschlaggebend sind, sind die ergebnisorientierten Entscheidungen eher normativ, geht es doch darum, zu entscheiden, welcher Zielzustand für den zu Erziehenden wünschenswert und sinnvoll ist. Neben gesellschaftlichen Normen und Werten sind die individuellen Ziele der Klienten mit in den Blick zu nehmen. Auch im Kontext von Bildungsprozessen geht der Entscheidung ein Prozess der individuellen Zielgenerierung voran. So dienen Bildungsprozessen nicht nur der Befriedigung vorab definierter Bildungsbedürfnisse von Schülern (sowie Eltern) oder dem Erwerb universeller Basiskompetenzen, die letztlich in den Funktionserfordernissen einer Kultur begründet sind; es geht in Bildungsprozessen immer auch um die Entdeckung eigener, individueller (Bildungs-)Bedürfnisse und Möglichkeiten, die vorab gerade nicht bekannt sind. Die Aufgabe der Pädagogen liegt darin, diese Ziele gemeinsam mit den Schülern herauszuarbeiten. Dabei treten häufig auch konfligierende Ziele auf. Professionelles Handeln zeichnet sich dann in der reflexiven Beachtung und Abwägung kurz- und langfristiger Konsequenzen der jeweiligen Ziele ab, sodass ggf. eine Zielhierarchie entwickelt werden kann. Die Komplexität von Entscheidungen im Bildungskontext resultiert des Weiteren auch daraus, dass neben den Konsequenzen für den Schüler selbst auch die Konsequenzen für das jeweilige soziale Umfeld mitzuberücksichtigen sind.

Doch selbst bei klarer Zielsetzung sind die prozessorientierten Handlungsentscheidungen über den geeigneten Weg, der zur Zielerreichung eingeschlagen werden sollte, mit starker Unsicherheit behaftet. Bei Entscheidungen mit längerfristigen Konsequenzen kann es zu unerwarteten Veränderungen situativer Rahmenbedingungen kommen, die nicht vorhersehbare Effekte bedingen. Weiterhin können keine einfachen kausalen Wirkungsbeziehungen zugrunde gelegt werden, sondern Maßnahmen und Interventionen wirken innerhalb eines Netzwerkes von Bedingungen, die zu häufig unvorhergesehenen Wechselwirkungen und „Nebenwirkungen" führen. Schließlich besteht nicht immer Klarheit darüber, welche Kriterien und Bedingungen für die Abschätzung von Wirkungen relevant sind. Der Umgang mit solchen Unsicherheitsbedingungen stellt hohe Anforderungen an professionell handelnde Pädagogen. Dabei gilt es ständig, allgemeines professionelles Wissen auf individuelle Fälle zu beziehen. Herbarts Idee war, dass der „pädagogische Takt" ein Vermittlungsglied zwischen (allgemeiner) Theorie und (besonderer) Praxis sei. Den pädagogischen Takt definierte er als eine gleichzeitig theorie- und situationsbezogene „schnelle Beurteilung und Entscheidung" des Erziehenden.[8] Hieran knüpfen auch aktuelle Arbeiten zur „pädagogischen Kasuistik" an. Andreas Wernet sieht eine Gemeinsamkeit von Moraltheologie, Rechtswissenschaft, Medizin und Pädagogik darin, dass es um ein „Fallverstehen" geht, bei dem Urteilskraft gefragt ist.[9] Auch in der aktuellen Forschung zu Entscheidungsprozessen kristallisiert sich immer wieder heraus, dass gerade komplexe Entscheidungen unter Unsicherheitsbedingungen von Experten durch heuristische Regeln gut und effizient getroffen werden.[10] Urteilsheuristiken sind schnelle, in der Regel unbewusst ablaufende Prozesse der Informationsverarbeitung, mittels derer in hochkomplexen Situationen auf Basis einer kleinen Teilmenge der prinzipiell verfügbaren Informationen ein Urteil gefällt wird. Die Nähe zum pädagogischen Takt wird unmittelbar deutlich: Bei Heuristiken handelt es sich um eine schnelle und umfassende Beurteilung, die bestenfalls in einer adäquaten Entscheidung über das geeignete (pädagogische) Handeln mündet.

Allerdings steht diese Form der Entscheidungsfindung gleichzeitig durchaus im Widerspruch zu dem oben geschilderten Professionalitätsanspruch, der ein bewusstes, reflektiertes Entscheiden auf Basis umfassender Informationen impliziert. Auch wenn sich die Entscheidungen von Pädagogen nicht als streng analytische, rationale Wahlhandlungen verstehen lassen, heißt das nicht, dass professionelle Akteure grundsätzlich dezisionistisch, also ohne Berücksichtigung vollständiger Informationen, entscheiden können. Gerade weil sie Verantwortung für diejenigen übernehmen, die noch nicht in vollem Sinne entscheidungsfähig sind, haben sie die Verpflichtung, ihr Handeln zu begründen mit Bezug auf eine „methodisch kontrollierte und nach expliziten Geltungskriterien bewährte, erfahrungswissenschaftliche Wissensbasis".[11] Dies gilt umso mehr, als gerade professionelle Handlungskontexte durch eine „Antinomie von erhöhtem Entscheidungsdruck und gesteigerter Begründungspflichtigkeit"[12] gekennzeichnet sind.

Um diesen Widerspruch zwischen heuristischem Handeln von pädagogischen Experten und der Forderung nach begründetem, bewusstem Handeln professioneller Akteure aufzulösen, ist das Bewusstmachen und Offenlegen der (zunächst häufig unbewusst) genutzten Entscheidungsstrategien und Entscheidungskriterien anzustreben. Sodann erscheint es sinnvoll, Informationen, die im Dienste dieser aktuellen pädagogischen Entscheidungen benötigt werden, möglichst genau und

---

8   Vgl. Herbart (1802/1997: 44).
9   Vgl. Wernet (2006).
10   Vgl. Gigerenzer (2008); Tversky und Kahneman (1982).
11   Oevermann (1996: 124).
12   Helsper (2004: 70).

valide zu erfassen. Professionelles pädagogisches Handeln setzt somit eine gezielte pädagogische Diagnostik voraus.[13] Wenngleich der Begriff der Diagnostik außerhalb des schulischen Kontextes recht selten genutzt wird, ist davon auszugehen, dass eine informelle Diagnostik ein zentraler Bestandteil jedweder professioneller pädagogischer Arbeit ist.

Fazit: Professionell handelnde Pädagogen sind – unabhängig von ihrem beruflichen Kontext – gefordert, gemeinsam mit oder stellvertretend für ihre Klienten und zu deren Wohle, Entscheidungen zu treffen. Diesen Entscheidungen sollte eine gezielte Sammlung und Verarbeitung diagnostischer Informationen vorangehen, die ein theorie- und empiriegestütztes, reflektiertes und bewusstes – und somit professionelles – Entscheiden ermöglicht. Dabei führen jedoch aufgrund der hohen Komplexität der Entscheidungsprobleme und ihrer zahlreichen Unsicherheitsfaktoren auch heuristische Entscheidungsstrategien bei erfahrenen und kompetenten pädagogischen Experten zu adäquaten Entscheidungen, was bereits von Herbart unter dem Begriff des „pädagogischen Taktes" beschrieben wurde. Diese Entscheidungen werden häufig gemeinsam mit den Adressaten entwickelt oder sind im Sinne einer Empfehlung zu verstehen, über deren Annahme/Ablehnung diese ihrerseits entscheiden.

Für die Forschung stellen sich somit folgende Fragen:

- Wie „professionell" ist das Entscheiden von Pädagogen in der beruflichen Praxis? Wie entstehen pädagogische Entscheidungen? Welche diagnostischen Prozesse laufen ihnen voraus? Wie werden die relevanten/verfügbaren Informationen verarbeitet? Welche Rolle spielen heuristische und analytische Entscheidungsstrategien?
- Neben diesen deskriptiven Fragen, die sich auf den Entscheidungsprozess beziehen ergeben sich Fragen zur Ergebnisqualität. Was kennzeichnet „gute" pädagogische Entscheidungen? Welche Qualitätsindikatoren lassen sich unterscheiden? Und wie gut sind schließlich die pädagogischen Entscheidungen gemessen an diesen Qualitätsmaßstäben?
- Gleichzeitig stellt sich die Frage nach der Entscheidungskommunikation und dem pädagogischen Anschlusshandeln. In Situationen, in denen die Entscheidung des Pädagogen nicht verbindlich, sondern als Empfehlung zu verstehen ist, ist zu überprüfen: Wie werden Entscheidungen bzw. Empfehlungen kommuniziert? Wie werden sie von den Betroffenen angenommen?

---

13 Vgl. Klauer (1982); van Ophuysen et al. (in Druck).

Die pädagogischen Handlungsfelder und die in ihnen zu verortenden Entscheidungen sind sehr vielfältig, und es lässt sich eine Vielzahl an Forschungsfragen zum professionellen Entscheiden von pädagogisch Handelnden formulieren. Gleichzeitig wird dieses Thema in der Erziehungswissenschaft eher selten als Forschungsgegenstand fokussiert. Eine Ausnahme bildet hier die Bildungsgangentscheidung (bzw. -empfehlung), die Lehrkräfte am Ende der Grundschulzeit für ihre Schüler aussprechen. Diese Empfehlung hat in den letzten Jahren ein hohes Augenmerk auf sich ziehen können und wird in der Forschung aus unterschiedlichen Perspektiven beleuchtet. Sie soll auch in diesem Aufsatz im Weiteren im Mittelpunkt stehen.

2   Die Bildungsgangentscheidung am Ende der Grundschulzeit – Rahmenbedingungen

Der Übergang von der Grundschule zur weiterführenden Schule stellt im gegliederten deutschen Schulwesen eine zentrale Gelenkstelle in der Bildungsbiografie der Schüler dar.[14] So bestimmt die gewählte weiterführende Schulform – trotz der formalen Möglichkeit der Durchlässigkeit – mit hoher Wahrscheinlichkeit den ersten Bildungsabschluss[15], der seinerseits berufliche Karrieremöglichkeiten eröffnet oder verschließt.

Die besuchte Schulform wirkt sich darüber hinaus auch unmittelbar auf das Erleben der Schüler aus.[16] Mit dem Wechsel zur weiterführenden Schule sind beispielsweise differenzielle Veränderungen im Fähigkeitsselbstkonzept erkennbar. So sinkt das allgemeine schulische Selbstkonzept von Kindern, die zum Gymnasium – also in eine vergleichsweise leistungsstarke Klasse – wechseln, während der Wechsel zur (leistungsschwachen) Hauptschule im Durchschnitt zu einer Verbesserung der Fähigkeitsselbsteinschätzung führt.[17] Weiterhin kann eine inadäquate Entscheidung zu Über- oder Unterforderung führen, der unmittelbare Lernerfolg, die Lern-/Leistungsmotivation und die Schulfreude werden geschwächt.[18] Die Forschung zeigt, dass die Lernverläufe an den verschiedenen Schulformen selbst für Schüler

---

14   Vgl. Maaz und Nagy (2010).
15   Vgl. Cortina und Trommer (2003); Maaz et al. (2008).
16   Vgl. van Ophuysen (2008); Helsper et al. (2012); Aust et al. (2010).
17   Vgl. Harazd und Schürer (2006); Valtin und Wagner (2004).
18   Vgl. Anderman et al. (1999); Buff (1991); van Ophuysen (2008); Valtin und Wagner (2004).

mit vergleichbaren Lernausgangslagen differenziell verlaufen.[19] So konnte für die Sekundarstufe I gezeigt werden, dass nach Kontrolle der Ausgangsleistung am Ende des vierten Schuljahres der Leistungszuwachs in Mathematik – erfasst über einen standardisierten Mathematikleistungstest – am Gymnasium signifikant höher ausfiel als an den anderen Schulformen.[20] Dies ist umso bemerkenswerter, als die ersten beiden Jahren an der weiterführenden Schule als Orientierungsstufe konzipiert sind, die eine Durchlässigkeit zwischen den Schulformen sichern soll.

Die Entscheidung über die weiterführende Schulform hat somit für die Kinder weitreichende Konsequenzen. Eltern und Lehrkräfte stehen vor der – bestenfalls gemeinsam zu bewältigenden – Aufgabe, hier eine sinnvolle Entscheidung zu treffen. Dabei ist es wichtig, die organisatorischen und rechtlichen Bedingungen zu beachten, die den Rahmen für diese Entscheidung darstellen.

Am Ende der Grundschulzeit – in Deutschland also nach dem vierten Schuljahr, bzw. nach dem sechsten Schuljahr in Berlin und Brandenburg – wechseln die Schüler auf eine weiterführende Schule.[21] Je nach Bundesland stehen unterschiedliche Schulformen zur Auswahl. In den westlichen Bundesländern dominieren (noch) die traditionellen drei Schulformen Hauptschule, Realschule und Gymnasium. Daneben stehen Schulen mit mehreren Bildungsgängen wie integrierte oder kooperative Gesamtschulen, in denen alle drei Schulformen vereint sind, oder Sekundar-/ Gemeinschaftsschulen, die – etwas vereinfacht gesagt – als kombinierte Haupt-/ Realschulen gelten können. In Nordrhein-Westfalen (NRW) wechselten im Jahr 2011 79,8 % der Schüler an eine traditionelle Schulform, wobei das Gymnasium mit 41,0 % am häufigsten und die Hauptschule mit nur 9,9 % am seltensten gewählt wurden.

Aus schulrechtlicher Perspektive lassen sich zwei Typen der Übergangsentscheidung differenzieren.[22] So gibt es zum einen Bundesländer, in denen die Lehrerentscheidung weitgehend verbindlich ist. Wenn die Eltern ihr Kind gegen die Entscheidung der Lehrkraft auf eine andere, „höhere" Schulform schicken möchten, ist dies mit relativ großem Aufwand, in der Regel mit einem mehrtägigen Probeunterricht oder Aufnahmeprüfungen verbunden. In den meisten Bundesländern gilt hingegen der „freie Elternwille", das heißt, die Wahl der weiterführenden Schule wird von den Eltern getroffen. Die Lehrkräfte haben dennoch die Aufgabe, eine Schulformempfehlung auszusprechen und in einem Elterngespräch zu begründen. So heißt es in § 11 des Schulgesetzes von NRW:

---

19 Vgl. Baumert et al. (2006); Becker et al. (2006); Guill et al. (2010); Lehmann und Lenkit (2008); Neumann et al. (2007); Pfost et al. (2010); Retelsdorf und Möller (2008).
20 Vgl. van Ophuysen und Wendt (2010).
21 Vgl. KMK (2010).
22 Vgl. KMK (2010).

„Die Grundschule erstellt mit dem Halbjahreszeugnis der Klasse 4 auf der Grundlage des Leistungsstands, der Lernentwicklung und der Fähigkeiten der Schülerin oder des Schülers eine zu begründende Empfehlung für die Schulform, die für die weitere schulische Förderung geeignet erscheint. Ist ein Kind nach Auffassung der Grundschule für eine weitere Schulform mit Einschränkungen geeignet, wird auch diese mit dem genannten Zusatz benannt. Die Eltern entscheiden nach Beratung durch die Grundschule über den weiteren Bildungsgang ihres Kindes in der Sekundarstufe I."

Grundsätzlich handelt es sich bei den Bildungsgangempfehlungen der Lehrkräfte um Zuweisungs- genauer Platzierungsentscheidungen. Jedes Kind wird der Schulform zugewiesen, von der die Lehrkraft annimmt, dass sie die günstigste Lernumwelt für die zukünftige Entwicklung des Kindes darstellt. Dabei sollte die Kapazität der aufnehmenden Schulen keinen Einfluss auf die Entscheidung haben. So sieht das Schulgesetz in NRW vor, dass Kindern der Zugang zur gewünschten/geeigneten Schulform in zumutbarer Entfernung gewährt werden muss (Schulgesetz NRW § 46).

Aufgrund der hohen Relevanz des Übergangs wäre zu erwarten, dass es verbindliche Standards und klare Kriterien gäbe, auf die sich Lehrkräfte bei ihrer Schulformempfehlung berufen können. Allerdings zeigt ein Blick in die Schulgesetze, dass hier kaum rechtliche Vorgaben vorliegen.[23] Im Schulgesetz von NRW werden als Grundlage der Übergangsempfehlung allein Leistungsstand, Lernentwicklung und Fähigkeiten der Schüler benannt. Konkrete Bewertungsmaßstäbe werden jedoch nicht vorgegeben.

Auf den ersten Blick gibt es stärkere Vorgaben in den Bundesländern, in denen die Lehrerempfehlung verbindlich ist. So werden beispielsweise in Bayern strikte Mindestnoten in den Fächern Deutsch, Mathematik, Heimat- und Sachunterricht vorgegeben, deren Erreichen für den Besuch des Gymnasiums respektive der Realschule verbindlich sind. Bei genauerem Hinsehen zeigt sich aber, dass dies nur eine Verschiebung der Problematik ist, da für die Vergabe der Noten ebenfalls keine klaren Kriterien vorliegen. Nationale wie internationale Forschung belegt die hohe Individualität der Notenvergabepraxis.[24] Damit erweist sich also auch die Vorgabe einer Mindestnote als nur vordergründig eindeutiges Empfehlungskriterium.

Insgesamt gibt es somit kaum Vorgaben, welche Merkmale Lehrkräfte der Grundschule heranziehen sollen, um ihre Empfehlung zu begründen, geschweige denn Richtlinien, wie Informationen zu einem Gesamturteil integriert werden sollten.

In den Bundesländern mit freiem Elternwillen teilen die Lehrkräfte ihre Entscheidung den Eltern in obligatorischen Beratungsgesprächen mit. Den Eltern obliegt es, dieser Empfehlung zu folgen oder sie abzulehnen. Es ist zu vermuten,

---

23 Für eine Übersicht siehe KMK (2010).
24 Vgl. McMillan et al. (2002); Lintorf (2011).

dass die Qualität der Beziehung zwischen Eltern und Lehrperson und die Qualität ihrer Kommunikation zentrale Prädiktoren für die Annahme oder Ablehnung der Lehrerempfehlung sind, wenn die Einschätzungen beider Seiten divergieren. Art und Konsequenzen der Kommunikation der Entscheidung sind also ebenfalls entscheidend für die letztlich getroffene Übergangsentscheidung der Eltern.

3 Die Bildungsgangempfehlung der Lehrkräfte – Forschungsbefunde

Im folgenden Kapitel werden Forschungsbefunde vorgestellt, die sich auf den Entscheidungsprozess der Lehrkräfte beziehen, die Qualität der getroffenen Entscheidung in den Blick nehmen und schließlich die Frage beleuchten, wie diese Entscheidung kommuniziert und von den Eltern angenommen wird.

3.1 Entscheidungsprozesse

Von zentraler Bedeutung für den Entscheidungsprozess sind die Kriterien, die zur Urteilsfindung herangezogen werden. Über regressionsanalytische Ansätze wurde beispielsweise auf Basis der Daten von IGLU[25] nachgewiesen, dass Schulleistungen – erfasst als Schulnoten in Deutsch und Mathematik – die Schullaufbahnempfehlung am besten vorhersagen. Weder schulnahe emotional-motivationale Schülermerkmale wie Leistungsangst oder Anstrengungsbereitschaft noch kognitive Merkmale wie die Testleistung in Mathematik oder die Intelligenz konnten über die Schulnote hinaus nennenswert zur Vorhersage der Schullaufbahnempfehlung beitragen. Allein die Leseleistung war – zumindest in der NRW-Stichprobe – signifikanter Prädiktor für die Form der empfohlenen Sekundarschule. Schließlich zeigte sich – bei Kontrolle der bereits genannten Aspekte – ein deutlicher Einfluss des sozioökonomischen Status der Eltern. Ähnliche Ergebnisse finden sich in verschiedenen anderen deutschen Schulleistungsstudien.[26]

Diese Befunde können jedoch insoweit kritisiert werden, als sie auf Einschätzungen aus Tests, Schüler- und Elternbefragungen und nicht auf den von den Lehr-

---

25 Vgl. Stubbe und Bos (2008).
26 Vgl. Arnold et al. (2010); Bos et al. (2004); Ditton (2007); Jonkmann et al. (2010); Lehmann und Lenkeit (2008); Maaz et al. (2010); Schneider (2011); zusammenfassend auch Glock et al. (2013); Maaz und Nagy (2010).

kräften wahrgenommenen Einschätzungen der Merkmale beruhen. In qualitativen Leitfadeninterviews wurden Lehrkräfte daher aufgefordert, die Kriterien explizit zu benennen, die sie bei der Vergabe von Übergangsempfehlungen heranziehen.[27] Diese Befragungen unterstützen die Bedeutsamkeit der Leistung und des familiären Hintergrunds. Darüber hinaus werden aber auch Aspekte des Arbeits- und Sozialverhaltens in den Mittelpunkt gerückt, die in den Schulleistungsstudien nicht erhoben wurden, und somit in den Analysen keine Berücksichtigung finden konnten. Diese Herangehensweise der direkten Einschätzung der Relevanz unterschiedlicher Kriterien weist ihrerseits das Problem auf, dass eine Verzerrung der Lehrerantworten im Sinne sozialer Erwünschtheit recht wahrscheinlich ist. Diesem Problem kann durch Methoden der Datenerhebung begegnet werden, bei denen der Blick weg vom Entscheidungsprozess hin zur Beschreibung konkreter Schüler gelenkt wird. Die von den Lehrkräften wahrgenommenen Schülermerkmale können dann mit der tatsächlich vergebenen Empfehlung in Beziehung gesetzt werden. So konnte im Rahmen narrativer, episodischer, auf einzelne Schüler fokussierter Interviews mit Grundschullehrkräften die Bedeutsamkeit von Merkmalen der Schülerpersönlichkeit für die Formation der Übergangsempfehlung herausarbeiten.[28] Die Daten bilden eindrucksvoll ab, dass sich Lehrkräfte bei der Formation ihrer Entscheidungen über die geeignete Schulform stark unterscheiden, und dass ein und dieselbe Lehrperson für unterschiedliche Schüler unterschiedliche Kriterien und Merkmale berücksichtigt.

An die Frage nach den verwendeten Entscheidungskriterien schließt sich die Frage an, wie diese Informationen gewonnen und weiterverarbeitet werden. In ersten Studien konnten systematische Unterschiede im Urteilsprozess von berufserfahrenen Lehrerexperten und unerfahrenen Novizen identifiziert werden. Beispielsweise verfallen Experten weniger einer Bestätigungstendenz (*confirmation bias*), sondern revidieren nach dem Erhalt konfligierender Informationen ein vorher getroffenes Urteil mit höherer Wahrscheinlichkeit als Novizen.[29] Zudem können Lehrerexperten je nach Diagnoseziel situationsadäquat und flexibel zwischen unterschiedlichen Verarbeitungsstrategien wechseln.[30] Schließlich erweisen sie sich als weniger anfällig gegenüber systematischen Urteilsverzerrungen wie beispielsweise Ankereffekten.[31] Neben den Unterschieden in der Informationsverarbeitung liegen erste Befunde vor, dass sich auch die Qualität der Informationssammlung und -dokumentation

---

27 Vgl. Nölle et al. (2009); Pohlmann (2009).
28 Vgl. Riek und van Ophuysen (2013).
29 Vgl. van Ophuysen (2006a).
30 Vgl. Krolak-Schwerdt et al. (2009); Krolak-Schwerdt und Rummer (2005).
31 Vgl. Dünnebier et al. (2009).

mit zunehmender Berufserfahrung verändert.[32] Es ist also davon auszugehen, dass Entscheidungen von professionell handelnden Lehrerexperten auf einer besser fundierten Datenbasis beruhen und weniger durch systematische Urteilsverzerrungen gekennzeichnet sind als die Entscheidungen von Lehrernovizen.

3.2   Ergebnisqualität

Die Forschung zum Entscheidungsprozess liefert interessante Einsichten über Kriterien und Informationsverarbeitung von Lehrpersonen. Allerdings handelt es sich um eher beschreibende Befunde, die nicht automatisch helfen, die Qualität der lehrerseitigen Entscheidung zu bewerten. Die Bewertung erfordert einen Bewertungsmaßstab, Kriterien oder Indikatoren, die es ermöglichen, eine Entscheidung als ‚gut‘, ‚akkurat‘ oder ‚richtig‘ zu kategorisieren. Bei Entscheidungen unter Unsicherheit, die mit langfristigen Konsequenzen verbunden sind, ist die Identifikation solcher Kriterien jedoch grundsätzlich problematisch. Wie sieht es im Falle der Übergangsentscheidung aus? Während sich bei Konsumwahlentscheidungen die Qualität der zur Wahl stehenden Güter im Idealfall vorab prüfen und vergleichen lässt, ist bei der Wahl eines Bildungsgangs dessen Qualität ex ante kaum zu beurteilen, geschweige denn in rationaler Weise mit alternativen Bildungsgangentscheidungen vergleichbar. Die Vor- und Nachteile einmal getroffener Bildungsgangentscheidungen werden allenfalls ex post deutlich, ohne dass man sicher sein kann, welche Vor- und Nachteile die Entscheidung für einen anderen Bildungsgang gehabt hätte. Wenn nach Jahren Zweifel an der Qualität eines Bildungsgangs aufkommen, können wir uns nicht – zumindest nicht unter gleichen Anfangsbedingungen – noch einmal für einen anderen Bildungsgang entscheiden.

Aus bildungsökonomischer Sicht verschärft sich das Problem noch dadurch, dass Bildung als Investition in Humankapital gedacht wird, deren Erträge nicht – wie bei einem Konsumgut – im Bildungsprozess selbst, sondern erst nach Abschluss eines Bildungsgangs anfallen, d. h. mit der erfolgreichen Umwandlung von Humankapital in Karrieren und ökonomisches Kapital. Vor diesem Hintergrund betrachten Ökonomen Bildung als ein „Erfahrungsgut"[33], dessen Qualität und Nutzen in der Regel erst deutlich wird, wenn es für alternative Entscheidungen schon zu spät ist. Am Beispiel der Entscheidung für einen Studiengang hat der Bildungsökonom Gordon C. Winston dies auf den Punkt gebracht:

---

32   Vgl. Freitag und van Ophuysen (2012).
33   Oberender und Fleischmann (2003: 96).

„It can be added that any investment decision, perhaps especially including invest-
ments in human capital, proceeds in the face of a considerable degree of ignorance of
how it will turn out and whether the hoped-for future gains will indeed materialize.
People investing in human capital through a purchase of higher education don't
know what they're buying and won't and can't know what they have bought until it
is far too late to do anything about it. Education is a typically one-shot investment
expenditure, a unique rather than a repetitive purchase, more like buying a cancer
cure than groceries. Indeed, it is an uncertain investment often made in large part
by a parent on behalf of a child, adding yet another layer of murkiness as to how well
a rational choice model applies in this context."[34]

Trotz dieser Schwierigkeiten liegen einige Forschungsarbeiten vor, die ex post
versuchen abzubilden, wie ‚gut' die Bildungsgangempfehlungen sind. Als Bewertungsmaßstäbe werden einerseits die prognostische Validität (=Wahrscheinlichkeit,
dass Schüler auf empfohlener Schulform eine erfolgreiche Schulkarriere absolviert)
und andererseits die Gewährleistung gleicher Bildungschancen für Kinder unterschiedlicher sozialer Herkunft herangezogen.

Baumert, Trautwein und Artelt analysierten die prognostische Validität der
Empfehlungen auf Basis der PISA-2000-Daten.[35] Die von ihnen postulierte Mindest-
leistung in Mathematik und Lesen, die sie für den erfolgreichen Gymnasialbesuch
als hinreichend erachteten, wurde von knapp 20 % der Gymnasiasten verfehlt. Die
Schulformentscheidung pro Gymnasium erscheint retrospektiv für diese Schüler als
eine Fehlprognose im Sinne einer Überforderung. Gleichzeitig erfüllten jedoch rund
13 % der Nichtgymnasiasten in NRW diese Voraussetzung. Diese leistungsstarken
Schüler auf Haupt-, Real- und Gesamtschulen hätten durchaus berechtigte Chancen,
erfolgreich zum Abitur zu kommen. Nach vier Jahren auf der weiterführenden
Schule ist zu konstatieren, dass ihre Schulformentscheidung fehlerhaft war, weil
sie das vorhandene Leistungspotenzial nicht ausschöpft.

Auf Basis derselben Daten wurde hinsichtlich der Bildungschancen gezeigt,
dass es in Deutschland schlechter als in anderen Ländern gelingt, soziale Disparitäten im Bildungserfolg zu vermeiden. Daten aus dem Grundschulkontext zeigen
weiterhin, dass Kinder aus bildungsfernen Elternhäusern selbst bei Kontrolle des
Leistungsstands am Ende der Grundschulzeit eine deutlich schlechtere (relative)
Chance haben, eine Gymnasialempfehlung zu erhalten als ihre Mitschüler mit
vergleichbarer Leistung, deren Eltern einen akademischen Bildungsabschluss
haben.[36] Auch die TIMS-Studie belegt dies und zeigt darüber hinaus, dass dieser

---

34 Winston (1999: 15).
35 Vgl. Baumert et al. (2003).
36 Vgl. Bos et al. (2004).

Effekt in Bundesländern mit verbindlicher Lehrerentscheidung stärker ist als in Bundesländern mit freiem Elternwillen.[37]

Studien, die keine Leistungstests einsetzen, nutzen vielfältige andere Operationalisierungen für die prognostische Validität. Sie definieren beispielsweise den Verbleib auf der Schule während der nächsten zwei Jahre (Orientierungsstufe) oder das Durchlaufen aller Klassen ohne Klassenwiederholung bzw. „Abschulung" als Erfolg. Aufgrund der Vielzahl an Operationalisierungen können hier keine eindeutigen Quoten benannt werden.[38] Grundsätzlich ist aber – in Übereinstimmung zu den oben erwähnten PISA-Ergebnissen – immer ein nennenswerter Teil der Schüler auch ohne Lehrerempfehlung auf der gewählten Schulform erfolgreich. Entsprechend wird moniert, dass durch restriktive Lehrerentscheidungen Potentiale nicht hinreichend ausgeschöpft werden. Gleichzeitig scheitern Kinder trotz Empfehlung und erleben somit unnötige emotionale Belastungen, die ihr weiteres Lernen und Arbeiten negativ beeinflussen können.

Diese Befunde zusammengenommen lassen den Eindruck entstehen, dass die lehrerseitigen Entscheidungen über die weiterführende Schulform den an sie gestellten Mindeststandards kaum gerecht werden. Doch ist zu beachten, dass die beiden Gütekriterien ihrerseits problematisch sind und sogar in gewissem Widerspruch zueinander stehen.[39] Wenn in unserem gegliederten, selektiven Schulsystem der Schulerfolg von hoher Unterstützung im Elternhaus abhängt, die von bildungsnahen, nicht aber von bildungsfernen Eltern geleistet werden kann, dann ist es im Sinne der Optimierung der prognostischen Validität der Lehrerentscheidung absolut verständlich und zielführend, die Bildungsnähe des Elternhauses in die Übergangsempfehlung einzubeziehen. Gleichzeitig führt dies jedoch zu einer sozialen Ungerechtigkeit. So stellt sich die Frage, ob nicht an Stelle der Lehrkräfte eher das Bildungssystem zu kritisieren ist, das Lehrer dazu anhält, „ungerechte" Empfehlungen auszusprechen.

3.3   Kommunikation der Entscheidung

Wenngleich das Lehrerurteil in den meisten Bundesländern nur als unverbindliche Empfehlung zu verstehen ist, erweist es sich in der Praxis doch als zentrale Einflussgröße, denn Studien zeigen, dass die lehrerseitige Empfehlung von den meisten

---

37 Vgl. Maaz et al. (2010).
38 Siehe für einen Überblick: van Ophuysen (2006b).
39 Vgl. Dietz (2014); van Ophuysen et al. (in Vorber.).

Eltern auch angenommen wird.[40] In NRW folgt rund die Hälfte der Eltern einer Hauptschulempfehlung, knapp zwei Drittel einer Realschulempfehlung und mehr als 90 % einer Gymnasialempfehlung.[41] Dabei ist zu beachten, dass ein Großteil der ‚Abweichler' bei den Haupt- und Realschulempfohlenen die Gesamtschule als alternative, integrierte Schulform präferieren. Bundesweit liegt die Quote derjenigen, die eine andere als die empfohlene Schulform wählen, bei rund 18 Prozent.

In der Regel gehen der letztlichen Entscheidung verpflichtende Beratungsgespräche zwischen Grundschullehrkraft und Eltern voraus. Der Stellenwert der Beratung wurde in einer Studie von Zelazny betrachtet.[42] Er untersuchte in Hessen, ob der Anteil nicht-empfohlener Real- und Gymnasialschüler durch die Elternberatung der Grundschule vermindert werden kann. Zwei Drittel der Eltern nehmen vor der Schulformwahl ein Beratungsgespräch in Anspruch. Bei Nicht-Übereinstimmung nutzt fast die Hälfte der Eltern nochmals die Gelegenheit, sich beraten zu lassen, und von diesen revidieren wiederum zwei Drittel ihre Schulformentscheidung nach der Beratung.

Welche Eltern sich von schulischer Seite ‚umstimmen' lassen, aus welchen Gründen und unter welchen Beratungsprozessmerkmalen dies geschieht, war Gegenstand einer von Harazd und van Ophuysen durchgeführten Studie.[43] Sie analysierten Daten von 135 Eltern aus NRW, die (zunächst) eine von der Lehrerempfehlung abweichende höhere Bildungsaspiration für ihr Kind hatten. Im Rahmen von Beratungsgesprächen versuchten Lehrkräfte ihre Einschätzung des Kindes und seine Passung zu der empfohlenen Schulform den Eltern nahezubringen, wobei das Ziel eine einvernehmliche Entscheidung sein sollte. Durch eine binäre logistische Regressionsanalyse wurde analysiert, welche Prädiktoren die Nonkonformität vs. Anpassung der Elternentscheidung vorhersagen konnten. Neben soziodemografischen Daten und der elterlichen Leistungseinschätzung ihres Kindes wurden zusätzlich die elterliche Einstellung zu Schule und Bildung sowie die Bewertung des schulischen Beratungsprozesses herangezogen. Bei den soziodemografischen Merkmalen erwies sich allen voran der elterliche Bildungsabschluss als relevanter Prädiktor. Im Sinne von Bourdieus Reproduktionsthese (1982) spiegelt dieser Befund wider, dass Eltern bemüht sind, ihre soziale Position zu wahren. Aus der Perspektive der Persuasionsforschung kann das Ergebnis aber auch auf die geringere Vertrautheit mit dem Schulsystem zurückgeführt werden. Eltern mit geringerem Bildungsstatus können nicht auf eigene Erfahrungen mit

---

40 Vgl. z. B. Arnold et al. (2010); Bos et al. (2004).
41 Vgl. Arnold et al. (2010).
42 Vgl. Zelazny (1996).
43 Vgl. Harazd und van Ophuysen (2008).

der Schulform zurückgreifen und verlassen sich so stärker auf die Expertise der beratenden Lehrkräfte. Diese Interpretation wird unterstützt, da sich auch Eltern, die erstmalig den Grundschulübergang eines ihrer Kinder miterlebten, signifikant häufiger von den Argumenten der Lehrkraft überzeugen ließen. Eine größere Vorerfahrung scheint hingegen dazu beizutragen, dass die Eltern selbstbewusster in den Beratungsprozess gehen, die Argumente der Lehrperson eher anzweifeln und somit ihre Entscheidung nicht revidieren. Für den Beratungsprozess selbst war die Wahrnehmung der Argumente entscheidend, so bewerteten Eltern, die ihre Bildungsaspiration anpassten, die Qualität der Beratung als positiver als nonkonforme Eltern. In dieser häufig als konflikthaft erlebten Entscheidungssituation sind letztendlich die eigenen Erfahrungen mit dem Bildungssystem im Zusammenspiel mit der wahrgenommenen Qualität der schulischen Beratung von zentraler Bedeutung.

In der Öffentlichkeit wird immer wieder darüber diskutiert, wer die ‚richtige‘ Entscheidungspartei ist, und in den Bundesländern wird diese Entscheidungsgewalt zwischen Schule und Elternhaus hin und her geschoben. Mit Blick auf die hier vorgestellten Schwierigkeiten pädagogischer Entscheidungen erscheint es jedoch sinnvoller, stattdessen über eine verbesserte Beratungspraxis nachzudenken, die eine gemeinsame Entscheidungsfindung von Lehrpersonen als professionell handelnden Pädagogen und Eltern als pädagogischen Laien ermöglicht. Denn bei der genaueren Betrachtung des Beratungsbegriffs wird deutlich, dass bestimmte Merkmale, z. B. Freiwilligkeit des Hilfesuchenden, Unverbindlichkeit der Empfehlungen oder Unabhängigkeit des Beratenden, nur bedingt erfüllt sind. Das Elterngespräch ist verpflichtend, die beratenden Personen sind die Lehrkräfte der Kinder und als solche nicht unabhängig, und die Schullaufbahnempfehlung ist – zumindest in Bundesländern ohne „freien Elternwillen“ – ein verbindliches „Urteil“ und nicht eine unverbindliche ‚Empfehlung‘. Häufig werden die Elterngespräche zur Übergangsempfehlung von Lehrkräften unter der Zielsetzung geführt, dass die Lehrperson als ‚Experte‘ den Eltern als ‚Laien‘ ihre Entscheidung vermittelt und versucht, Ursachen und Gründe transparent zu machen, um die Eltern von der Richtigkeit der Empfehlung zu überzeugen. Auch Eltern gehen in der Regel mit dieser Erwartungshaltung in die entsprechenden Gespräche, sodass an Stelle eines Gesprächs zwischen gleichberechtigten Partnern eine asymmetrische Kommunikationsweise resultiert. Um das Ziel einer einvernehmlichen und möglichst akkuraten Entscheidung zu ermöglichen, sollten Lehrer und Eltern jedoch gleichermaßen als Experten in die Gespräche involviert sein. Während die Lehrkräfte spezifisches Wissen über das Verhalten und die kognitiven sowie sozialen Leistungen des Kindes in Schule und Unterricht einbringen können, sind Eltern ihrerseits Experten für das Verhalten und die Leistungen im außerschulischen Kontext. Die Wahrnehmungen aus den beiden Perspektiven werden teilweise übereinstimmen, aber es wird auch spezifische Wahrnehmungen und ggf. Widersprüche geben. Denn einerseits werden im schulischen und außerschulischen Kontext ganz unterschiedliche Situationen beobachtet. Andererseits zeigen Kinder in thematisch ähnlichen Situationen je nach Kontext unterschiedliches Verhalten (z. B. Anstrengungsbereitschaft im Unterricht vs. bei einem Hobby). Zur Ableitung einer bestmöglichen Übergangsempfehlung ist aber gerade das Zusammentragen von möglichst vollständigen Informationen grundlegend, und dies entsteht erst, wenn Eltern und Lehrkräfte Informationen, die sich auch widersprechen können, sammeln (Multiperspektivität). Auf die rein beschreibende Informationssammlung sollte dann der gemeinsame Versuch folgen, die Informationen in ein umfassendes Bild des Kindes zu integrieren. Erst danach sollten die Bewertung des Gesamtbildes und die Ableitung von Handlungs-/Schullaufbahnempfehlungen erfolgen. Diese gemeinsame Reflexion erhöht nicht nur die Wahrscheinlichkeit eines vollständigen und unverzerrten Gesamtbildes, sondern bedingt durch Partizipation und Transparenz auch eine höhere Ergebnisakzeptanz. Es ist ratsam, diese symmetrisch angelegte Form des Gespräches möglichst früh zu kultivieren und nicht erst, wenn Eltern bzw. Lehrkräfte die Entscheidung treffen müssen. Die Entscheidung beruht dann auf einer langfristigeren gemeinsamen Entwicklungsbeobachtung. Eltern (und Lehrkräfte) haben die Chance, sich in der Beobachtung und Bewertung zu üben, bevor die eigentliche Entscheidung ansteht.

4   Fazit

Der Begriff der ‚Entscheidung' wird in der Erziehungswissenschaft bislang selten explizit thematisiert. Die hier vorgestellten Überlegungen und Forschungsbefunde zum Entscheiden professionell handelnder Pädagogen im Kontext der Bildungsgangempfehlung bilden hier eine Ausnahme. Sie sind als spezifisches Beispiel zu verstehen, und es bleibt zunächst offen, inwieweit sie auf andere pädagogische Handlungsfelder übertragbar sind. Dennoch ist nicht zu leugnen, dass auch in anderen Kontexten komplexe Entscheidungen, deren vielfältige Konsequenzen nicht in allen Details vorhersehbar sind, den Alltag von Pädagogen dominieren. Somit erscheint es uns sinnvoll, auch andere berufliche Handlungsfelder aus dieser Perspektive zu beleuchten und Handlungs- und Zielentscheidungen von Pädagogen als Teil ihres professionellen Handelns genauer zu analysieren. Besonders interessant erscheint dabei die Frage nach der Entscheidung für den bzw. mit den Klienten. Hinsichtlich des Entscheidungsprozesses stellt sich die Frage nach der angemessenen Strategie der Informationsverarbeitung. Während einerseits die Expertiseforschung die Anwendung heuristischer Strategien als zielführend in komplexen Entscheidungssituationen herausstellt, fordert der Professionalitätsanspruch eine analytische und hoch reflexive Informationsverarbeitung. Wie diese Diskrepanz im Berufsalltag aufgelöst werden kann, verbleibt als spannende Frage für zukünftige Forschung.

Quellenverzeichnis

Amelang, M., und L. Schmidt-Atzert. 2006. *Psychologische Diagnostik und Intervention.* Berlin: Springer.

Anderman, E. M., M. L. Maehr, und C. Midgley. 1999. Declining motivation after the transition to middle school: Schools can make a difference. *Journal of Research and Development in Education* 32: 131-147.

Arnold, K-H., W. Bos, P. Richert, und T. C. Stubbe. 2010. Der Übergang von der Grundschule in die Sekundarstufe: Schullaufbahnpräferenzen von Lehrkräften und Eltern im Ländervergleich. In *IGLU 2006 – die Grundschule auf dem Prüfstand. Vertiefende Analysen zu Rahmenbedingungen schulischen Lernens*, hrsg. W. Bos, K.-H. Arnold, G. Faust, L. Fried, S. Hornberg, E.-M. Lankes et al., 13-32. Münster: Waxmann.

Aust, K., R. Watermann, und D. Grube. 2010. Selbstkonzeptentwicklung und der Einfluss von Zielorientierungen nach dem Übergang in die weiterführende Schule. *Zeitschrift für Pädagogische Psychologie* 24: 96-109.

Baumert, J., und M. Kunter. 2006. Stichwort: Professionelle Kompetenz von Lehrkräften. *Zeitschrift für Erziehungswissenschaft* 9: 469-520.

Baumert, J., P. Stanat, und R. Watermann. 2006. Schulstruktur und die Entstehung differenzieller Lern- und Entwicklungsmilieus. In *Herkunftsbedingte Disparitäten im Bildungswesen: Differenzielle Bildungsprozesse und Probleme der Verteilungsgerechtigkeit*, hrsg. J. Baumert, P. Stanat und R. Watermann, 95-188. Wiesbaden: VS.

Baumert, J., U. Trautwein, und C. Artelt. 2003. Schulumwelten – institutionelle Bedingungen des Lehrens und Lernens. In *PISA 2000 : Ein differenzierter Blick auf die Länder der Bundesrepublik Deutschland*, hrsg. Deutsches PISA-Konsortium, 261-331. Opladen: Leske + Budrich.

Becker, M., O. Lüdtke, U. Trautwein, und J. Baumert. 2006. Leistungszuwachs in Mathematik. Evidenz für einen Schereneffekt im mehrgliedrigen Schulsystem. *Zeitschrift für Pädagogische Psychologie* 20: 233-242.

Bos, W., A. Voss, E.-M. Lankes, K. Schwippert, O. Thiel, und R. Valtin. 2004. Schullaufbahnempfehlungen von Lehrkräften für Kinder am Ende der vierten Jahrgangsstufe. In *IGLU – Einige Länder der Bundesrepublik Deutschland im nationalen und internationalen Vergleich*, hrsg. W. Bos, E.-M. Lankes, M. Prenzel, K. Schwippert und R. Valtin, G. Walther, 191-228. Münster: Waxmann.

Buff, A. 1991. Schulische Selektion und Selbstkonzeptentwicklung. In *Schule und Persönlichkeitsentwicklung*, hrsg. R. Pekrun und H. Fend, 100-114. Stuttgart: Enke.

Cortina, K. S., und L. Trommer. 2003. Bildungswege und Bildungsbiographien in der Sekundarstufe I. In *Das Bildungswesen in der Bundesrepublik Deutschland*, hrsg. K. S. Cortina, J. Baumert, A. Leschinsky, K. U. Mayer und L. Trommer, 342-391. Reinbek: Rowohlt.

Dietz, S-L. 2014. *Prognostische Qualität und soziale Gerechtigkeit als widersprüchliche Anforderungen an die Übergangsempfehlung – Das Dilemma der Lehrkräfte.* Unveröffentlichte Masterarbeit, Westfälische Wilhelms-Universität Münster.

Ditton, H. 2007. *Kompetenzaufbau und Laufbahnen im Schulsystem. Eine Längsschnittuntersuchung an Grundschulen.* Münster: Waxmann.

Dünnebier, K., C. Gräsel, und S. Krolak-Schwerdt. 2009. Urteilsverzerrungen in der schulischen Leistungsbeurteilung. Eine experimentelle Studie zu Ankereffekten. *Zeitschrift für Pädagogische Psychologie* 23: 187-195.

Freitag, S., und S. van Ophuysen. 2012. *Pädagogisch-diagnostisches Handeln im Lehreralltag – eine explorative Fallanalyse.* Poster auf der Herbsttagung der AEPF, Bielefeld im September 2012.

Gigerenzer, G. 2008. *Rationality for Mortals.* New York: Oxford University Press.

Glock, S., S. Krolak-Schwerdt, F. Klapproth, und M. Böhmer. 2013. Prädiktoren der Schullaufbahnempfehlung für die Schulzweige des Sekundarbereichs I. *Pädagogische Rundschau* 67: 329-347.

Guill, K., C. Gröhlich, K. Scharenberg, H. Wendt, und W. Bos. 2010. Die mathematischen Kompetenzen der Schülerinnen und Schüler. In *KESS 8 – Kompetenzen und Einstellungen von Schülerinnen und Schülern am Ende der Jahrgangsstufe 8*, hrsg. W. Bos und C. Gröhlich, 37-48. Münster: Waxmann.

Harazd, B., und S. Schürer. 2006. Veränderungen der Schulfreude von der Grundschule zur weiterführenden Schule. In *Risikofaktoren kindlicher Entwicklung. Migration, leistungsbezogene Emotionen und der Übergang von der Grundschulzeit zu den weiterführenden Schulen*, hrsg. A. Schründer-Lenzen, 208-222. VS Verlag: Wiesbaden.

Harazd, B., und S. van Ophuysen. 2008. Was bedingt die Wahl eines nicht empfohlenen höheren Bildungsgangs? *Zeitschrift für Erziehungswissenschaft* 11: 626-647.

Helsper, W. 2004. Antinomien, Widersprüche, Paradoxien: Lehrerarbeit – ein unmögliches Geschäft? Eine strukturtheoretisch-rekonstruktive Perspektive auf das Lehrerhandeln. In *Grundlagenforschung und mikrodidaktische Reformansätze zur Lehrerbildung*, hrsg. B. Koch-Priewe, F. Kolbe und J. Wildt, 49-99. Bad Heilbronn: Klinkhardt.

Helsper, W., C. Ziems, R.-T. Kramer, und S. Thiersch. 2012. Der Übergang in die Sekundarstufe aus Sicht der Kinder und dessen Bedeutung für die Schülerbiografie bis zur 7. Klasse. In *Übergänge bilden. Lernen in der Grund und weiterführenden Schule*, hrsg. N. Berkemeyer, S.-I. Beutel, H. Järvinen und S. van Ophuysen, 22-159. Köln: Carl Link.

Herbart, J. F. 1802/1997. Die erste Vorlesung über Pädagogik. In *Johann Friedrich Herbart. Systematische Pädagogik*, hrsg. D. Benner, 43-46. Weinheim: Deutscher Studien Verlag.

Jonkmann, K., K. Maaz, M. Neumann, und C. Gresch. 2010. Übergangsquoten und Zusammenhänge zu familiärem Hintergrund und schulischen Leistungen: Deskriptive Befunde. In *Der Übergang von der Grundschule in die weiterführende Schule – Leistungsgerechtigkeit und regionale, soziale und ethnisch-kulturelle Disparitäten*, hrsg. K. Maaz, J. Baumert, C. Gresch und N. McElvany, 255-284. Berlin: BMBF.

Kant, I. 1786/1983: Mutmaßlicher Anfang der Menschengeschichte. In *Immanuel Kant: Werke in zehn Bänden*, hrsg. W. Weischedel, 85-102. Darmstadt: Wissenschaftliche Buchgesellschaft.

Klauer, K. J. 1982. Perspektiven Pädagogischer Diagnostik. In *Handbuch der Pädagogischen Diagnostik (Band 1)*, hrsg. K.J. Klauer, 3-14. Schwann: Düsseldorf.

KMK [Sekretariat der Ständigen Konferenz der Kultusminister der Länder in der Bundesrepublik Deutschland]. 2010. *Regelungen der Länder zum Übergang von der Grundschule in*

Schulen des Sekundarbereichs I und über die Gestaltung der Jahrgangsstufen 5 und 6 (sog. Orientierungsstufe). Verfügbar unter: http://www.kmk.org/fileadmin/veroeffentlichungen_beschluesse/2010/2010_10_18-Uebergang-Grundschule-S_eI1-Orientierungsstufe. pdf [Zugegriffen: 01. Dezember 2011].

Krohne, H. W., und M. Hock. 2007. *Psychologische Diagnostik. Grundlagen und Anwendungsfelder.* Stuttgart: Kohlhammer.

Krolak-Schwerdt, S., M. Böhmer, und C. Gräsel. 2009. Verarbeitung von schülerbezogener Information als zielgeleiteter Prozess. Der Lehrer als „flexibler Denker". *Zeitschrift für Pädagogische Psychologie* 23: 175-186.

Krolak-Schwerdt, S., und R. Rummer. 2005. Der Einfluss von Expertise auf den Prozess der schulischen Leistungsbeurteilung. *Zeitschrift für Entwicklungspsychologie und Pädagogische Psychologie* 37: 205-213.

Lehmann, R., und J. Lenkeit. 2008. *ELEMENT. Erhebung zum Lese- und Mathematikverständnis. Entwicklung in den Jahrgangsstufen 4 bis 6 in Berlin. Abschlussbericht über die Untersuchungen 2003, 2004 und 2005 an Berliner Grundschulen und grundständigen Gymnasien.* Berlin: Humboldt-Universität.

Lintorf, K. 2011. *Wie vorhersagbar sind Grundschulnoten? Prädiktionskraft individueller und kontextspezifischer Merkmale.* Wiesbaden: VS.

Maaz, K., F. Baeriswyl, und U. Trautwein. 2011. *Herkunft zensiert? Leistungsdiagnostik und soziale Ungleichheiten in der Schule. Studie im Auftrag der Vodafone Stiftung Deutschland.* Düsseldorf: Vodafone Stiftung Deutschland.

Maaz, K., und G. Nagy. 2010. Der Übergang von der Grundschule in die weiterführenden Schulen des Sekundarschulsystems: Definition, Spezifikation und Quantifizierung primärer und sekundärer Herkunftseffekte. In *Der Übergang von der Grundschule in die weiterführende Schule – Leistungsgerechtigkeit und regionale, soziale und ethnisch-kulturelle Disparitäten*, hrsg. K. Maaz, J. Baumert C. Gresch und N. McElvany, 151-180. Berlin: BMBF.

Maaz, K., J. Baumert und U. Trautwein. 2010. Genese sozialer Ungleichheit im institutionellen Kontext der Schule. Wo entsteht und vergrößert sich soziale Ungleichheit? In *Der Übergang von der Grundschule in die weiterführende Schule – Leistungsgerechtigkeit und regionale, soziale und ethnisch-kulturelle Disparitäten*, hrsg. K. Maaz, J. Baumert C. Gresch und N. McElvany, 27-64. Berlin: BMBF.

Maaz, K., U. Trautwein, O. Lüdtke, und J. Baumert. 2008. Educational transitions and differential learning environments. How explicit between-school tracking contributes to social inequality in educational outcomes. *Child Development Perspectives* 2: 99-106.

McMillan, J. H., S. Myran, und D. Workman. 2002. Elementary teachers' classroom assessment and grading practices. *The Journal of Educational Research* 95 (4): 203-213.

Neumann, M., I. Schnyder, U. Trautwein, A. Niggli, O. Lüdtke, und R. Cathomas. 2007. Schulformen als differenzielle Lernmilieus. Institutionelle und kompositionelle Effekte auf die Leistungsentwicklung im Fach Französisch. *Zeitschrift für Erziehungswissenschaft* 10: 399-420.

Nölle, I., T. Hörstermann, S. Krolak-Schwerdt, und C. Gräsel. 2009. Relevante diagnostische Informationen bei der Übergangsempfehlung – die Perspektive der Lehrkräfte. *Unterrichtswissenschaft* 37: 294-310.

Oberender, P. O., und J. Fleischmann. 2003. Wettbewerb als Reformperspektive für die Hochschulen. In *Ordo: Jahrbuch für die Ordnung von Wirtschaft und Gesellschaft* 54: 93-112.

Oevermann, U. 1996. Theoretische Skizze einer revidierten Theorie professionellen Handelns. In *Pädagogische Professionalität. Untersuchungen zum Typus pädagogischen Handelns*, hrsg. A. Combe und W. Helsper, 70-182. Frankfurt/M.: Suhrkamp.

Pfost, M., C. Karing, C. Lorenz, und C. Artelt. 2010. Schereneffekte im ein- und mehrgliedrigen Schulsystem. Differenzielle Entwicklung sprachlicher Kompetenzen am Übergang von der Grund- in die weiterführende Schule? *Zeitschrift für Pädagogische Psychologie* 24: 259-273.

Pohlmann, S. 2009. *Der Übergang am Ende der Grundschulzeit. Zur Formation der Übergangsempfehlung aus der Sicht der Lehrkräfte*. Münster: Waxmann.

Retelsdorf, J., und J. Möller. 2008. Entwicklungen von Lesekompetenz und Lesemotivation. Schereneffekte in der Sekundarstufe? *Zeitschrift für Entwicklungspsychologie und Pädagogische Psychologie* 40: 179-188.

Riek, K., und S. van Ophuysen. 2013. Kriterien der Übergangsempfehlung – Eine qualitiative Interviewstudie mit Grundschullehrkräften. In *Individuelle Förderung und Lernen in der Gemeinschaft*, hrsg. B. Kopp, S. Martschinke, M. Munser-Kiefer, M. Haider, E.-M. Kirschhock, G. Ranger, G. Renner, 270-273. Wiesbaden: Springer VS.

Rosa, H. 1996. *Identität und kulturelle Praxis: Politische Philosophie nach Charles Taylor*. Frankfurt/M.: Campus.

Schneider, T. 2011. Die Bedeutung der sozialen Herkunft und des Migrationshintergrunds für Lehrerurteile am Beispiel der Grundschulempfehlung. In *Zeitschrift für Erziehungswissenschaft* 14: 371-396.

Stubbe, T., und W. Bos. 2008. Schullaufbahnempfehlungen von Lehrkräften und Schullaufbahnentscheidungen von Eltern am Ende der vierten Jahrgangsstufe. *Empirische Pädagogik* 22: 49-63.

Tversky, A., und D. Kahneman. 1982. Judgment under Uncertainty: Heuristics and Biases. In *Judgment under Uncertainty: Heuristics and Biases*, hrsg. D. Kahneman, P. Slovic und A. Tversky, 3-20. Cambridge: Cambridge University Press.

Valtin, R., und C. Wagner. 2004. Der Übergang in die Sekundarstufe I: Psychische Kosten der externen Leistungsdifferenzierung. *Psychologie in Erziehung und Unterricht* 51: 52-68.

Van Ophuysen, S. 2006a. Vergleich diagnostischer Entscheidungen von Novizen und Experten am Beispiel der Schullaufbahnempfehlung. *Zeitschrift für Entwicklungspsychologie und Pädagogische Psychologie* 38: 154-161.

Van Ophuysen, S. 2006b. Zur Problematik der Schulformempfehlung nach der Grundschulzeit und ihrer prognostischen Qualität. In *Jahrbuch der Schulentwicklung. Daten, Beispiele und Perspektiven (Band 14)*, hrsg. W. Bos, H. G. Holtappels, H. Pfeiffer, H. G. Rolff und R. Schulz-Zander, 49-79. Weinheim: Juventa.

Van Ophuysen, S. 2008. Zur Veränderung der Schulfreude von Klasse 4 bis 7. Eine Längsschnittanalyse schulformspezifischer Effekte von Ferien und Grundschulübergang. *Zeitschrift für Pädagogische Psychologie* 22: 293-306.

Van Ophuysen, S. 2010. Professionelle pädagogisch-diagnostische Kompetenz – eine theoretische und empirische Annäherung. In *Jahrbuch der Schulentwicklung. Daten, Beispiele und Perspektiven (Band 16)*, hrsg. N. Berkemeyer, W. Bos, H. G. Holtappels, N. McElvany und R. Schulz-Zander, 203-234. Weinheim: Juventa.

Van Ophuysen, S., und H. Wendt. 2010. Zur Veränderung der Mathematikleistung von Klasse 4 bis 6. Welchen Einfluss haben Kompositions- und Unterrichtsmerkmale? *Zeitschrift für Erziehungswissenschaft*, Sonderheft 12: 302-327.

Van Ophuysen, S., S.-L. Dietz, und K. Riek. In Vorbereitung. Soziale Gerechtigkeit am Übergang von der Grundschule zur weiterführenden Schule. In *Zur Gerechtigkeit von Schule*. hrsg. V. Manitius, B. Hermstein und N. Berkemeyer. Wiesbaden: Springer VS.

Wernet, A. 2006. *Hermeneutik – Kasuistik – Fallverstehen. Eine Einführung*. Stuttgart: Kohlhammer.

Winston, G. C. 1999. Subsidies, Hierarchy and Peers: The Awkward Economics of Higher Education. *Journal of Economic Perspectives* 13: 13-36.

Zelazny, C. 1996. Elternwille und Schulerfolg. Eine Untersuchung zu den Übergängen auf weiterführende Schulen. *Die Deutsche Schule* 88: 298-312.

Politisches Entscheiden unter Stress
Die Beschneidungsdebatte

Armin Glatzmeier

Die 1. Kleine Strafkammer des Landgerichts Köln stellte am 7. Mai 2012 fest, dass die „aufgrund elterlicher Einwilligung aus religiösen Gründen von einem Arzt vorgenommene Beschneidung eines nicht einwilligungsfähigen Knaben [...] nicht unter dem Gesichtspunkt der sogenannten ‚Sozialadäquanz' vom Tatbestand [der Körperverletzung nach § 223 Abs. 1 StGB] ausgenommen" ist.[1] Das Urteil stieß politisch, medial und öffentlich geführte Debatten über die Zulässigkeit der religiös motivierten Knabenbeschneidung (rmK)[2] in Deutschland an, die in verschiedenen Arenen auf unterschiedlichem Niveau und mit unterschiedlicher Intensität stattfanden.

Die politische Debatte setzte Mitte Juli 2012 ein und fand ihren Abschluss in der Annahme des vom Bundesjustizministerium (BMJ) ausgearbeiteten Gesetzesentwurfes im Dezember desselben Jahres. Schon früh im politischen Willensbildungsprozess bestand bei den zentralen Akteuren des Gesetzgebungsprozesses breiter Konsens über eine explizite Legalisierung der rmK, wie die Bundestagsdebatte vom 19. Juli 2012 mit dem gemeinsamen Antrag der Fraktionen von CDU/CSU, SPD und FDP zeigt. Trotz einiger durchaus kritischer Stimmen vermittelte die politische Aufarbeitung insgesamt ein eher ruhiges Bild. Doch diese isolierte Betrachtung täuscht: Bereits im Vorfeld der politischen Diskussion hatte eine öffentliche und mediale Debatte über die Zulässigkeit der rmK eingesetzt, die scharf, mitunter unsachlich und teilweise xenophob geführt wurde. Damit war ein Agenda-Setting- und Framingprozess in Gang gesetzt worden, dem die Politik zunächst hinterherhinkte – und dies bei einem Thema, das auf materialer Ebene zentrale Fragen der verfassungsrechtlichen Ordnung betraf: das Recht auf kör-

---

1   Entscheidung des Landgerichts Köln vom 07.07.2012, Az.: 151 Ns 169/11, S. 4.
2   Wenn im Folgenden von rmK gesprochen wird, so ist regelmäßig die medizinisch nicht indizierte Beschneidung der Penisvorhaut aus religiösen Gründen gemeint.

perliche Unversehrtheit, die Religionsfreiheit, das elterliche Erziehungsrecht und das staatliche Neutralitätsgebot.

Aber nicht nur die betroffenen Rechtsgüter waren von hoher Valenz. Dasselbe galt für die am Diskurs beteiligten Akteure. Die Konfliktkonstellation der in der Debatte betroffenen Rechtsgüter stellte die Politik innenpolitisch vor die unlösbare Aufgabe, unvereinbare Positionen zu befrieden, außenpolitisch drohte zudem wegen der Betroffenheit zweier Weltreligionen Schaden. Hinzu kam ein weiterer Faktor: Zeitdruck. Denn v. a. durch die Religionsvorschriften im Judentum, die eine rmK am achten Tag nach der Geburt vorschreiben, versetzte das Urteil religiöse Beschneider und an Beschneidungen beteiligte Ärzte in akute Rechtsunsicherheit.

Der vorliegende Beitrag geht von der Annahme aus, dass das politische System in der Beschneidungsdebatte unter Stress handelte. Mit Blick auf das Policyout-come stellt sich aus dieser Perspektive die Frage, wie Stress auf Entscheidungen wirkt und ob sich bezüglich des Policyoutputs Indizien dafür ergeben, die auf eine Entscheidung unter Stress hindeuten. Dies hätte weitreichende Folgen für das Verständnis repräsentativ-demokratischer Entscheidungsprozesse, da diese aus demokratietheoretischer Sicht ja gerade zu einer Rationalisierung von Entscheidungen beitragen sollen.

1   Stress im politischen Entscheidungsprozess?

Die Legitimität demokratischer Entscheidungsprozesse lässt sich anhand zweier Dimensionen beurteilen: Die formale Seite gibt darüber Auskunft, ob der Entscheidungsprozess gemäß allgemein anerkannter Regeln verlaufen ist und die Entscheidung somit Legitimation durch das Verfahren beanspruchen kann.[3] Die materiale Seite befasst sich mit den konkreten Inhalten der Entscheidung und lässt etwa Fragen über die Verfassungskonformität einfacher Gesetzgebung zu. Hinsichtlich der Normenbegründung werden in der Politikwissenschaft verschiedene Erklärungsmodelle herangezogen, dabei stehen insbesondere rationale Ansätze wie das Rational-Choice-Modell oder die deliberative Demokratietheorie im Mittelpunkt.[4] Mit Blick auf die historischen Begründungen der repräsentativen Demokratie kann man wohl ohne Übertreibung behaupten: Der Gedanke, dass allgemeinverbindliche Entscheidungen am besten von einer kleinen Anzahl hochqualifizierter Entscheider

---

3   Vgl. dazu v.a. Luhmann (2001).
4   Vgl. dazu etwa Behnke et al. (2010).

getroffen werden, stand bereits an der Wiege der repräsentativen Demokratie.[5] Damit richtet sich der Blick auf die Qualität kollektiver Entscheidungen, die normativ dem Kriterium der Rationalität entsprechen sollen.

Die Analyse gruppendynamischer Entscheidungsprozesse ist in der Politikwissenschaft ein Gebiet mit Forschungsbedarf,[6] das verschiedene Analyseebenen betrifft. Dieser Beitrag legt den Fokus auf den Policyprozess und nicht auf die Meinungsbildung der Individualakteure. Der hier zu betrachtende Gegenstand ist also die positivierte Norm als Output dieses Prozesses. Versteht man politische und insbesondere parlamentarische Entscheidungsprozesse als professionalisierte Mechanismen zur adäquaten Lösung spezifischer gesellschaftlicher Herausforderungen, so liegt es nahe, diese auf mögliche Dysfunktionalitäten zu überprüfen. Unter der Prämisse der demokratietheoretischen Rationalitätsvermutung erfolgt dies anhand der materialen Normenbegründung.

Dieser Beitrag wendet sich mit einem lediglich explorativen Anspruch der Frage zu, ob parlamentarische Beschlüsse ähnlichen stressbedingten Beeinträchtigungen unterworfen sein können, wie sie in der Psychologie für individuelle und kollektive Entscheidungen diskutiert werden. Ausgangspunkt ist das Stressmodell von Lazarus, das zunächst dargestellt und um Befunde zu Gruppenentscheidungen ergänzt wird. Den Rahmen für die Übertragung dieses Stresskonzeptes auf politische Entscheidungsprozesse liefert die politische Systemtheorie nach Almond und Powell.[7] Insbesondere die Interdependenz von politischem System und Gesellschaft, die sich in einem Spannungsfeld zwischen Forderungen und Unterstützungsleistungen der Systemumgebung und den politischen Entscheidungen verdeutlicht, schafft hierbei die notwendige Rahmenbedingung.

1.1 Das Stressmodell von Richard S. Lazarus

Lazarus (Abb. 1) nimmt keine zwingende Kausalität zwischen dem Auftreten stressauslösender Faktoren und dem tatsächlichen Vorliegen von Stress an. Vielmehr betrachtet er Stress als nachgelagertes Phänomen, das aus der Interaktion von Individuum und Umwelt entstehen *kann*.[8] Stress ist lediglich *eine mögliche* Reaktion, die durch individuelle Situationseinschätzungen unter Berücksichti-

---

5   Vgl. etwa Hamilton et al. (2003: Federalist No. 10 [v.a. S. 76ff.]), Mill (1869: 116f.), Bagehot (1958: 116).
6   Blendin und Schneider (2012: 61).
7   Vgl. Almond und Powell (1966: 25), Lazarus (1990a: 4).
8   So schon Lazarus et al. (1952: 295).

gung der zur Bewältigung verfügbaren Optionen und Ressourcen ausgelöst wird.[9] Zentral sind v. a. die Prozesse der kognitiven Bewertung (*cognitive appraisal*) und der Stressbewältigung (*coping*). Ersterer stellt darauf ab, ob und in welchem Umfang eine bestimmte Begegnung mit der Umwelt (*encounter*) für das individuelle Wohlergehen einer Person von Bedeutung ist, und erfolgt in zwei Schritten: In der Erstbewertung schätzt das Individuum ab, ob die betreffende Person-Umwelt-Interaktion risikobehaftet ist. Besteht ein Risiko, so erfolgt in der Zweitbewertung eine Abwägung verfügbarer Bewältigungsstrategien.[10] Von Stress spricht Lazarus, wenn das Encounter als Situation wahrgenommen wird, die die verfügbaren Ressourcen strapaziert oder überfordert. Coping bezeichnet die fortlaufenden mentalen und handlungsbezogenen Bemühungen, die zur Bewältigung der externen oder internen Anforderungen unternommen werden.[11] Das zugrundeliegende Konzept von Stressbewältigung ist prozessorientiert, fokussiert also auf die tatsächlichen situativen Handlungen und mentalen Vorgänge, kontextuell, d. h. abhängig von der kognitiven Bewertung und den verfügbaren Ressourcen, und beschränkt sich auf eine deskriptive Betrachtung der gewählten Copingstrategien.[12]

Exemplarische Systemvariablen des Stress- und Emotionsprozesses.

Vorausgehende, kausale Ereignisse	Vermittelnder Prozess	Unmittelbare Wirkung	Langzeit Wirkung
Personenbezogene Variablen Werte, Verpflichtungen, Ziele Allgemeine Überzeugungen wie Selbstwertgefühl Beherrschbarkeit Kontrollierbarkeit Interpersonelles Vertrauen Existenzielle Überzeugungen	Stressereignis 1 ... 2 ... 3 ... n Zeitlicher Verlauf eines Stressereignisses 1 ... 2 ... 3 ... n Erstbewertung (Chancen, Risiken) Zweitbewertung (Bewältigungsstrategien)	Emotionale Erregungszustände	Psychisches Wohlbefinden
Umweltbezogene Variablen (An-)Forderungen (Demands) Ressourcen (z.B. gesellschaftliche Unterstützung, Netzwerke) Einschränkungen Zeitliche Faktoren	Bewältigung (auch unter Rückgriff auf gesellschaftliche Unterstützung) Problemorientiert Emotionsorientiert	Physiologische Veränderungen Qualität der unter Stresseinwirkung erzielten Ergebnisse	Körperliche Gesundheit Soziale „Funktionsfähigkeit"

Anmerkungen: Das Modell ist rekursiv. Zwischen Kurzzeit- und Langfristeffekten können Parallelitäten auftreten.

Abb. 1   Stressmodell nach Richard S. Lazarus (1990a: 4).

---

9   Lazarus (1990a: 4).

10   Folkman et al. (1986: 993).

11   Ebd. Stressbewältigung ist nach Auffassung Lazarus' ein mediatisierender Prozess, s. Lazarus (1990b: 42).

12   Folkman et al. (1986: 993).

Für die kognitive Bewertung und die Stressbewältigung ist zudem der soziale Kontext bedeutsam, denn soziale Verbände stellen explizite und implizite Regeln darüber auf, welche Emotionen und Handlungen in unterschiedlichen Kontexten adäquat sind, schaffen dadurch gesellschaftliche Rahmenbedingungen für die individuelle Situationsbewertung[13] und können Ressourcen zur Stressbewältigung bereitstellen (s. Abb. 1).

Für politische Entscheidungsprozesse sind insbesondere zwei soziale Handlungsrahmen bedeutsam: der gesamtgesellschaftliche Kontext sowie die jeweiligen Gruppenzugehörigkeiten (etwa Parteizugehörigkeit oder die Mitgliedschaft in bestimmten Gremien).

1.2   Stress und Entscheidung

Der psychologische Forschungsstand zum Zusammenhang von Stress und Entscheidungshandeln ist nach wie vor defizitär.[14] Zu den frühen Erkenntnissen aus den 1950er-Jahren gehört, dass Stress nicht zwingend zu einer schlechteren Bewältigung von Aufgaben führt. Allerdings konnte in weiteren Studien mehrheitlich ein negativer Effekt von Stress auf die Lösung kognitiver Probleme nachgewiesen werden.[15]

Als negative Determinanten für Entscheidungsprozesse unter Stress werden insbesondere angeführt: (1) die vorzeitige Festlegung ohne hinreichende Berücksichtigung der verfügbaren Handlungsalternativen (*premature closure*), (2) die unsystematische Abwägung der verfügbaren Entscheidungsoptionen (*nonsystematic scanning*) sowie (3) eine ineffiziente Zeitnutzung (*temporal narrowing*).[16] Im Laborexperiment gelang Keinan der Nachweis, dass Probanden unter Stress tatsächlich häufiger vorschnelle Entscheidungen trafen und die Alternativen unsystematisch abwägten, worunter auch die Entscheidungsqualität litt.[17]

Im Stressmodell nach Lazarus lassen sich diese stressinduzierten Defizite der Problembewertung und der Problembewältigung zuordnen und betreffen damit Prozesse, die in kollektiven Entscheidungssystemen einer Gruppendynamik unterliegen.

---

13   Lazarus (1982: 1023).
14   Vgl. Blendin und Schneider (2012: 70), Hammond (1995: 1), Kowalski-Trakofler et al. (2003: 279).
15   Lazarus et al. (1952: 301) mit weiteren Nachweisen.
16   Keinan (1987: 639f.) mit weiteren Nachweisen, Kowalski-Trakofler et al. (2003: 282).
17   Keinan (1987: 642).

1.3 Gruppenentscheidungen

Für Gruppenentscheidungen wies Asch zu Beginn der 1950er-Jahre nach, dass der Druck auf einzelne Gruppenmitglieder so hoch werden kann, dass sie sich selbst bei offensichtlich falschen Tatsachenbehauptungen der Gruppenmehrheit anschließen, wenn ihnen diese geschlossen gegenübertritt.[18] Ähnliche Effekte stellte Janis in seinem Groupthink-Ansatz für politische Gruppenentscheidungen in Krisensituationen dar.[19] Mit ‚Groupthink' bezeichnet er ein Phänomen, das in einigermaßen festgefügten Gruppen eintreten und negativ auf deren Entscheidungsfindung wirken *kann*.[20] Die betroffenen Entscheidungsprozesse zeigten Einschränkungen hinsichtlich der Ergebnisoffenheit der diskutierten Handlungsoptionen, hinsichtlich der Beschaffung zusätzlicher, unabhängiger Information sowie bei der Bewertung vorhandener Information,[21] also ähnliche Defekte wie Individualentscheidungen unter Stress.

Janis ging davon aus, dass die hierarchische Gruppenstruktur unter Stressbedingungen stärker auf den kollektiven Entscheidungsprozess einwirkt. Driskell und Salas überprüften diese Hierarchisierungshypothese experimentell und stellten fest, dass die grundsätzlich höhere Bereitschaft zur Unterordnung bei Gruppenmitgliedern mit niedrigem Status unter Stress zunahm. Gruppenmitglieder mit hohem Status ordneten sich weniger stark unter, waren aber unter Stress bereitwilliger, Inputs aus der Gruppe anzunehmen.[22]

Zudem stellte Janis einen selbstaffirmativen Effekt fest, der zur Folge hatte, dass sich die Gruppenmitglieder ihrer Sacheinschätzung wechselseitig versicherten und so – unabhängig von deren Richtigkeit – eine Verfestigung eintrat. Dies korrespondiert mit den Befunden von Asch und lenkt den Blick auf den Stellenwert von Falschinformation in Entscheidungsprozessen. Lewandowsky et al. dokumentierten verschiedene Befunde über Entstehung und Persistenz von Fehlinformationen.[23] Diese zeigen, dass die Bewertung einer Information als zutreffend oder unzutreffend maßgeblich davon abhängt, ob sie mit bereits vorhandenen Erkenntnissen und Überzeugungen übereinstimmt, da korrespondierende Informationen leichter zu verarbeiten sind als abweichende, für deren Überprüfung Ressourcen und Mühen

---

18   Asch (1951), vgl. auch Lewandowsky et al. (2012: 112).
19   Janis (1971).
20   Vgl. ebd., S. 81. Groupthink muss aber nicht notwendigerweise zu negativen Effekten führen, sondern kann auch die Entscheidungseffizienz einer Gruppe verbessern.
21   Vgl. ebd.
22   Driskell und Salas (1991: 476).
23   Lewandowsky et al. (2012).

aufgewendet werden müssen.[24] Aus demselben Grund werden Informationen, die sich in den Gesamtkontext eines dargestellten Sachverhalts einfügen, aufgrund ihrer Plausibilität als wahr angenommen, etwa wenn als Grund für einen Verkehrsunfall fälschlicherweise die Alkoholisierung des Unfallfahrers angegeben wird.[25]

Insgesamt zeigt sich, dass adaptierte Falschinformationen nur schwer korrigierbar sind:

> „The wealth of studies on this phenomenon have documented its pervasive effects, showing that it is extremely difficult to return the beliefs of people who have been exposed to misinformation to a baseline similar to those of people who were never exposed to it."[26]

Die Persistenz von Fehlinformationen dürfte unter Stress noch erhöht sein, denn wenn dieser zu vorschnellen Entscheidungen und unsystematischer Informationsverarbeitung führt, so ist eine Korrektur bestehender Fehlinformationen nur schwer erreichbar.

1.4 Die Beschneidungsdebatte als politische Konfliktsituation

Funktional betrachtet liegt die Aufgabe des politischen Systems in der Lösung gesellschaftlicher Probleme durch politische Steuerungsprozesse.[27] Politische Akteure reagieren auf Forderungen (*demands*) aus der Gesellschaft und bieten adäquate Lösungsvorschläge an, benötigen aber auch gesellschaftliche Unterstützung (*supports*) für ihr politisches Handeln.[28]

In der Beschneidungsdebatte bestand Einigkeit bezüglich der Forderung nach einer gesetzlichen Regulierung der rmK. Allerdings waren die vertretenen Positionen zwischen Befürwortern und Kritikern bipolar verteilt, sodass die politischen Akteure mit unvereinbaren Positionen konfrontiert wurden. Im Ergebnis konnte also nicht damit gerechnet werden, dass ein erfolgreicher Ausgleich zwischen den konfligierenden Interessen hergestellt werden konnte, der auf einem breiten gesellschaftlichen Konsens fußte.

---

24 Ebd., S. 112.
25 Vgl. ebd.
26 Ebd., S. 114.
27 Almond und Powell (1966: 27ff.).
28 Vgl. ebd., S. 25f.

Die Lager schieden sich im Kern darüber, ob der Staat zum Schutze der körperlichen Unversehrtheit des Kindes einschreiten oder die religiöse Praxis gewähren
lassen sollte (Abb. 2). Insgesamt stellte die Beschneidungsdebatte also ein eklatantes
politisches Dilemma dar. Drei Aspekte dürften dabei von besonderer Bedeutung
sein: (1) Das bis zum Einsetzen der medialen Berichterstattung kaum beachtete
Gerichtsurteil hatte einen Agenda-Setting-Prozess in Gang gesetzt, der die politischen Akteure unvermittelt traf. Die schon anfangs hohe Frequenz der medialen
Berichterstattung, die mit eigenen und den Deutungsangeboten Dritter schnell
polarisierte, erzeugte großen öffentlichen Druck. (2) Das Entscheidungsszenario
war bipolar ausgestaltet, sodass eine vermittelnde Kompromisslösung schon im
Ansatz scheitern musste. Für die politischen Entscheider entstand damit zugleich
eine No-Win-Situation, da eine Befriedung des Konflikts unerreichbar war. (3)
Gleichzeitig stand zu befürchten, dass für die Dauer des politischen Entscheidungs-

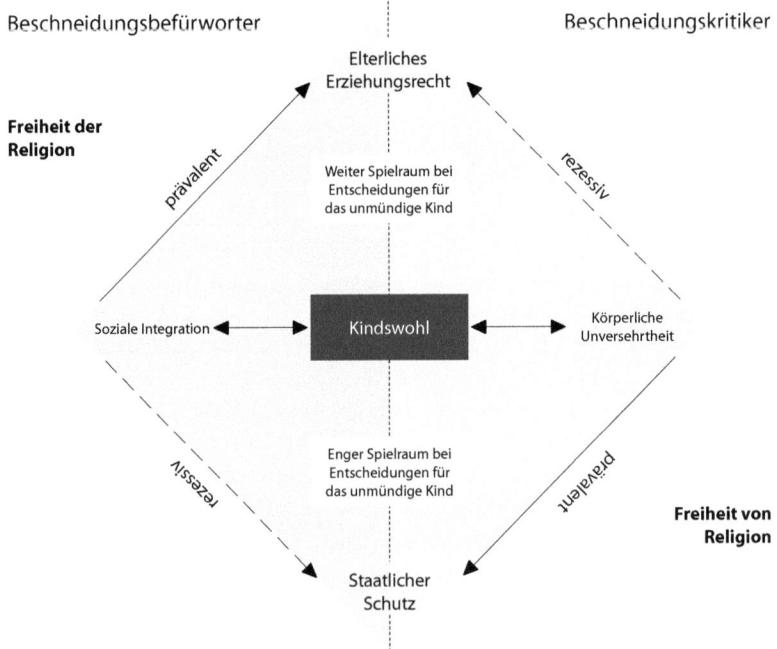

Abb. 2 Widerstreitende Positionen in der Beschneidungsdebatte

prozesses weitere Strafanzeigen gegen jüdische und muslimische Beschneider, aber auch gegen Ärzte gestellt würden, sodass eine zeitnahe Entscheidung geboten war. Eine Erstbewertung dieser Konstellation durch die politischen Akteure musste also zu der Einschätzung führen, dass die Situation insgesamt risikobehaftet war.

2   Die Beschneidungsdebatte – Stress, Appraisal und Coping

Auch die Stressbewältigung erfolgt in einem Interaktionsprozess. Denn Copingstrategien sollen als problemorientierte, zielgerichtete Interaktion zu einer Auflösung der Stresssituation führen. Im Folgenden wird die Beschneidungsdebatte anhand der Positionierung zentraler gesellschaftlicher Akteure und des Verlaufs der medialen Berichterstattung als Stressencounter skizziert, sodann die politische Copingstrategie ermittelt und das Policyergebnis auf Stressphänomene hin untersucht.

2.1   Die Beschneidungsdebatte als Stressencounter

2.1.1   Die Positionierung der zentralen Akteure

Fürsprecher fand eine liberale rechtliche Regelung insbesondere bei den betroffenen Religionsgemeinschaften. Die Haltung des Zentralrats der Juden in Deutschland (ZdJD) wurde exponiert von Dieter Graumann vertreten. In einer ersten Presseerklärung vom 26. Juni 2012 teilte der Verband mit:

> „Der [... ZdJD] sieht im Urteil des Landgerichts Köln, das die Beschneidung von Jungen aus religiösen Gründen als Körperverletzung bewertet hat, einen beispiellosen und dramatischen Eingriff in das Selbstbestimmungsrecht der Religionsgemeinschaften."[29]

Gleichzeitig forderte er den Deutschen Bundestag auf, Rechtssicherheit für die religiöse Praxis zu schaffen, die „in jedem Land der Welt" respektiert würde.[30] Der Zentralrat der Muslime in Deutschland (ZDM) schloss sich am darauffolgenden Tag dieser Forderung mit nahezu identischem Wortlaut an.[31] Unterstützung erhielten ZdJD und ZDM von der evangelischen und der katholischen Kirche: In ihren

---

29   Zentralrat der Juden in Deutschland (2012).
30   Ebd.
31   Zentralrat der Muslime in Deutschland (2012).

Pressemitteilungen vom 27. Juni solidarisierten sich die Deutsche Bischofskonferenz (DBK) und die Evangelische Kirche in Deutschland (EKD)[32] mit der Forderung und kritisierten das Urteil als schwerwiegenden „Eingriff in die Religionsfreiheit und das Erziehungsrecht der Eltern".[33]

Die internationale Dimension der Debatte zeigte sich u. a. daran, dass die Konferenz der Europäischen Rabbiner zu einer Sondertagung in Berlin zusammentrat, um sich mit dem Kölner Urteil zu befassen. Bereits im Vorfeld hatte Pinchas Goldschmidt, Präsident der Organisation, ein Verbot als „vielleicht eine der schwersten Attacken auf jüdisches Leben in Europa in der Post-Holocaust-Welt" bezeichnet.[34] Ende August hob der israelische Oberrabbiner Yona Metzger bei einem Berlinbesuch erneut die Bedeutung der rituellen Beschneidung hervor.[35] Und Israels Präsident Shimon Peres wandte sich per Brief an den Bundespräsidenten Joachim Gauck und bat diesen, sich für die Straffreiheit der rmK einzusetzen.[36]

Auch die Beschneidungskritiker reagierten rasch auf das Kölner Urteil und die Stellungnahmen der Befürworter. Exemplarisch kann hier die Position der Deutschen Kinderhilfe (DKH) gesehen werden, die in ihrer ersten Erklärung vom 28. Juni ein Abschweifen vom eigentlichen Kernproblem monierte:

> „In teilweise überzogenen und polemischen Reaktionen von Vertretern verschiedener Religionsgemeinschaften werden ausschließlich das elterliche Erziehungsrecht und die Religionsfreiheit in den Vordergrund gestellt. Die Auswirkungen der Beschneidung auf Jungen werden nicht nur verharmlost, sondern entgegen wissenschaftlichen Erkenntnissen als Präventionsmaßnahme gepriesen."[37]

In der Sache sprachen sich die Kritiker nicht für ein absolutes Verbot der rmK aus, sondern forderten, den Eingriff auf ein Alter zu verschieben, das eine Mitwirkung des Betroffenen an der Entscheidung ermöglichen sollte. Aus ihren Reihen formierte sich eine gemeinsame Initiative,[38] die am 20. Juli per Petition eine zweijährige

---

32   Evangelische Kirche in Deutschland (2012).
33   Deutsche Bischofskonferenz (2012).
34   Tagesschau.de (2012).
35   Vgl. Meyer, A. (2012).
36   Ärzte Zeitung online (2012).
37   Deutsche Kinderhilfe (2012).
38   Berufsverband der Kinder- und Jugendärzte e. V., Bund Deutscher Kriminalbeamter, Bund Katholischer Ärzte, Deutsche Kinderhilfe e. V., MOGIS e. V., Neue Richtervereinigung, Humanistischer Verband Deutschlands, Bundesverband Terre des Femmes – Menschenrechte für die Frau e. V., MANNdat e. V. und Deutscher Pflegeelternverband e. V.

Diskussionsphase angeregte und einen vorläufigen Verzicht auf eine rechtliche Regelung forderte.[39]

Vermittelnd äußerte sich der Deutsche Kinderschutzbund (DKSB), der zwar seine grundsätzliche Ablehnung der rmK zum Ausdruck brachte, aber ein rechtliches Verbot als kontraproduktiv verwarf. Vielmehr appellierte der Verband an die Eltern, auf eine rmK zu verzichten.[40]

Aus diesem Setting lassen sich die zentralen umweltbezogenen Variablen ableiten, die für die Erstbewertung der politischen Akteure wesentlich waren. Diese wurden mit konkreten Demands konfrontiert: ZdJD und ZDM forderten eine gesetzgeberische Legalisierung der rmK. Auf Seiten der Kritiker standen verschiedene, abgestufte Forderungen im Raum, die von einem gesetzlichen Verbot bei nicht einwilligungsfähigen Kindern bis hin zum expliziten Verzicht auf eine Verrechtlichung reichten. Gleichzeitig boten alle beteiligten Akteure an, konstruktiv an einer politischen Willensbildung mitzuwirken, und signalisierten damit ihre grundsätzliche Bereitschaft, Unterstützungsleistungen zu erbringen. Die Reaktion der betroffenen Religionsgemeinschaften machte aber auch deutlich, dass diese eine zeitnahe Behebung der angemahnten Rechtsunsicherheit einforderten, sodass neben den konträren inhaltlichen Forderungen auch zeitlicher Druck aufgebaut wurde.

2.1.2   Die öffentliche Meinung

Das öffentliche Interesse an der rmK erfuhr mit Einsetzen der medialen Berichterstattung in der 26. Kalenderwoche 2012 einen deutlichen Aufschwung, wie die Suchanfragen bei Google belegen (Abb. 3) und die öffentliche Meinung[41] war deutlich polarisiert. So ergab eine Emnid-Umfrage von Ende Juni 2012, dass 56 Prozent der Befragten das Gerichtsurteil für richtig hielten, während 35 Prozent gegenteiliger Auffassung waren: Insbesondere bei den Unionswählern und den Anhängern der Linken lag die Zustimmung mit 69 bzw. 68 Prozent besonders hoch.[42] Im Folgemonat hatte sich das Meinungsbild stärker ausdifferenziert. In einer Nachfolgeerhebung, bei der es um die Zustimmung zum nunmehr bereits angekündigten Gesetzesentwurf ging, sprachen sich 40 Prozent der Befragten für eine Freigabe der rmK aus. 48 Prozent lehnten dies ab. Insbesondere bei den Zustimmungswerten nach Parteiaffinität gab es nun auch Abweichungen zum Vormonatsergebnis: Während die Wähler von Union und Grünen mit 45 bzw. 53

---

39   https://epetitionen.bundestag.de/petitionen/_2012_/_07/_23/Petition_26078.nc.html.

40   Deutscher Kinderschutzbund (2012).

41   Schwankungen im Meinungsbild dürften v. a. auf Unterschiede bei der Datenerhebung (insb. Fragestellung) zurückzuführen sein.

42   Focus online (2012).

Prozent einer gesetzlichen Erlaubnis überdurchschnittlich zustimmten, überwog bei SPD-, FDP- und Linksparteiwählern die Ablehnung.[43] Die etwas früher im Juli von YouGov vorgelegten Zahlen (45 Prozent für und 42 Prozent gegen ein Verbot)[44] bestätigen den generellen Trend einer knappen Mehrheit der Kritiker in dieser Phase.

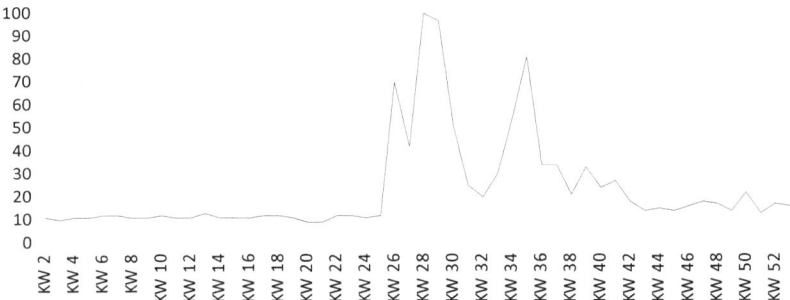

Abb. 3 Entwicklung der deutschen Suchanfragen nach dem Begriff ‚Beschneidung' bei Google im Jahr 2012. Quelle: Google Trends. Der Wert 100 steht für das höchste Suchvolumen

Dieser Trend verstärkte sich nach Verabschiedung des Gesetzes im Dezember 2012 drastisch, laut Infratest dimap hielten nunmehr 70 Prozent der Befragten die gesetzgeberische Erlaubnis der rmK für falsch. Lediglich 24 Prozent unterstützten das neue Gesetz.[45]

Polarisierung und Vehemenz der öffentlichen Debatte dokumentierten sich auch in den Kommentarspalten der Onlinemedien, wo die einschlägigen Artikel in der Hochphase des Interesses zu den meist kommentierten gehörten. Die Diskussion verlief dort überwiegend konfrontativ und hatte teils xenophobe Züge.

2.1.3 Die mediale Debatte

Die mediale Aufarbeitung des Themas eröffnete am 26. Juni 2012 mit der Berichterstattung zum Beschneidungsurteil.[46] Neben den journalistisch neutralen Artikeln, die den Debattenverlauf dokumentierten, boten die seriösen Nachrichtenmedien,

---

43   Wendt (2012).
44   YouGov (2012).
45   MOGIS (2012).
46   Vgl. etwa Burger (2012), Faz.net et al. (2012), Sueddeutsche.de (2012).

wenngleich mit unterschiedlicher Gewichtung, sowohl Kritikern[47] als auch Befürwortern Raum für Kommentare und Gastartikel.[48] Es dürfte kaum überraschen, dass auch die mediale Debatte polarisiert war, wie sich stellvertretend an Heribert Prantl (Süddeutsche Zeitung) und Georg Paul Hefty (Frankfurter Allgemeine Zeitung) zeigen lässt, die für (Prantl[49]) bzw. gegen (Hefty[50]) eine formale Legalisierung der rmK argumentierten. Die mediale Berichterstattung hatte die Diskussion zwar angestoßen und durch kontinuierliche Thematisierung aufrechterhalten, zu einer zusätzlichen Verschärfung der Konfliktsituation trug sie indes nicht bei – v. a., weil das Thema kein Skandalisierungspotential besaß. Dies gilt zumindest für den Mainstream, der weder die radikale Deutung einiger Beschneidungsbefürworter aufnahm, dass jede Kritik der rmK antisemitisch motiviert sei,[51] noch die von einigen Kritikern vorgetragene Haltung, eine Legalisierung der rmK sei ein Dammbruch, der die Einführung der Scharia nach sich zöge und eine Rückkehr zu vorzivilisatorischen Zeiten bedeute.[52]

Wichtig erscheinen im Zusammenhang mit der medialen Diskussion die Wortmeldungen einiger Schlüsselpersonen des öffentlichen Lebens, die Deutungshoheit über den Diskurs gewinnen wollten. So stellte Charlotte Knobloch in der SZ die Frage „Wollt ihr uns Juden noch?" und nahm darin den Grundton auf, den zuvor der ZdJD und die Konferenz der Europäischen Rabbiner angestimmt hatten.[53] Damit zog sie nicht nur die im Diskurs immer wieder thematisierte Parallele zwischen Beschneidungsverbot und Holocaust, vielmehr versuchte sie, das Anliegen der Kritiker durch Relativierungen,[54] Diffamierungen[55] und eine pauschale Entwertung

---

47 Z. B. Yaron (2012a, 2012b), Köpf (2012), Süß und Eppelsheim (2012), Franz (2012), Müller (2012), Kaube (2012), Zastrow (2012), Kilic (2012), Merkel (2012), Herzberg (*2012)*, Schonfeld (2012), Schulte v. Drach (2012a, 2012b).

48 Z. B. Bahners (2012), Güvercin und Zaimoglu (2012), Walter (2012), Bingener (2012), Spaemann (2012), Knobloch (2012), Lammert (2012).

49 Vgl. Prantl (2012a, 2012b, 2012c, 2012d).

50 Vgl. Hefty (2012a, 2012b).

51 So etwa Hasgall (2012).

52 So etwa Stürzenberger (2012).

53 Knobloch (2012).

54 „Entfernung eines winzigen Hautstücks" (ebd.), „Eigentlich gab es angesichts der prekären Situation unserer Währung kein nachrichtliches Sommerloch, das mit einem exotischen Nischenthema hätte gefüllt werden müssen." (ebd.).

55 „Besserwisser schwadronieren […]" (ebd.), „[…] vermeintliche Experten" (ebd.), „Die selbsternannten Retter" (ebd.), „die unzähligen Besserwisser aus Medizin, Rechtswissenschaft, Psychologie oder Politik" (ebd.).

ihrer Argumente[56] in Zweifel zu ziehen, ohne ihnen auf sachlicher Ebene zu entgegnen. Allerdings, und dies macht solche Beiträge Betroffener verständlich, muss man sicher zugestehen, dass gläubige Juden und Muslime die Zurückweisung einer zentralen religiösen Praktik als eklatante Kränkung empfunden haben müssen.

An Knoblochs Seite argumentierte Robert Spaemann in der ZEIT, dass der Kampf gegen die rmK seine tiefere Ursache im zunehmenden Laizismus habe, der sich auch in der (areligiösen) Kindererziehung niederschlage.[57] Ohne dies zu belegen, behauptete Spaemann, dass die Beschneidung keine großen Schmerzen zufüge oder Traumata verursache,[58] und versuchte, die rmK durch eine Gleichstellung mit der medizinisch indizierten Beschneidung als allgemein akzeptabel erscheinen zu lassen. Dabei arbeitete er wie andere Befürworter auch mit Bagatellisierungen und Trivialisierungen, die darauf abzielten, den realiter bestehenden Grundrechtskonflikt zwischen dem Kindesrecht auf körperliche Unversehrtheit und dem Elternwunsch nach religiöser Erziehung zu bestreiten.[59]

Zeit-Herausgeber Josef Joffe sekundierte dieser Bagatellisierung[60] mit dem Befund, dass „ein (flüchtiger) Blick auf die Literatur keinen Hinweis auf das Derma-Trauma" liefere.[61] Mit der Wortschöpfung „Gepräpo"[62] spielte er auf die NS-Vergangenheit an und versuchte gleichzeitig, die Kritik ins Lächerliche zu ziehen. Der Beitrag zeigt indes noch zwei weitere wiederkehrende Aspekte der Beschneidungsdebatte: So wurden gelegentlich unbelegte oder nachweislich falsche Behauptungen aufgestellt, die dann als Argument geführt wurden.[63] Dies hängt eng damit zusammen, dass

---

56   „[...] wäre es aber an der Zeit, die aufgeregte öffentliche Debatte, die in der Sache keinen Schritt weiterführt, zu beenden [...]" (ebd.).

57   Spaemann (2012: 46).

58   Ebd.

59   „[...] falls man die Sache überhaupt zu einem Grundrechtskonflikt hinaufsteigern will [...]" (ebd.).

60   Joffe (2012: 10).

61   Ebd.

62   Ebd.

63   Seitens der Kritiker etwa die Nennung hoher Komplikationsraten, die von der medizinischen Literatur abweichen. Für die Befürworter ist die Einlassung der baden-württembergischen Integrationsministerin Bilkay Öney exemplarisch, die ihre Behauptung, Beschneidungen riefen keine Traumata hervor, damit belegen wollte, dass sie keine solchen Fälle kennt (vgl. ZDF (2012 bei 00:21:33–00:23:06)). Dabei ignorierte sie nicht nur die langjährige medizinische Diskussion (etwa Boyle et al. (2002)), sondern auch die im Zuge der Beschneidungsdebatte publizierten Einzelberichte sowie bestehende Selbsthilfegruppen.

an mancher Stelle des Diskurses mangelnde Sachkenntnis durch Vorannahmen und Behauptungen ersetzt wurde, um die eigene Position zu erhärten.[64]

Die mediale Berichterstattung zum Kölner Urteil stellte Öffentlichkeit her und erzeugte Druck auf die politischen Akteure. Obwohl sie polarisiert stattfand, erfüllte das Mediensystem insgesamt jedoch seine Aufgabe einer ausgewogen Berichterstattung. Nur vereinzelt wurde die gesamte Beschneidungsdebatte explizit[65] oder implizit[66] als Ausdruck von Antisemitismus oder Islamophobie gedeutet, was dem sachlich geführten Teil der Diskussion in keiner Weise gerecht wurde. Dies soll die in etlichen Foren und Blogs tatsächlich geäußerte antisemitische und islamophobe Polemik, die sich des Themas Beschneidung bediente, nicht kleinreden, sondern als Hinweis darauf verstanden werden, dass zugunsten einer Versachlichung klar zwischen Argument und Polemik unterschieden werden muss.

2.1.4 Die Reaktion des politischen Systems – Appraisal und Copingstrategien

Auch das politische System reagierte schnell auf das Bekanntwerden des Kölner Urteils und gerade in den frühen Reaktionen bis zur parlamentarischen Aufforderung an die Bundesregierung vom 19. Juli 2012 werden die im politischen Raum zentralen Bewertungen und Bewältigungsstrategien deutlich.

Dass die vom Kölner Urteil ausgelöste Debatte von den politischen Akteuren als risikobehaftet eingeschätzt wurde, zeigte sich u. a. in der Stellungnahme Guido Westerwelles, der als erstes Regierungsmitglied in einem Bild-Interview vom 29. Juni auf internationale Irritationen hinwies.[67] Darüber hinaus – darauf deuten zahlreiche, fast wortlautgleiche Beiträge in der Bundestagsdebatte vom 19. Juli hin – nahmen die politischen Akteure die Sorge der betroffenen Religionsgemeinschaften ernst und konstatierten: „Wir wollen jüdisches und wir wollen muslimisches religiöses Leben in Deutschland."[68] Damit reagierten sie auf eine inhaltliche Entwicklung der Debatte, in der die Frage nach der Zulässigkeit der rmK durch die Frage nach

---

64 So etwa bei Joffe (2012: 10). Er schreibt zum Sachverhalt: „Der Kölner Richter meint indes, dass es sich bei einem acht Tage alten Knäblein (so das jüdische Gesetz) um eine traumatische Verstümmelung, um strafwürdige, wiewohl einfache Körperverletzung handle". Tatsächlich ging es um die Beschneidung eines vierjährigen Muslims, bei der es trotz fachgerechter Durchführung zu nachträglichen Komplikationen kam. Eine Traumatisierung stand im Prozess nicht zur Debatte.

65 Vgl. etwa Hasgall (2012).

66 Vgl. etwa Bartsch et al. (2012).

67 Bild.de (2012).

68 Hier stellvertretend in der Formulierung von Regierungssprecher Steffen Seibert (vgl. Bundesregierung (2012)).

der Kontinuität jüdischen und muslimischen Lebens in Deutschland überlagert worden war. So verlagerte sich der Fokus von den primär betroffenen Jungen auf sekundäre Folgen eines Beschneidungsverbotes.

Hinsichtlich der Bewältigung dieser Stresssituation wurden anfangs verschiedene Strategien vertreten: Einige Diskutanten verwiesen auf die begrenzte Wirkung des Urteils und argumentierten, dass die Entscheidung keine Bindewirkung für andere Gerichte entfalte, sodass eine gesetzliche Regelung unnötig sei.[69] So schlug etwa Justizministerin Sabine Leutheusser-Schnarrenberger vor:

> „Ein klärendes Wort eines obersten Gerichtes, des Bundesgerichtshofs oder des Bundesverfassungsgerichts, wäre hier das allerbeste. Auch ein Gesetz würde – gleich wie es ausfällt – mit Sicherheit in Karlsruhe vorgelegt werden."[70]

Dies hätte eine Verlagerung der Entscheidung von der Legislative auf die Judikative bedeutet, die jedoch nur auf dem Klageweg hätte erreicht werden können und kaum zu einer zeitnahen Lösung geführt hätte. Eine weitere und schließlich dominante Position schlug v. a. wegen der eingetretenen Rechtsunsicherheit eine gesetzliche Regelung vor.[71]

Relativ spät und nur indirekt äußerte sich Bundeskanzlerin Angela Merkel zur Beschneidungsfrage. Im Rahmen der CDU-Bundesvorstandssitzung vom 16. Juli 2012 merkte sie an, Deutschland mache sich zur „Komikernation", wenn es bei dem durch das Kölner Urteil geschaffenen Rechtszustand bliebe.[72]

Auf parlamentarischer Ebene kamen die Fraktionen von CDU/CSU, SPD und FDP schnell überein, die rmK zu legalisieren. Am 19. Juli 2012 stellten sie einen gemeinsamen Antrag und forderten die Regierung zu einer Gesetzesvorlage auf.[73] Der Grundtenor des Antrags war wiederum, dass jüdische und muslimische Eltern die rmK legal praktizieren können sollten. Gleichzeitig sollte der Bundestag der Überzeugung Ausdruck verleihen, dass er

> „die Beschneidung männlicher Kinder, die weltweit sozial akzeptiert wird, für nicht vergleichbar [hält] mit nachhaltig schädlichen und sittenwidrigen Eingriffen in die

---

69 Dazu etwa Trips-Hebert (2012), Erklärung der Abgeordneten Dörner, K., H. Ebner, T. Gambke, B. Herlitzius, U. Kekeritz, K. Keul, M. Klein-Schmeink, U. Koczy, O. Krischer, M. Kurth, M. Lazar, T. Rößner, U. Schneider, D. Steiner (alle BÜNDNIS90/DIE GRÜNEN) in Bundestag (2012e: 22855).

70 Leutheusser-Schnarrenberger und Wirsching (2012).

71 So etwa die Pressesprecherin des BMJ (vgl. Bundesregierung (2012)).

72 Vgl. Kade (2012).

73 Vgl. Bundestag (2012b).

körperliche Integrität von Kindern und Jugendlichen wie etwa die weibliche Genitalverstümmelung [...]."[74]

Mit fünf zu zwei Wortbeiträgen wurde die parlamentarische Debatte über den interfraktionellen Antrag von den Befürwortern dominiert. Zahlreiche Abgeordnete nutzten außerdem die Möglichkeit, eine schriftliche Erklärung zu Protokoll zu geben. Während die Kritiker sich v. a. auf die Rechte der betroffenen Jungen stützten,[75] standen auf Seiten der Befürworter zwei andere Aspekte im Mittelpunkt: Die Bewertung der Beschneidung durch die betroffenen Religionsgemeinschaften, die der Staat zu tolerieren habe,[76] sowie die starke Abgrenzung von rmK und weiblicher Genitalverstümmelung (FGM).[77]

Trotz der großen Mehrheit für eine Legalisierung der rmK ließen einige Wortbeiträge auf das Unbehagen der Abgeordneten schließen: So meinte etwa Günter Krings (CDU/CSU) in seinem Redebeitrag, dass es nicht darum gehe, das „Ritual [...] inhaltlich [zu] befürworten", sondern die religiöse Praxis zu tolerieren.[78] Und Christine Lambrecht (SPD) merkte an, dass sie sich aufgrund der Relevanz der betroffenen Rechtsgüter eine verfassungsgerichtliche Lösung des Problems gewünscht hätte.[79]

Betrachtet man die Positionen der Befürworter und der Kritiker in dieser ersten Bundestagsdebatte, so lagen diese hinsichtlich ihrer normativen Prämissen eng beieinander: Beide Seiten betonten, es ginge ihnen darum, jüdisches und muslimisches Leben in Deutschland zu ermöglichen,[80] gleichzeitig verwiesen die Redner durchgängig auf den hohen Stellenwert des Kindswohls. Für die parlamentarische Mehrheit, die den Beschluss trug, spielte v. a. die Gefahr, dass Beschneidungen bei andauernder Rechtsunsicherheit oder einem Verbot unter schlechten medizinischen Bedingungen durchgeführt werden könnten, eine zentrale Rolle.[81] Zudem war die Sorge über einen deutschen Sonderweg virulent, wie Volker Beck darlegte:

---

74   Ebd., S. 2.
75   Bundestag (2012e: 22833 (Petermann), 22834 (Rupprecht)).
76   Ebd., Krings, S. 22830, Essen, S. 22832, Beck, S. 22834, Singhammer, S. 22835.
77   Ebd., Krings, S. 22830, Lambrecht, S. 22831, Essen, S. 22832, Singhammer, S. 22835.
78   Ebd., S. 22829.
79   Ebd., S. 22831.
80   Vgl. ebd. Krings, S. 22829, Lambrecht, S. 22830, Essen, S. 22832, Beck, S. 22834, Singhammer, S. 22835, Hönlinger, S. 22851, Jochimsen, S. 22852, Nouripour, S. 22852, Winkler, S. 22853, Erklärung der Abgeordneten Montag et al., S. 22856.
81   Vgl. ebd. Lambrecht, S. 22831, Beck, S. 22835, Nouripour, S. 22852.

„Kommt es Ihnen nicht merkwürdig vor, dass ausgerechnet Deutschland das erste und einzige Land auf dieser Welt sein sollte, wo die Beschneidung [...] strafbar sein soll?"[82]

Dass die politischen Entscheidungsträger auch zeitlichen Druck empfanden, artikulierte sich insbesondere auf Seiten der Kritiker, die vor einer übereilten Entscheidung warnten.[83]

2.2 Ausweg: Verlagern und vertagen

Es deutet somit einiges darauf hin, dass die Debatte für die politischen Akteure eine Stresssituation darstellte und auch als solche wahrgenommen wurde. Unter dieser Annahme kann die mit Beschluss des interfraktionellen Antrags vom 19. Juli getroffene Vorentscheidung für eine gesetzliche Erlaubnis als vorzeitige Festlegung auf eine Handlungsalternative interpretiert werden, bei der zudem nicht alle Optionen hinreichend berücksichtigt wurden. Denn damit waren faktisch nicht nur alle anderen Handlungsoptionen schon früh im Policyprozess ausgeschlossen worden, wie einige Abgeordnete[84] monierten. Vielmehr bestand die Copingstrategie der parlamentarischen Mehrheit darin, die materiale Umsetzung – unter Verzicht auf eigene aktive Politikgestaltung – auf die Regierung zu verlagern.

Diese Aufgabe fiel in die Zuständigkeit des BMJ, das am 24. September ein Eckpunktepapier vorstellte.[85] Die darin enthaltene Gesetzesvorlage wurde am 10. Oktober als Regierungsentwurf bestätigt, am 12. Dezember vom Bundestag verabschiedet und führte zu einer Ergänzung des im BGB geregelten elterlichen Sorgerechts:

§ 1631d – Beschneidung des männlichen Kindes
(1) Die Personensorge umfasst auch das Recht, in eine medizinisch nicht erforderliche Beschneidung des nicht einsichts- und urteilsfähigen männlichen Kindes einzuwilligen, wenn diese nach den Regeln der ärztlichen Kunst durchgeführt werden soll. Dies gilt nicht, wenn durch die Beschneidung auch unter Berücksichtigung ihres Zwecks das Kindeswohl gefährdet wird.
(2) In den ersten sechs Monaten nach der Geburt des Kindes dürfen auch von einer Religionsgesellschaft dazu vorgesehene Personen Beschneidungen gemäß Absatz 1

---

82   Ebd., S. 22835.
83   Vgl. ebd. Rupprecht, S. 22834, Hönlinger, S. 22852, Müller-Sönksen, S. 22852, Erklärung der Abgeordneten Schwanitz et al., S. 22854f., Erklärung der Abgeordneten Dörner et al., S. 22855.
84   Ebd., S. 22834 u. 22852.
85   BMJ (2012).

durchführen, wenn sie dafür besonders ausgebildet und, ohne Arzt zu sein, für die Durchführung der Beschneidung vergleichbar befähigt sind.

Wenig überraschend entsprach die Regelung damit dem parlamentarischen Auftrag, den sich das BMJ zu eigen gemacht hatte.[86] Insgesamt verzichtete also auch die Justizministerin auf eine ergebnisoffene Prüfung des Sachverhaltes, die ihr aufgrund des Ressortprinzips aus Art. 65 Satz 2 GG möglich gewesen wäre.[87] Und der Bundestag bekam mit dem Entwurf einen Lösung nach Maß, die er am 12. Dezember 2012 bei 46 Enthaltungen mit 434 Ja-Stimmen gegen 100 Nein-Stimmen annahm.

Im Rückblick erwies sich die gewählte Copingstrategie zumindest als Teilerfolg, da das Problem gelöst und die öffentliche Diskussion terminiert wurde. Dies liegt aber nur teilweise an der gewählten Strategie, sondern ist insbesondere darin begründet, dass das öffentliche Interesse ab September deutlich abflaute (Abb. 3) und das Thema sukzessive von der medialen Agenda verschwand. Damit sank insgesamt das Druckpotential der Kritiker, sodass sich die eingangs skizzierte Folgenabschätzung änderte und die politischen Akteure ohne größeres Risiko im Sinne der Befürworter entscheiden konnten.

3   Lex lege artis?

Es steht zu vermuten, insbesondere da die zuständige Ministerin noch Ende Juli angekündigt hatte, dass „die Sache […] komplizierter" werde,[88] dass auch die zuständigen Referenten im BMJ mit Hochdruck an einer Regelung arbeiteten. Doch darauf kommt es bei der abschließend zu beantwortenden Frage, ob das Policyergebnis stressinduzierte Beeinträchtigungen aufweist, nicht an. Denn das BMJ war lediglich Ausführungsorgan und das letzte Wort lag weiterhin beim parlamentarischen Gesetzgeber, der sich mit der Annahme des Regierungsentwurfes mehrheitlich dessen Argumentation anschloss. Zu fragen bleibt daher, ob in den parlamentarischen Lesungen eine adäquate Berücksichtigung der relevanten Argumente erfolgte.

---

86   Ebd., S. 1.

87   Zumindest, wenn man die Äußerung der Bundeskanzlerin im Rahmen einer CDU-Vorstandssitzung nicht als Ausübung der Richtlinienkompetenz wertet.

88   Vgl. Spiegel online (2012).

3.1 Die materiale Begründung des Beschneidungsgesetzes

Die Analyse, welche Argumente bei der Verabschiedung des Beschneidungsgesetzes berücksichtigt wurden, stützt sich auf die Auswertung des Regierungsentwurfes sowie der Lesungen. Die relevanten Argumente werden thematisch geordnet dargestellt und auf ihre Kohärenz hin geprüft.

3.1.1 Das religiöse Argument

Die beiden (hauptsächlich) betroffenen Religionsgemeinschaften begründeten die Beschneidungspflicht unterschiedlich. Während sich die jüdische Argumentation zentral auf das Buch Mose (Gen 17, 10-14)[89] stützte, das die rmK am achten Tag als Gottesgebot vorsieht,[90] wurde sie aus muslimischer Sicht teils als religiöse Pflicht, teils als empfohlene Tradition beschrieben, die sich nicht unmittelbar aus dem Koran, sondern v. a. aus der Sunna ableitet.[91] Auch der Zeitpunkt der Beschneidung variiert bei den Muslimen und liegt zwischen dem siebten Tag und dem 18. Lebensjahr.[92] Aus dem religiösen Argument folgt für Gläubige faktisch, dass die rmK nicht oder nur bedingt verhandelbar ist. Insgesamt bestritten sie, dass eine religiöse Erziehung weiterhin möglich sei, falls den Eltern die Verfügung über eine rmK genommen würde.

Bei den Kritikern verhaftete dieses Argument nicht. Sie führten aus, dass es ihnen nicht darum gehe, Kindern eine religiöse Erziehung vorzuenthalten. Lediglich der Zeitpunkt der Beschneidung, die gegenständlich eine Körperverletzung darstelle, solle nach hinten verschoben werden, bis die Einwilligungsfähigkeit des Betroffenen gegeben sei. Zudem sei eine religiöse Erziehung auch ohne den Eingriff möglich.[93]

Befürworter und Kritiker gingen also insgesamt mit unterschiedlichen Fragen an den Sachverhalt heran. Während die Befürworter die Fragen danach stellten, ob ein unbeschnittener Knabe vollwertiges Religionsmitglied sein könne und dies verneinten, stellten die Kritiker die Frage danach, ob die religiöse Zugehörigkeit tatsächlich primär von der rmK abhänge, oder ob sie nicht vielmehr auf normativen Grundorientierungen beruhe, die durch religiöse Sozialisation erworben würde.

Aus dieser Konfliktkonstellation resultiert letztlich auch die bipolare Entscheidungssituation, die der parlamentarische Gesetzgeber über den Umweg der

89 Vgl. Bundestag (2012c: 6f.).
90 Vgl. Zentralrat der Juden in Deutschland (2012).
91 Die Beschneidung hat aber insgesamt auch im Islam einen stark obligatorischen Charakter. Vgl. Bundestag (2012c: 7), vgl. Mazyek (2012: 2f.).
92 Ebd.
93 So etwa Herzberg (2012: 54).

Personensorge zugunsten der Religionsfreiheit auflöste. Die zahlreichen Einlassungen, der Gesetzesentwurf stelle darauf ab, jüdisches und muslimisches Leben in Deutschland zu ermöglichen,[94] verdeutlichen, dass der Gesetzgeber sich in dieser Frage die Sichtweise der betroffenen Religionsgemeinschaften aneignete, deren Deutungshoheit akzeptierte und anerkannte, dass ein Wandel der religiösen Praxis nur durch internen Wandel möglich sei.[95]

3.1.2 Das sozial-integrative Argument

Aus religiöser Sicht wurde zudem angeführt, dass eine vollwertige Integration in die (Glaubens-)Gemeinschaft ohne Beschneidung unmöglich sei.[96] Dies ist ebenso wenig verhandelbar, wie die (religiöse) Pflicht zur Beschneidung selbst: Denn aus Sicht der betroffenen Konfessionen finden sie die Regelungen über die Aufnahme in die Glaubensgemeinschaft und damit in die soziale Gruppe als Gottesgebot oder als Gebot des Religionsstifters vor, über das sie keine Verfügungsgewalt haben. Ergänzend wurde mit Blick auf die soziale Bedeutung der Beschneidung argumentiert, dass unbeschnittene Knaben in einer Gesellschaft, in der ein überwiegender Teil der Männer beschnitten ist, soziale Exklusion erfahren könnten und somit ein Nachteil für das Kindswohl bestehe.[97]

Die Kritiker zogen die Verbindlichkeit der religiösen Pflicht in Zweifel und argumentierten, dass Teile der betroffenen Religionsgemeinschaften auf das Ritual verzichteten oder dieses durch einen symbolischen Akt ersetzten.[98] Dies ist zwar richtig, allerdings handelt es sich dabei um Minderheiten,[99] die sich dieses Status auch bewusst sind, wie am Selbstverständnis von Gruppen wie *Jews against Circumcision, Beyond the Bris, Gonnen Al Ha-Yeled* oder *Kahal* deutlich wird[100]

Hinsichtlich der sozialen Integration argumentierten die Kritiker, dass Religionsgemeinschaften und ihre religiösen Praktiken sozialem Wandel unterlägen. Wenn also das Kindswohl dadurch gefährdet würde, dass ein unbeschnittener Knabe nicht als vollwertiges Mitglied der Glaubensgemeinschaft aufgenommen werden

---

94 Bundestag (2012f), dort Leutheusser-Schnarrenberger, S. 25442, Krings, S. 25444, Thomae, S. 25448, Schröder, S. 25451, Thierse, S. 25457f., Flachsbart, S. 24459, Griese, S. 25459.

95 Ebd., Krings, S. 25444, Buchholz, S. 25453. Bundestag (2012g), dort Trittin, S. 26166f.

96 Z. B. Graumann in ZDF (2012 bei 00:02:03-00:03:04), Kramer (2012), Mazyek (2012: 3).

97 Vgl. Bundestag (2012c: 7).

98 Bundestag (2012e), dort Erklärung der Abgeordneten Kilic und Cramon-Taubadel, S. 22853, Bundestag (2012g), dort Canel, S. 26152, so auch Beier und Lichtenheldt (2012).

99 Vgl. Breitbart (2012), vgl. Schleicher (2012).

100 Stellvertretend http://www.jewsagainstcircumcision.org. Zugegriffen: 17. Januar 2013.

könne und dadurch auch von sozialer Exklusion bedroht sei, so läge es an den Religionsgemeinschaften, ihre eigene Position zu hinterfragen und anzugleichen.[101]

Dem hielten die Befürworter entgegen, dass eine Exklusionserfahrung nicht notwendigerweise (aktiv) von der Gruppe ausgehen müsse, sondern dadurch entstehen könne, dass ein nicht zirkumzidierter Junge sich in einer mehrheitlich beschnittenen Peergroup als andersartig erfahren würde.[102]

3.1.3   Medizinische Argumente

Eine besonders zentrale Stellung nahmen die medizinischen Argumente ein, so suchten die Befürworter ihre Position damit zu untermauern, dass ein lege artis durchgeführter Eingriff nur eine geringfügige Beeinträchtigung der körperlichen Unversehrtheit bedeute, medizinisch nützlich[103] und dem Kindswohl zuträglich sei.[104] Genannt wurde dabei insbesondere eine Senkung des Risikos von Harnwegsinfektionen, Peniskarzinomen, HIV-[105] und HPV-Infektionen sowie weiteren sexuell übertragbaren Krankheiten.[106] Die Kritiker zogen dies in Zweifel und begründeten ihre Ablehnung insbesondere mit der Schwere und den Risiken des Eingriffs.[107]

Betrachtet man die genannten prophylaktischen Vorteile, so beziehen sich diese mit Ausnahme des geringeren Harnwegsinfektrisikos bei Jungen im ersten Lebensjahr auf den erwachsenen, sexuell aktiven Mann. Schon allein daher berühren sie ihrem Wesen nach nicht das Kindswohl. Da sich in der Debatte niemand grundsätzlich gegen eine spätere, freiwillige Beschneidung einwilligungsfähiger Männer ausgesprochen hat, können diese Aspekte hier ausgeblendet bleiben.

Für das verbleibende medizinische Argument einer Reduktion von Harnwegsinfekten zeigen Studien, dass unbeschnittene Knaben im ersten Lebensjahr tatsächlich ein höheres Risiko aufweisen als beschnittene.[108] Allerdings rangiert dieses insgesamt auf niedrigem Niveau, wie die American Academy of Pediatrics (AAP), auf deren Position die Mehrzahl der Befürworter Bezug nahm,[109] feststellte:

---

101 So etwa die vermittelnde Position des integrationspolitischen Sprechers der Grünen, Kilic, vgl. Kilic und Trauthig (2012).
102 Vgl. Bundestag (2012c: 9).
103 Vgl. ebd., S. 7f., S. 15.
104 So etwa Mazyek (2012: 4), Latasch in Ethikrat (2012: 6).
105 Vgl. Latasch in Ethikrat (2012: 6). Vgl. Bundestag (2012c: 7f.).
106 Vgl. Bundestag (2012c: 8), Mazyek (2012: 4), Berger et al. (2012: 11).
107 Bundestag (2012g), Rupprecht, S. 26083, Schwanitz, S. 26103.
108 Vgl. Dubrovsky et al. (2012: E799ff.).
109 Exemplarisch: Berger et al. (2012: 5).

„By using these rates and the increased risks suggested from the literature, it is estimated that 7 to 14 of 1000 uncircumcised male infants will develop a UTI [Harnwegsinfekt] during the first year of life, compared with 1 to 2 infants among 1000 circumcised male infants."[110]

Im Ergebnis reichten die gesundheitlichen Vorteile auch der beschneidungsfreundlichen AAP nicht aus, um den Eingriff routinemäßig zu empfehlen.[111]

Das Hauptargument der Kritiker leitete sich aus dem ärztlichen Selbstverständnis ab,[112] keine unnötigen Operationen am gesunden Körper vorzunehmen.[113] Liegt wie bei der rmK keine medizinische Indikation vor, so bedürfen das allgemeine Operationsrisiko sowie die langfristigen Folgen besonderer Beachtung.

Das allgemeine Risiko bei Beschneidungen wird unterschiedlich taxiert: Es variiert mit den Rahmenbedingungen der Durchführung. Zudem fehlen einheitliche Standards zur Erfassung beschneidungsbedingter Komplikationen.[114] In der Aussprache des Rechtsausschusses vom 26. November 2012 nannten Experten eine Komplikationsrate von 0,09 Prozent bis drei Prozent und der Regierungsentwurf geht von 0,2 Prozent aus.[115] Dies korrespondiert mit Befunden aus dem Jahr 2004, in denen die Komplikationsrate mit 0,2 bis drei Prozent angegeben wurde.[116] Dies sind überwiegen Nachblutungen, allerdings verweist die Fachliteratur auch für Industrieländer vereinzelt auf Verstümmelungen und Teilamputationen des Penis[117] sowie auf singuläre Todesfälle.[118]

Daneben verwiesen die Kritiker auf langfristige physische und psychische Folgen, deren Ursachen mit der Beschneidung im Kindesalter gesetzt würden, v. a. mögliche Auswirkungen auf das Sexualleben[119] und Traumatisierungen.[120]

Obwohl erst wenige Studien über die Spätfolgen von Beschneidungen für das Sexualleben vorliegen,[121] lassen sich einige Aussagen treffen. So belegen die Ergebnisse von Sorrels et al. eine deutlich verringerte Berührungsempfindlichkeit

---

110 Task Force on Circumcision (2012a: e767).
111 Task Force on Circumcision (2012b: 585).
112 Vgl. Hartmann (2012: 2f.).
113 Vgl. etwa Kupferschmid (2012: 357) sowie Doctors Opposing Circumcision (2012).
114 Vgl. Weiss et al. (2010: 10), Task Force on Circumcision (2012b: e772).
115 Bundestag (2012c: 9).
116 Hutcheson (2004: 464).
117 Vgl. Pippi Salle et al. (2012).
118 Hutcheson (2004: 464ff.), Krill et al. (2011: 2463ff.).
119 Vgl. Bundestag (2012d: 6).
120 Vgl. dazu Kelek und Christa in ZDF (2012 bei 00:20:53-00:23:31).
121 Vgl. Sorrells et al. (2007: 864), Frisch et al. (2011: 1367).

des beschnittenen Penis[122] und Befunde aus Dänemark zeigen, dass Beschnittene dreimal häufiger von Orgasmusproblemen berichten als Unbeschnittene.[123] Daneben thematisiert die medizinische Fachliteratur auch psychische Spätfolgen. Bereits 1997 wiesen Taddio et al. nach, dass Jungen, die ohne adäquate Schmerzbehandlung beschnitten wurden, bei nachfolgenden Impfungen ein höheres Schmerzempfinden zeigten.[124] Die Wirksamkeit der in dieser Studie zur Schmerzbehandlung eingesetzten Lokalanästhesie mit EMLA-Salbe wurde mittlerweile für Beschneidungen in Frage gestellt. So wurde in einer Studie von Gyftopoulos bei der Verwendung von EMLA in 20,5 Prozent der Fälle eine wirksame Schmerzbehandlung erreicht, in den übrigen Fällen waren weitere anästhetische Maßnahmen nötig.[125] Gestützt auf verschiedene Vorgängerstudien dokumentierten Boyle et al. Anhaltspunkte für beschneidungs-induzierte psychische Folgen bis hin zu posttraumatischen Belastungsstörungen.[126] Entsprechend forderte die Deutsche Psychotherapeutenvereinigung das BMJ auf, mit einem Gesetzesentwurf zu warten, bis eine wissenschaftliche Auswertung der bestehenden Befunde erfolgt sei.[127]

Großen Wert legten die Befürworter auf eine klare Abgrenzung zwischen rmK und FGM.[128] So meinte die baden-württembergische Integrationsministerin Bilkay Öney in *Menschen bei Maischberger* vom 14. August 2012:

> „Man würde [… im Gesetz] eben auch ganz deutlich nur von Zirkumzision, also von der Beschneidung an Knaben sprechen, die eben nicht funktionsbeeinträchtigend ist. Die in keinster Weise mit der Genitalverstümmelung an Frauen gleichzusetzen ist. Und damit hätte man auch eine rechtliche Handhabe für die Ärzte aber auch die Betroffenen."[129]

---

122   Vgl. Sorrells et al (2007: 869), Latasch in Ethikrat (2012: 6).

123   Frisch et al. (2011: 1375).

124   Taddio et al. (1997: 599ff.).

125   Gyftopoulos (2012: 145-149ff.), vgl. auch Shockley et al. (2011: 233a-233b), vgl. Task Force on Circumcision (2012b: 689).

126   Boyle et al. (2002).

127   Vgl. Deutsche Psychotherapeutenvereinigung (2012).

128   Bundestag (2012f), Leutheusser-Schnarrenberger, S. 25442, Krings, S. 25445, Thomae, S. 25448, Thierse, S. 25457.

129   Vgl. Öney in ZDF (2012 bei 01:01:05-01:01:30).

Die Kritiker wiesen indes darauf hin, dass *bedingt* Analogien gezogen werden können.[130] Legt man die WHO-Typologie der FGM[131] zugrunde, so zeigen sich Entsprechungen insbesondere bei Typ Ia, bei dem die Klitorisvorhaut beschnitten wird,[132] sodass wie bei der Knabenbeschneidung die Glans frei liegt, und Typ IV, der jegliche Verletzungen der weiblichen Genitalien, darunter auch das Durchstechen oder das Anritzen (sog. ‚ritual nick‘) der Schamlippen, umfasst. Letzteres hatte die AAP im Jahr 2010 als Substitut für weitaus gravierendere Formen der FGM vorgeschlagen – insbesondere, weil dies keine Langzeitfolgen habe und weniger invasiv als die Knabenbeschneidung sei.[133] Aufgrund heftiger öffentlicher Proteste wurde dieses Statement allerdings eilig zurückgenommen.[134]

Diskutanten, die eine Vergleichbarkeit von Zirkumzision und FGM zurückwiesen, bezogen sich vielfach darauf, dass letztere primär auf die sexuelle Deprivation der Frauen ziele. Betrachtet man den Entstehungskontext säkularer medizinisch nicht indizierter Knabenbeschneidungen in den USA, der, wie Boyle et al. argumentieren, an viktorianische Vorstellungen anknüpft, nach denen Selbstbefriedigung nicht nur moralisch verwerflich war, sondern in Verdacht stand, körperliche Leiden auszulösen,[135] so erweist sich auch diese Beschneidungspraxis als sexualmoralisches Restriktionsinstrument, das nachträglich eine medizinische Überhöhung erfahren hat.

Als Zusatzargumente wurden auch die bessere Hygiene bei beschnittenen Jungen[136] sowie die Gefahr von Hinterhofbeschneidungen bzw. Beschneidungstourismus angeführt.[137] Das Hygieneargument ist für Industrieländer schon aufgrund allgemein hoher Standards offensichtlich wenig valide. Hinsichtlich der Befürchtung nicht fachgerechter Beschneidungen ist anzumerken, dass diese auch beim Verbot der FGM diskutiert, aber nicht als Argument gegen eine Ächtung zugelassen wurde.

Die Bundestagsmehrheit schloss sich im Ergebnis der Bewertung des Regierungsentwurfes an, der hinsichtlich der medizinischen Implikationen von einem geringfügigen Eingriff ausging und dabei auch positive gesundheitliche Aspekte der Zirkumzision anführte sowie eine scharfe Trennung zwischen rmK und FGM zog.

---

130 Vgl. Karim und Joris Hage (*2008*), Lightfoot-Klein (2003), Kuhla und Schewe-Gerigk (2012).
131 WHO (2008: 24).
132 Vgl. Terre des Femmes (2012: 3).
133 Committee on Bioethics (2010: 1092).
134 Vgl. MacReady (2010: 15).
135 Boyle et al. (2002: 330).
136 Vgl. etwa Isik in ZDF (2012 bei 00:36:38-00:38:08).
137 Vgl. Bundestag (2012f), Flachsbart, S. 24459, Ilkilic in Ethikrat (2012: 11).

3.1.4   Rechtliche Argumente

In der bundesrepublikanischen Rechtsordnung ist die körperliche Unversehrtheit als hohes Rechtsgut anerkannt, über dessen Disposition primär der Betroffene verfügen kann. Entsprechend ist jeglicher Eingriff, auch der ärztlich kurative, zunächst als strafbare Körperverletzung bewertet, solange er nicht durch akute Lebensgefahr oder eine wirksame Einwilligung gerechtfertigt ist und damit straflos bleibt.[138] Die Einwilligung kann nur dann von Dritten vorgenommen werden, wenn der Betroffene selbst an einer rechtswirksamen Einwilligung verhindert ist. So liegt der Fall bei Kindern, deren Einwilligungsfähigkeit je nach Sachverhalt und Entwicklung beurteilt werden muss.[139] In medizinischen Belangen gelten „Minderjährige unter 14 Jahren grundsätzlich als einwilligungsunfähig."[140] Als deren Stellvertreter agieren der oder die Sorgeberechtigten im Rahmen der Personensorge, die sie auf das Kindswohl verpflichtet.[141]

Die Forderung nach einer generellen Ächtung der rmK wie bei der FGM spielte in der Debatte keine Rolle, sodass das Grundproblem, ob eine rechtswirksame Einwilligung überhaupt möglich sein soll,[142] hier ausgeklammert bleiben kann.

Betrachtet man das von Befürwortern vorgetragene Argument, dass die rmK schon aufgrund der Religionsfreiheit gemäß Art. 4 Abs. 1 und 2 GG garantiert sei, so ist zunächst festzuhalten, dass es dabei nicht um ein irgendwie geartetes Beschneidungsrecht der Religionsgemeinschaften geht, sondern darum, ob Eltern im Rahmen ihrer grundgesetzlich garantierten freien Religionsausübung in eine rmK des Sohnes einwilligen können.

Das BVerfG legt den Begriff der Religionsausübung extensiv aus.[143] Grundsätzlich kann jedes irgendwie glaubensgeleitete Verhalten dem Grundrechtsschutz aus Art. 4 Abs. 1 und 2 GG unterliegen. Dies gilt neben den staatlich anerkannten Religionen auch für andere religiöse Gruppen unabhängig von ihrer Mitgliederzahl oder sozialen Relevanz.[144] Aus dem staatlichen Neutralitätsgebot folgt, dass die Deutungshoheit in religiösen Fragen – u. a. auch die Bestimmung des religiös Gebotenen – bei den Religionsgemeinschaften liegt.[145] Es ist evident, dass daraus

---

138   Vgl. etwa Fateh-Moghadam (2010: 121f.), Jerouschek (2007: 317), Putzke (2008: 673ff.).

139   Vgl. BVerfGE 59, 360 [387f.].

140   Fateh-Moghadam (2010: 124).

141   Vgl. dazu auch BVerfGE 72, 155 [171ff.].

142   Dazu etwa Gilbert (2007: 279-294).

143   BVerfGE 24, 236 [246].

144   BVerfGE 32, 98 [106].

145   Vgl. BVerfGE 24, 236 [247f.]. Dies wurde zwar durch BVerfGE 83, 341 [353] etwas relativiert. Allerdings sind die dort genannten Kriterien für Gemeinschaften, die sich

Kollisionen mit den Rechten Dritter entstehen können.[146] Bei hochdogmatischen Gruppierungen wird besonders deutlich, dass die unter eigener Deutungshoheit praktizierte Religion durch die Rechte Dritter begrenzt sein muss. Dies sieht auch das Grundgesetz so: Religionsfreiheit wird zwar als schrankenloses Grundrecht gewährt, für die Religionspraxis gelten aber verfassungsimmanente Schranken.

Für die rmK könnte die Religionsfreiheit eine solche Grenze im Kindsrecht auf körperliche Unversehrtheit aus Art. 2 Abs. 2 Satz 1 GG finden. Dass eine rmK die körperliche Integrität verletzt, ist evident, wird dadurch doch ein intakter Teil des Körpers abgetrennt und eine Wunde zugefügt. Da das Recht auf körperliche Unversehrtheit allerdings unter allgemeinem Gesetzesvorbehalt steht, ist fraglich, ob ein solcher hier greift.

Aus juristischer Sicht argumentierten Befürworter der rmK, dass diese durch das elterliche Erziehungsrecht, das auch die religiöse Erziehung des Kindes beinhalte, gerechtfertigt sei (Art. 6 Abs. 2 Satz 1 GG). Teilweise wurde diese Argumentation um das Recht der Eltern auf freie Religionsausübung ergänzt (Art. 6 Abs. 2 Satz 1 i. V. m. Art. 4. Abs. 1 und Abs. 2 GG).[147] Im Zentrum steht dabei die Überlegung, dass (religiöse) Eltern bei der Entscheidung für eine rmK gerade das Wohl des Kindes im Auge haben und somit kein „evidenter Missbrauch des Sorgerechts" gegeben sei.[148] Grundlage für diese Einschätzung ist, dass die Eltern die Beschneidungsentscheidung im besten Interesse des Kindes treffen und bei der Bestimmung des Kindswohls einen Ermessensspielraum haben. Dabei gehen sie davon aus, dass die „lege artis durchgeführte Beschneidung von Knaben […] einen relativ leichten Eingriff ohne negative gesundheitliche Folgen und mit einem nur geringe[n] Risiko leichter Komplikationen"[149] bzw. keine „erhebliche körperliche Misshandlung"[150] darstellt. Beulke und Dießner ziehen zudem das Recht des Kindes auf freie Religionsausübung heran, das die Eltern bis zum Eintritt der Religionsmündigkeit des Kindes treuhänderisch ausüben und so stellvertretend für das Kind auf das Recht auf körperliche Unversehrtheit verzichten können.[151]

---

auf Art. 4 GG berufen wollen, denkbar vage, sodass großer Interpretationsspielraum besteht.

146 Etwa der Tötung sog. ‚Abtreibungsärzte' durch fundamentalchristliche Täter in den USA wie im Fall George Tiller.

147 So etwa Schwarz (2008: 1128), Fateh-Moghadam (2010: 131ff.), Bundestag (2012f), Leutheusser-Schnarrenberger, S. 25442, Krings, S. 25445, Geis, S. 25456, Thierse, S. 25458, Flachsbart, S. 25458.

148 Fateh-Moghadam (2010: 132).

149 Ebd., S. 141.

150 Schwarz (2008: 1128).

151 Beulke und Dießner (*2012*: 345).

222   Armin Glatzmeier

Gelegentlich wurde die rmK auch als sozialadäquat gerechtfertigt.[152] Damit ist gemeint, dass eine Handlung, die tatbestandlich unter eine Strafrechtsnorm subsumiert werden kann, straflos bleibt, wenn sie als allgemein sozial toleriert gilt.[153] Geht man von dieser Position aus, so liegt es letztlich im richterlichen Ermessen, welche Praktiken bereits oder noch immer straffrei bleiben. Allerdings wurde gerade im juristischen Schrifttum von Autoren, die eine Zulässigkeit der rmK grundsätzlich befürworten, das Argument der Sozialadäquanz explizit zurückgewiesen.[154]

Insgesamt sind die Argumente der Befürworter bei sachlicher Betrachtung problematisch: Wird den Eltern eine Einschätzungsprärogative hinsichtlich des Kindswohls eingeräumt und zugestanden, primär zum Wohl des Kindes entscheiden zu wollen, so bleibt anzumerken, dass auch wohlmeinende Eltern hinsichtlich des Nutzens oder der Schädlichkeit einer Maßnahme irren können. Eine Verletzung des Kindswohls durch die Eltern ist also trotz Orientierung am (vermeintlich) besten Interesse des Kindes grundsätzlich möglich. Auch das hilfsweise herangezogene Argument der durch die Eltern stellvertretend wahrgenommenen Religionsfreiheit des Kindes greift nicht. Es beruht auf einer Gleichsetzung, nach der eine Einwilligung des Knaben vorliegt, weil die Eltern stellvertretend für ihn die Beschneidung wünschen und zugleich darüber befinden, dass das Kind die Beschneidung möchte. Dem liegt die Prämisse zugrunde, dass das Interesse des Kindes an religiöser Erziehung mit dem Interesse der Eltern identisch ist. Diese Sichtweise verkennt die Rolle des Kindes als eigenständiger Rechtsträger, für den ebenfalls gilt, dass „weder die positive noch die negative Glaubensfreiheit […] generellen Vorrang beanspruchen" kann.[155]

Die juristische Argumentation der Kritiker stellt v. a. darauf ab, dass der Konflikt zwischen Elternrechten und Kindsrecht zugunsten des Kindes aufgelöst werden müsse, da das Recht auf körperliche Unversehrtheit schwerer wiege.[156] Zu diesem Ergebnis gelangen sie, weil sie die Zirkumzision insbesondere wegen möglicher Spätfolgen als schwerwiegenderen Eingriff verstehen als die Beschneidungsbefürworter.

Insgesamt bleibt festzuhalten, dass sich die Frage, ob eine Beschneidung im Interesse des Kindes liegt, wesentlich an der Einschätzung der medizinischen Eingriffsintensität entscheidet. In der Einschätzung der Zirkumzision als minimalem Eingriff liegt denn auch der Grund, warum die parlamentarische Mehrheit die

---

152 Vgl. stellvertretend Exner (2011), Bundestag (2012f, dort: Thomae, S. 25448, Schröder, S. 25451, Geis, S. 25455, Flachsbart, S. 24459, Griese, S. 25459).

153 Fateh-Moghadam (2010: 122), Prantl (2012d).

154 Fateh-Moghadam (2010: 122), Schwarz (2008: 1127).

155 Jarras (2006: 148).

156 So Jerouschek (2007: 313), Putzke (2008: 706).

körperliche Unversehrtheit des Kindes hinter das religiöse Erziehungsrecht der Eltern zurücktreten lassen konnte.

3.2 Hinweise auf stressinduzierte Dysfunktionen im Entscheidungsprozess

Obwohl sich einige politische Akteure wiederholt dahingehend geäußert hatten, dass mit der Bundestagsresolution vom 19. Juli noch keine Vorentscheidung gefallen sei, stellte diese die Weichen für eine gesetzliche Freigabe der rmK. Eine tatsächliche Abwägung der Sachargumente war damit von vornherein unterbunden, wie eine Äußerung von Familienministerin Kristina Schröder belegt:

> „Unsere politische Aufgabe besteht darin, uns darüber zu verständigen, unter welchen Rahmenbedingungen eine säkulare Gesellschaft Beschneidungen dulden kann."[157]

Im Policyprozess ging es also nicht um eine ergebnisoffene Diskussion darüber, *ob* die rmK zulässig sein sollte, sondern um das *Wie* ihrer Durchführung.

Es verwundert kaum, dass Argumente, die eine Zulässigkeit der rmK in Zweifel zogen, von der Parlamentsmehrheit zurückgewiesen bzw. ignoriert wurden. So behaupteten die Befürworter etwa eine klare Abgrenzbarkeit zwischen männlicher und weiblicher Beschneidung, belegten dies aber nicht. Die von Kritikern vorgebrachte Analogie zwischen weniger invasiven Formen der FGM und der Zirkumzision wurde ohne weitere Begründung als unzulässig verworfen. Die wiederholte Betonung eines Analogieverbotes verdeutlicht: Innerhalb der parlamentarischen Mehrheit hatte sich ein Konsens gebildet, der von der Plausibilität und Selbstevidenz dieses Arguments ausging und sich durch die wiederholte Selbstbestätigung als Mehrheitsmeinung verfestigte. Insgesamt kam dem Argument ‚Zirkumzision ist mit FGM nicht vergleichbar' schon früh in der Diskussion die Funktion eines Diskurs-Stoppers zu, der ein grundsätzliches Infragestellen der rmK unterbinden sollte.

Das Bemühen um eine scharfe Trennlinie zwischen rmK und FGM ist legitim, sofern dadurch eine Relativierung jeglicher Form der FGM verhindert werden soll. Es wird problematisch, wenn damit der Vergleich von anatomisch und soziogenealogisch Ähnlichem unterbunden und damit die Schutzwürdigkeit der genitalen Integrität von Jungen und Männern bestritten wird. Bezieht man die Möglichkeit einer analogen Behandlung der rmK und der ‚milden' Formen der FGM mit ein, so ergeben sich insbesondere drei zentrale rechtssystematische Fragen:

---

157 Bundestag (2012f: 25452).

1. Muss das für die FGM durch den Gesetzgeber ausgesprochene Unwerturteil, das in der strafrechtlichen Sanktionierung all ihrer Formen zum Ausdruck kommt, nicht notwendigerweise auch auf die rmK ausgedehnt werden?
2. Wird der Staat seinem Neutralitätsgebot gegenüber den Religionen gerecht, wenn er die Beschneidungspraxis bestimmter Religionen toleriert, diejenige anderer – und seien es Naturreligionen – aber strafrechtlich sanktioniert?
3. Verletzt eine gesetzgeberische Legitimation der rmK bei gleichzeitiger Ächtung der FGM nicht den Gleichheitsgrundsatz, weil er zu einer Ungleichbehandlung von Jungen und Mädchen führt?[158]

Diese Fragen erfuhren, anders als von einem rationalen Entscheidungsprozess erwartet würde, in der politischen Auseinandersetzung keine hinreichende Würdigung.

Auch bei der Bewertung der Zirkumzision als minimalem Eingriff wurden überwiegend einseitige Argumente aufgegriffen: Während Hinweise auf den möglichen gesundheitlichen Nutzen sowie die minimale körperliche Beeinträchtigung permanent perpetuiert wurden, fanden die v. a. in jüngeren Studien aufgeworfenen Zweifel daran im Regierungsentwurf und in der parlamentarischen Aussprache kaum Beachtung.

Die Sichtung der medizinischen Literatur zeigt, wie oben dargestellt, ein heterogenes Bild. Während insbesondere die älteren Befunde die Seite der Befürworter stützen, geben neuere Forschungsergebnisse Anlass, die Intensität und Langzeitfolgen des Eingriffes zu überdenken. Nicht abzustreiten ist, dass den medizinischen Vorteilen, sofern sie tatsächlich belegbar sind und soweit (und nur soweit) sie das Kindswohl betreffen, zumindest gravierende potentielle Risiken und Spätfolgen gegenüberstehen. Die Behauptung, dass die Knabenbeschneidung nur minimal in den Körper eingreife und keine funktionsbeeinträchtigenden Folgen zeitige, kann so eindeutig jedenfalls nicht aufrechterhalten werden. Unter der Prämisse rationalen Entscheidens wäre daher zu erwarten gewesen, dass die relevanten medizinischen Aspekte einen zentralen Stellenwert im politischen Entscheidungsfindungsprozess eingenommen hätten.

In diesem Zusammenhang zeigt sich ein weiteres Defizit des Policyprozesses: Vorhandene Wissensressourcen wurden von der entscheidungstragenden Mehrheit offenbar nicht genutzt. In einer Bundestagsdrucksache vom 14. Februar 2012, einer Stellungnahme des Ethikrates zur Intersexualität, wurde der Fall David Reimer referiert.[159] Aufgrund einer irreparablen Beschädigung des Penis bei einer Zirkumzision wies der behandelnde Arzt, John Money, dem Kind durch chirurgische und

---

158 Hartmann (2012: 3).
159 Bundestag (2012a: 17).

hormonelle Behandlung das weibliche Geschlecht zu. Money ging davon aus, dass die Geschlechtsidentifikation v. a. durch Sozialisation erworben würde. Das Experiment scheiterte. Reimer nahm später wieder eine männliche Geschlechtsidentität an und beging 2004 Suizid.[160] Der Bundestag hätte somit bei entsprechendem Wissensmanagement zumindest von einem Fall schwerer Komplikationen bei einem Eingriff lege artis wissen können.

Dennoch spielte das Argument eines lege artis durchgeführten Eingriffes insbesondere mit Verweis darauf, dass ein solcher „nur eine geringfügige Beeinträchtigung der körperlichen Unversehrtheit"[161] begründen würde, eine zentrale Rolle. Dabei zeigt das Argument durchaus eine gewisse Brüchigkeit. Denn wenn für alle Formen der FGM festgestellt wird, dass diese auch lege artis durchgeführt eine massive Beeinträchtigung des Kindswohls bedeuten,[162] so kann das Kriterium der ärztlichen Kunst allein kein geeigneter Maßstab für die Intensität der Kindswohlbeeinträchtigung sein. Damit steht und fällt die Zulässigkeit des Eingriffes aber mit den physischen und psychischen (Langzeit-)Folgen sowie den die Beschneidung tragenden Motiven.

Hinzu kommt, dass Gesetzesentwurf und Befürworter zwar wiederholt darauf hinwiesen, dass Beschneidungen lege artis erfolgen müssten, jedoch wenig präzise wurden, wenn es um die konkreten Folgen dieser Forderung ging. So meinte etwa Jerzy Montag hinsichtlich der Schmerzbehandlung:

> „Ein medizinisch nicht indizierter operativer Eingriff muss nach den Regeln der ärztlichen Kunst vorgenommen werden; das bedeutet: mit einer narkotisierenden Schmerzlinderung. Wir müssen jetzt also nach einer Lösung suchen, die das unbedingte Erfordernis des Kindeswohls – Schmerzlinderung – auf der einen Seite mit den Erfordernissen – ich sage das klar und deutlich – der jüdischen Kultusgemeinde, also der jüdischen Religion, auf der anderen Seite in Einklang bringt. Das ist möglich! Das ist deswegen möglich, weil, wie uns jedenfalls Ärzte gesagt haben, in den ersten 14 Lebenstagen leichte operative Eingriffe an Babys, wenn sie überhaupt vorgenommen werden, ohne Narkotisierung stattfinden, weil die Narkotisierung den Babykörper mehr belastet als der Eingriff selbst."[163]

In dieser Auslegung der ärztlichen Kunst wird eine Narkotisierung somit deshalb überflüssig, weil das religiöse Gebot den Eingriff so früh fordert, dass aus Gründen

---

160 Lang (2006: 162ff.).

161 Bundestag (2012c: 15).

162 Ebd., S. 14.

163 Bundestag (2012g: 26093). Noch deutlicher wird David Goldberg, den Köpf (2012) mit dem Satz zitiert: „Schmerzen kommen von den Nerven, und bei so kleinen Kindern sind die Nerven noch nicht voll entwickelt."

des Kindswohls – aufgrund des Risikos einer Narkotisierung – auf eine Narkose verzichtet werden *muss*. Dieser Schluss führt das Kriterium fachgerechter Durchführung ad absurdum, weil nach den Regeln der ärztlichen Kunst diese Ausnahme nur greift, wenn ein Eingriff medizinisch unumgänglich ist.

Die Frage nach einer „im Einzelfall angemessenen und wirkungsvollen Betäubung"[164] ist einer der zentralen Punkte, die der Gesetzgeber offenließ. Problematisch wird dies v. a., weil er die rmK durch Nichtmediziner in den ersten sechs Monaten erlaubt. Wie aber sollen Laien, die zudem aus medizinrechtlicher Sicht nicht befugt sind, eine umfangreichere (Lokal-)Anästhesie vorzunehmen, die Wirksamkeit der durch sie vorgenommenen Betäubung beurteilen können? Wie sollen und können sie die geforderten „hygienischen Bedingungen"[165] überblicken und gewährleisten? Denn, wenn das minimale Operationsrisiko nur bei lege artis durchgeführten Beschneidungen realisiert werden kann, bedeuten „hygienische Bedingungen" in diesem Kontext sterile Bedingungen, wie sie in der Regel nur in einem medizinischen Umfeld gewährleistet werden können. Schließlich wirft die Laienbeschneidung Fragen hinsichtlich der geforderten umfassenden Aufklärung der Eltern[166] auf: Welche rechtliche Verbindlichkeit und Wirkung hat eine Aufklärung durch einen religiösen Beschneider, der kein approbierter Arzt ist? Und kann von einer neutralen und umfassenden Aufklärung ausgegangen werden?

Auch an anderer Stelle zeigt die gesetzliche Regelung gravierende Erklärungsdefizite: So wird zwar ein allgemeiner Kindswohlvorbehalt vorgesehen, in dessen Rahmen „der entgegenstehende Wille eines nicht einsichts- und urteilsfähigen Kindes zu berücksichtigen sein" kann.[167] Allerdings bleibt die Frage offen, inwiefern eine Kann-Regelung die Kindsrechte wirksam schützen soll, da eine Kontrolle, ob der Kindswille – insbesondere bei achttägigen Säuglingen – berücksichtigt wurde, kaum möglich scheint.

Im Ergebnis zeigt sich, dass der Gesetzgeber wesentliche Aspekte unbeachtet ließ, die sicher einer weiteren Klärung bedurft hätten und in Zukunft bedürfen werden. Insgesamt weist der Policyprozess einige der in der Literatur beschriebenen Dysfunktionen stressaffizierter Entscheidungen auf: Insbesondere erfolgte eine frühe Festlegung auf eine bestimmte Handlungsoption, während alternative Möglichkeiten nur unzureichend berücksichtigt wurden. Dabei traten auch selbstaffirmative Effekte auf, in deren Verlauf sich bestehende Vorannahmen als

---

164 Bundestag (2012c: 17).
165 Ebd., S. 9.
166 Ebd., S. 17.
167 Ebd., S. 18.

Gruppenkonsens verfestigten und als (unhinterfragte) Argumente im Diskurs verselbständigten.

4   Diskussion

Dieser Beitrag wollte klären, ob die durch das Beschneidungsurteil angestoßene Debatte als Stressencounter bewertet werden kann und ob das Policyoutcome stressaffizierte Dysfunktionen aufweist. Im Ergebnis liefert der konkrete Fall hinreichende Indizien, die diese Ausgangshypothesen stützen. Natürlich stößt ein solcher Ansatz methodisch schnell an seine Grenzen. Um nur einige Aspekte zu nennen:

1. Die Fallzahlen vergleichbarer Policyprozesse, die unter Zeitdruck oder vor dem Hintergrund fundamentaler ethischer Dilemmata verlaufen, sind mit Sicherheit zu klein, um von der (hier gewählten) qualitativen zu einer quantitativen Ebene zu gelangen.
2. Konkret an politischen Entscheidungen beteiligte Akteure wie die Referenten des BMJ oder Abgeordnete, die keine Stellungnahmen abgaben, und deren Motive bleiben latent und einer Analyse entzogen.
3. Rückschlüsse darüber, ob eine bestimmte politische Situation als Stressencounter wahrgenommen wird, lassen sich, sofern keine einschlägigen Befragungen der Beteiligten vorliegen, nur indirekt aus öffentlich dokumentierten Aussagen ziehen.
4. Das unter 3. Gesagte gilt auch für den Stand der Beratungen – und damit die Frage, welche Argumente bei der Entscheidungsfindung in welcher Form berücksichtigt wurden –, der ebenfalls nur implizit aus den öffentlich zugänglichen Dokumenten rekonstruiert wurde.

Doch obwohl manches sicher aufgrund der unzureichenden Datenlage spekulativ bleiben muss, eröffnet diese Anleihe an eine psychologische Betrachtungsweise ein besseres Verständnis von Policyprozessen, die unter Zeitdruck und vor dem Hintergrund eines erheblichen Wertekonfliktes ablaufen. Dies gibt Anlass zu einer Reflexion über politische Entscheidungsprozesse, die über das Paradigma rationaler Problembewältigung hinausreicht. Der grundlegende Erklärungswert einer ‚politischen Stressforschung' läge somit darin, den Blick auf den Policyprozess von der normativen Brille des Rationalitätsvorbehalts zu befreien und einer facettenreicheren Sichtweise zugänglich zu machen, die motivationale Faktoren jenseits der fachtypischen Machtfrage und parteipolitischer Demarkationslinien zu erfassen vermag.

Quellenverzeichnis

Almond, G. A., und G. B. Powell. 1966. *Comparative Politics: A Developmental Approach.* Boston: Little, Brown and Company.

Ärzte Zeitung online. 2012. Peres bittet Gauck um Hilfe. http://www.aerztezeitung.de/extras/druckansicht/?sid=820324&pid=815587. Zugegriffen: 25. Februar 2014.

Asch, S. E. 1951. Effects of Group Pressure upon the Modification and Distortion of Judgments. In *Groups, Leadership and Men*, hrsg. H. Guetzkow, 177-190. Pittsburgh: Carnegie Press.

Bagehot, W. 1958. *The English Constitution.* London: Oxford University Press.

Bahners, P. 2012. Ein Rechenfehler, http://www.faz.net/aktuell/feuilleton/debatten/beschneidungsdebatte-ein-rechenfehler-11827870.html. Zugegriffen: 25. Februar 2014.

Bartsch, M., P. Kremers, J. v. Mittelstaedt, C. Neumann, und P. Wensierski. 2012. Das große Unbehagen. *Der Spiegel* 66 (37): 30-32.

Behnke, J., T. Bräuninger, und S. Shikano (Hrsg.). 2010. *Jahrbuch für Handlungs- und Entscheidungstheorie, Band 6: Schwerpunkt Neuere Entwicklungen des Konzepts der Rationalität und ihre Anwendungen.* Wiesbaden: VS Verlag.

Beier, M., und M. Lichtenheldt. 2012. Stellungnahme zum Kölner Beschneidungsurteil. Religionen sind zu schonen – um jeden Preis? 10 Thesen und Antithesen. http://manndat.de/geschlechterpolitik/stellungnahme zum-kolner-beschneidungsurteil.html. Zugegriffen: 25. Februar 2014.

Berger, D., A. Hasgall, J. Hüber, und F. Weißbarth. 2012. *Fakten & Mythen in der Beschneidungsdebatte.* Berlin: American Jewish Committee.

Beulke, W., und A. Dießner. 2012. „(…) ein kleiner Schnitt für einen Menschen, aber ein großes Thema für die Menschheit". Warum das Urteil des LG Köln zur religiös motivierten Beschneidung von Knaben nicht überzeugt. *Zeitschrift für internationale Strafrechtsdogmatik* 7 (7): 338-346.

Bild.de. 2012. Westerwelle kritisiert Urteil zu Beschneidungen, auf: http://www.bild.de/politik/inland/politik-inland/westerwelle-kritisiert-urteil-zu-beschneidungen-24910590.bild.html. Zugegriffen: 25. Februar 2014.

Bingener, R. 2012. Geist und Fleisch. http://www.faz.net/aktuell/politik/inland/beschneidung-geist-und-fleisch-11956079.html. Zugegriffen: 25. Februar 2014.

Blendin, H., und G. Schneider. 2012. Nicht jede Form von Stress mindert die Entscheidungsqualität: Ein Laborexperiment zur Group-Think-Theorie. In *Jahrbuch für Handlungs- und Entscheidungstheorie. Experiment und Simulation*, Bd. 7, hrsg. T. Bräuninger, A. Bächtiger, S. Shikano, 61-80. Wiesbaden: VS Verlag.

BMJ. 2012. Beschneidung von Jungen – Eckpunkte einer Regelung. http://www.bmj.de/SharedDocs/Downloads/DE/pdfs/Eckpunkte_Beschneidung_von_Jungen.pdf?__blob=publicationFile. Zugegriffen: 25. Februar 2014.

Boyle, G. J., R. Goldman, J. S. Svoboda, und E. Fernandez. 2002. Male Circumcision: Pain, Trauma and Psychosexual Sequelae. *Journal of Health Psychology* 7 (3): 329-343.

Breitbart, D. 2012. Brit ohne Schnitt. Symbolische Zeremonien sind auch in England rar. http://www.juedische-allgemeine.de/article/view/id/13858. Zugegriffen: 25. Februar 2014.

Bundesregierung. 2012. Regierungspressekonferenz vom 13. Juli. http://www.bundesregierung.de/ContentArchiv/DE/Archiv17/Mitschrift/Pressekonferenzen/2012/07/2012-07-13-regpk.html. Zugegriffen: 25. Februar 2014.

Bundestag. 2012a. BT.-Drs. 17/9088.

Bundestag. 2012b. BT.-Drs. 17/10331.

Bundestag. 2012c. BT.-Drs. 17/11295.

Bundestag. 2012d. BT.-Drs. 17/11430.

Bundestag. 2012e. BT.-Plenarprotokoll 17/189.

Bundestag. 2012f. BT.-Plenarprotokoll 17/208.

Bundestag. 2012g. BT.-Plenarprotokoll 17/213.

Burger, R. 2012. Beschneidung. Eine dauerhafte und irreparable Veränderung. http://www.faz.net/aktuell/politik/inland/beschneidung-eine-dauerhafte-und-irreparable-veraenderung-11799975.html. Zugegriffen: 25. Februar 2014.

Committee on Bioethics. 2010. Ritual Genital Cutting of Female Minors. *Pediatrics* 125 (5): 1088 -1093.

Deutsche Bischofskonferenz. 2012. Kritik am Urteil zur Strafbarkeit von Beschneidungen. Pressemeldung vom 27.06.2012. http://www.dbk.de/presse/details/?presseid=2123. Zugegriffen: 25. Februar 2014.

Deutsche Kinderhilfe. 2012. Debatte um Beschneidungsurteil erhält bedenkliche Schieflage. Presseerklärung vom 28.06.2012. https://www.kinderhilfe.de/presse/pressemitteilungen/debatte-um-beschneidungsurteil-erhaelt-bedenkliche-schieflage. Zugegriffen: 25. Februar 2014.

Deutscher Kinderschutzbund. 2012. Stellungnahme des Deutschen Kinderschutzbundes Bundesverbandes e.V. zur Debatte um das „Beschneidungsurteil" einer kleinen Strafkammer des Landgerichts Köln vom 15.09.2012. http://www.dksb.de/images/web/PDFs/SN%20Beschneidung-2012-09-17-js.pdf. Zugegriffen: 25. Februar 2014.

Deutsche Psychotherapeutenvereinigung. 2012. Beschneidung von Jungen. Brief an die Justizministerin vom 25.07.2012. http://www.deutschepsychotherapeutenvereinigung.de/fileadmin/main/g-datei-download/News/2012/Brief_BMJ_-_Beschneidung.pdf. Zugegriffen: 25. Februar 2014.

Doctors Opposing Circumcision. 2012. Commentary on American Academy of Pediatrics 2012 Circumcision Policy Statement. http://www.doctorsopposingcircumcision.org/pdf/2012-11-26_Commentary.pdf. Zugegriffen: 25. Februar 2014.

Driskell, J. E., und E. Salas. 1991. Group Decision Making under Stress. *Journal of Applied Psychology* 76 (3): 473-478.

Dubrovsky, A. S., B. J. Foster, R. Jednak, E. Mok, und D. McGillivray. 2012. Visibility of the Urethral Meatus and Risk of Urinary Tract Infections in Uncircumcised Boys. *CMAJ* 184 (15): E796-E803.

Ethikrat. 2012. Mitschrift der Sitzung vom 23.08.2012. http://www.ethikrat.org/dateien/pdf/plenarsitzung-23-08-2012-simultanmitschrift.pdf. Zugegriffen: 25. Februar 2014.

Evangelische Kirche in Deutschland. 2012. EKD sieht Kölner Beschneidungsurteil kritisch. Pressemitteilung vom 27.06.2012. http://www.ekd.de/presse/pm130_2012_beschneidungsurteil_koeln.html. Zugegriffen: 25. Februar 2014.

Exner, T. 2011. *Sozialadäquanz im Strafrecht: Zur Knabenbeschneidung*, Berlin: Duncker und Humblot.

Fateh-Moghadam, B. 2010. Religiöse Rechtfertigung? Die Beschneidung von Knaben zwischen Strafrecht, Religionsfreiheit und elterlichem Sorgerecht. *Rechtswissenschaft* 1 (2): 115-142.

Faz.net, R. Burger, und R. Bingener. 2012. Urteil zu Beschneidung von Jungen. Graumann: Ein unerhörter und unsensibler Akt. http://www.faz.net/aktuell/politik/urteil-zu-beschneidung-von-jungen-graumann-ein-unerhoerter-und-unsensibler-akt-11799759.html. Zugegriffen: 25. Februar 2014.

Focus online. 2012. Juden und Muslime fordern Korrektur des Urteils. http://www.focus. de/politik/ deutschland/verbot-der-beschneidung-juden-und-muslime-fordern-korrektur-des-urteils_aid_775212.html. Zugegriffen: 25. Februar 2014.

Folkman, S., R. S. Lazarus, C. Dunkel-Schetter, A. DeLongis, und R. J. Gruen. 1986. Dynamics of a Stressful Encounter: Cognitive Appraisal, Coping, and Encounter Outcomes. *Journal of Personality and Social Psychology* 50 (5): 992-1003.

Franz, M. 2012. Ritual, Trauma, Kindeswohl. http://www.faz.net/aktuell/politik/die-gegenwart/beschneidung-ritual-trauma-kindeswohl-11813995.html. Zugegriffen: 25. Februar 2014.

Frisch, M., M. Lindholm, und M. Grønbæk. 2011. Male Circumcision and Sexual Function in Men and Women: A Survey-Based, Cross-Sectional Study in Denmark. *International Journal of Epidemiology* 40 (5): 1367-1381.

Gilbert, H. 2007. Time to Reconsider the Lawfulness of Ritual Male Circumcision. *European Human Rights Law Review* 12 (3): 279-294.

Güvercin, E., und F. Zaimoglu. 2012. „Deutschland macht sich lächerlich". http://www.faz.net/ aktuell/feuilleton/debatten/feridun-zaimoglu-im-gespraech-deutschland-macht-sich-laecherlich-11832954.html. Zugegriffen: 25. Februar 2014.

Gyftopoulos, K. I. 2012. The Efficacy and Safety of Topical EMLA Cream Application for Minor Surgery of the Adult Penis. *Urology Annals* 4 (3): 145-149.

Hamilton, A., J. Madison, und J. Jay. 2003. *The Federalist Papers*. New York [u. a.]: Signet Classic.

Hammond, K. R. 1995. *The Effects of Stress on Judgement and Decision Making. An Overview and Arguments for a New Approach*, ARI Research Note 95-14, Alexandria, VA: U.S. Army Research Institute for the Behavioral and Social Sciences.

Hartmann, W. 2012. Stellungnahme des Präsidenten des Berufsverbands der Kinder- und Jugendärzte zum Gesetzentwurf der Bundesregierung. http://www.bundestag.de/bundestag/ausschuesse17/a06/anhoerungen/archiv/31_Beschneidung/04_Stellungnahmen/ Stellungnahme_Hartmann.pdf. Zugegriffen: 22. Januar 2013.

Hasgall, A. 2012. Die Kriminalisierung des Judentums. *Jungle World* 18 (30): http://jungle-world.com/artikel/2012/30/45934.html. Zugegriffen: 25. Februar 2014.

Hefty, G. P. 2012a. Das Credo des Rechtsstaats. http://www.faz.net/aktuell/politik/inland/beschneidungs-urteil-credo-des-rechtsstaates-11800115.html. Zugegriffen: 25. Februar 2014.

Hefty, G. P. 2012b. Strafbare Beschneidung. http://www.faz.net/aktuell/politik/inland/ nach-dem-koelner-urteil-strafbare-beschneidung-11802626.html. Zugegriffen: 25. Februar 2014.

Herzberg, R. D. 2012. Eine Verteidigung des Urteils zur Beschneidung. *Die Zeit* 67 (29): 54.

Hutcheson, J. C. 2004. Male Neonatal Circumcision: Indications, Controversies and Complications. *Urologic Clinics of North America* 31 (3): 461-467.

Janis, I. L. 1971. Groupthink among Policy Makers. In *Sanctions for Evil*, hrsg. N. Sanford, C. Comstock. 71-89. San Francisco: Jossey-Bass.

Jarras, H. D., und B. Pieroth. 2006. *Grundgesetz für die Bundesrepublik Deutschland. Kommentar*, München: Beck.

Jerouschek, G. 2007. Beschneidung und das deutsche Recht. Historische, medizinische, psychologische und juristische Aspekte. *Neue Zeitschrift für Strafrecht* 27 (6): 313-319.

Joffe, J. 2012. Richter und Häutchen. *Die Zeit* 67 (28): 10.

Kade, C. 2012. Beschneidungsurteil ärgert Merkel. http://www.ftd.de/politik/deutschland/:aeusserungen-im-cdu-vorstand-beschneidung-aergert-merkel/70063932. html. Zugegriffen: 16. Januar 2013.

Karim, R. B., und J. J. Hage. 2008. Jongens wel, meisjes niet. *Medisch Contact* 63 (38): 1536-1540.

Kaube, J. 2012. Das Wohl des Kindes. http://www.faz.net/aktuell/feuilleton/debatten/urteil-zur-beschneidung-das-wohl-des-kindes-11801160.html. Zugegriffen: 25. Februar 2014.

Keinan, G. 1987. Decision Making under Stress: Scanning of Alternatives under Controllable and Uncontrollable Threats. *Journal of Personality and Social Psychology* 52 (3): 639-644.

Kilic, M. 2012. Freiheit ist wichtiger als Tradition. http://www.faz.net/aktuell/politik/in-land/gastbeitrag-zur-beschneidung-freiheit-ist-wichtiger-als-tradition-11967472.html. Zugegriffen: 25. Februar 2014.

Kilic, M., und M. Trauthig. 2012. Interview zur Beschneidung. „Der Politik fehlt wohl der Mut". http://www.stuttgarter-zeitung.de/inhalt.interview-zur-beschneidung-der-po-litik-fehlt-wohl-der-mut.8cdc8b78-3b96-403d-a17c-bd92af90d934.html. Zugegriffen: 25. Februar 2014.

Knobloch, C. 2012. Wollt ihr uns Juden noch? http://sz.de/1.1459038. Zugegriffen: 25. Februar 2014.

Köpf, P. 2012. Unzeitgemäßer Grundpfeiler? http://www.faz.net/aktuell/feuilleton/debatten/beschneidungsdebatte-unzeitgemaesser-grundpfeiler-11824297.html. Zugegriffen: 25. Februar 2014.

Kowalski-Trakofler, K. M., C. Vaught, und T. Scharf. 2003. Judgment and Decision Making under Stress: An Overview for Emergency Managers. *International Journal of Emergency Management* 1 (3): 278-289.

Kramer, S. J. 2012. Stellungnahme des Zentralrats der Juden in Deutschland. http://www.bundestag.de/bundestag/ausschuesse17/a06/anhoerungen/archiv/31_Beschneidung/04_Stellungnahmen/Stellungnahme_Kramer.pdf. Zugegriffen: 17. Januar 2013.

Krill, A. J., L. S. Palmer, und J. S. Palmer. 2011. Complications of Circumcision. *The Scientific World Journal* 11: 2458-68. doi: 10.1100/2011/373829.

Kuhla, K., und I. Schewe-Gerigk. 2012. „Gleiche Rechte für Jungen und Mädchen!" http://www.cicero.de/berliner-republik/gleiche-rechte-fuer-jungen-und-maedchen/51330. Zugegriffen: 25. Februar 2014.

Kupferschmid, C. 2012. Kontra. *Deutsches Ärzteblatt*, PP, 11 (8): 357.

Lammert, N. 2012. Ihr seid wir. http://sz.de/1.1468742. Zugegriffen: 25. Februar 2014.

Lang, C. 2006. *Intersexualität: Menschen zwischen den Geschlechtern*. Frankfurt a. Main: Campus.

Lazarus, R. S. 1990a. Theory-Based Stress Measurement. *Psychological Inquiry* 1 (1): 3-13.

Lazarus, R. S. 1990b. Author's Response. *Psychological Inquiry* 1 (1): 41-51.

Lazarus, R. S. 1982. Thoughts on the Relation between Emotion and Cognition. *American Psychologist* 37 (9): 1019-1024.

Lazarus, R. S., J. Deese, und S. F. Osler. 1952. The Effect of Psychological Stress upon Performance. *Psychological Bulletin* 49 (4): 293-317.

Leutheusser-Schnarrenberger, S., und D. Wirsching. 2012. „Wir wollen zurück zur Einwilligungslösung". http://www.augsburger-allgemeine.de/politik/Wir-wollen-zurueck-zur-Ein-willigungsloesung-id20963511.html. Zugegriffen: 25. Februar 2014.

Lewandowsky, S., U. K. H. Ecker, C. M. Seifert, N. Schwarz, und J. Cook. 2012. Misinformation and its Correction: Continued Influence and Successful Debiasing. *Psychological Science in the Public Interest* 13 (3): 106-131.

Lightfoot-Klein, H. 2003. Similarities in Attitudes and Misconceptions toward Infant Male Circumcision in North America and Ritual Female Genital Mutilation in Africa. http://www.fgmnetwork.org/intro/mgmfgm.html. Zugegriffen: 25. Februar 2014.

Luhmann, N. 2001. *Legitimation durch Verfahren*, Frankfurt a. M.: Suhrkamp.

MacReady, N. 2010. AAP Retracts Statement on Controversial Procedure. *The Lancet* 376 (9734): 15.

Mazyek, A. A. 2012. Stellungnahme des Zentralrates der Muslime in Deutschland (ZMD) zum Regierungsentwurf. http://www.bundestag.de/bundestag/ausschuesse17/a06/anhoerungen/archiv/31_Beschneidung/04_Stellungnahmen/Stellungnahme_Mazyek.pdf. Zugegriffen: 16. Januar 2013.

Merkel, R. 2012. Minima Moralia. http://www.faz.net/aktuell/politik/die-gegenwart/beschneidung-minima-moralia-11971687.html. Zugegriffen: 25. Februar 2014.

Meyer, A. 2012. Oberrabbiner pocht auf Beschneidungspflicht für Juden. http://www.ard-hauptstadtstudio.de/programm/tagesschau_de/onlinestory100~_id-beschneidung134.html. Zugegriffen: 18. Januar 2013.

Mill, J. S. 1869. *Considerations on Representative Government*, New York: Harper and Brothers.

MOGIS e.V. 2012. Große Mehrheit der Bevölkerung lehnt Beschneidungsgesetz ab. http://mogis-verein.de/2012/12/22/mehrheit-der-bevoelkerung-lehnt-beschneidungsgesetz-ab/. Zugegriffen: 25. Februar 2014.

Müller, R. 2012. Grenzen in Gottesfragen. http://www.faz.net/aktuell/politik/inland/beschneidungs-debatte-grenzen-in-gottesfragen-11823530.html. Zugegriffen: 25. Februar 2014.

Pippi Salle, J. L., L. E. Jesus, A. J. Lorenzo, R. L.P. Romão, V. H. Figueroa, D. J. Bägli, E. Reda, M. A. Koyle, und W. A. Farhat. 2012. Glans Amputation During Routine Neonatal Circumcision: Mechanism of Injury and Strategy for Prevention. *Journal of Pediatric Urology* 9 (6 Pt A): 763-768. doi: 10.1016/j.jpurol.2012.09.012.

Prantl, H. 2012a. Vom richtigen Umgang mit dem Recht. http://sz.de/1.1413208. Zugegriffen: 25. Februar 2014.

Prantl, H. 2012b. Wo das Recht seine Grenzen erreicht. http://sz.de/1.1450827. Zugegriffen: 25. Februar 2014.

Prantl, H. 2012c. Wie ein unnötiges Gesetz notwendig wurde. http://sz.de/1.1492659. Zugegriffen: 25. Februar 2014.

Prantl, H. 2012d. Das Strafrecht muss sich zurückhalten. http://sz.de/1.1530865. Zugegriffen: 25. Februar 2014.

Putzke, H. 2008. Die strafrechtliche Relevanz der Beschneidung von Knaben. Zugleich ein Beitrag über die Grenzen der Einwilligung in Fällen der Personensorge. In *Strafrecht zwischen System und Telos. Festschrift für Rolf Dietrich Herzberg zum siebzigsten Geburtstag am 14. Februar 2008*, hrsg. H. Putzke, B. Hardtung, T. Hörnle, R. Merkel, J. Scheinfeld, H. Schlehofer, J. Seier, 669-709. Tübingen: Mohr Siebeck.

Schleicher, U. 2012. Nur Minderheit in Israel lehnt Beschneidung ab. http://www.aerztezeitung.de/politik_gesellschaft/gp_specials/beschneidung/article/820158/debatte-beschneidungs-urteil-nur-minderheit-israel-lehnt-beschneidung-ab.html. Zugegriffen: 25. Februar 2014.

Schonfeld, V. S. 2012. „Dieses Ritual widerspricht meinen jüdischen Werten". http://sz.de/1.1535701. Zugegriffen: 25. Februar 2014.

Schulte v. Drach, M. C. 2012a. „Auch religiöse Gruppen müssen sich verfassungsrechtlichen Werten beugen". http://sz.de/1.1529170. Zugegriffen: 25. Februar 2014.

Schulte v. Drach, M. C. 2012b. Beschneidungsrecht wie bestellt. http://sz.de/1.1480166. Zugegriffen: 25. Februar 2014.

Schwarz, K.-A. 2008. Verfassungsrechtliche Aspekte der religiösen Beschneidung. *Juristen Zeitung* 63 (23): 1125-1129.

Shockley, R.A., K. Rickett, und A. L. Mounsey 2011. What's the Best Way to Control Circumcision Pain in Newborns? *The Journal of Family Practice* 60 (4): 233a-233b.

Sorrells, M. L., J. L. Snyder, M. D. Reiss, C. Eden, M. F. Milos, N. Wilcox, und R. S. Van Howe. 2007. Fine-Touch Pressure Thresholds in the Adult Penis. *BJU International* 99 (4): 864-869.

Spaemann, R. 2012. Der Traum von der Schicksalslosigkeit. Die Zeit 67 (28): 46.

Spiegel online. 2012. Beschneidungs-Debatte: Experten warnen vor überstürzter Entscheidung. http://www.spiegel.de/politik/deutschland/beschneidung-widerstand-gegen-schnelle-entscheidung-a-845771.html. Zugegriffen: 25. Februar 2014.

Stürzenberger, M. 2012. Beschneidung und sonstiger religiöser Wahn. http://www.pi-news. net/2012/07/beschneidung-und-sonstiger-religioser-wahn. Zugegriffen: 25. Februar 2014.

Sueddeutsche.de. 2012. Beschneidung von Jungen aus religiösen Gründen ist strafbar. http://sz.de/1.1393536. Zugegriffen: 25. Februar 2014.

Süß, S., und P. Eppelsheim 2012. Auch die Seele leidet. http://www.faz.net/aktuell/politik/inland/beschneidungsdebatte-auch-die-seele-leidet-11827698.html. Zugegriffen: 25. Februar 2014.

Taddio, A., J. Katz, A. L. Ilersich, und G. Koren. 1997. Effect of Neonatal Circumcision on Pain Response during subsequent Routine Vaccination. *The Lancet* 349 (9052): 599-603.

Tagesschau.de. 2012. Rabbiner sieht Zukunft der Juden in Deutschland bedroht. http://www. tagesschau.de/inland/beschneidung114.html. Zugegriffen: 17. Januar 2013.

Task Force on Circumcision. 2012a. Technical Report. Male Circumcision. *Pediatrics* 130 (3): e756-e785.

Task Force on Circumcision. 2012b. Policy Statement. Circumcision Policy Statement. *Pediatrics* 130 (3): 585-586.

Terre des Femmes. 2012. Stellungnahme von TERRE DES FEMMES e.V. Menschenrechte für die Frau zur gesetzlichen Regelung zur Beschneidung männlicher Kinder – Eckpunkte einer Regelung, auf: http://frauenrechte.de/online/images/downloads/fgm/TDF-Stellungnahme-Jungenbeschneidung-mit-UnterstuetzerInnen.pdf. Zugegriffen: 25. Februar 2014.

Trips-Hebert, R. 2012. Beschneidung und Strafrecht. Aktueller Begriff. http://www.bundestag.de/dokumente/analysen/2012/Beschneidung_und_Strafrecht.pdf. Zugegriffen: 25. Februar 2014.

Walter, C. 2012. Beschnitten. http://www.faz.net/aktuell/politik/staat-und-recht/gastbeitrag-beschnitten-11817408.html. Zugegriffen: 25. Februar 2014.

Weiss, H. A., N. Larke, D. Halperin, und I. Schenker. 2010. Complications of Circumcision in Male Neonates, Infants and Children: A Systematic Review. *BMC Urology* 10 (2), doi:10.1186/1471-2490-10-2.

Weiss, H. A., J. Polonsky, R. Bailey, C. Hankins, D. Halperin, und G. Schmid. 2007. *Male Circumcision: Global Trends and Determinants of Prevalence, Safety and Acceptability*, Genf: WHO.

Wendt, A. 2012. Mehrheit der Deutschen lehnt Beschneidungsgesetz ab. http://www.focus. de/politik/deutschland/beschneidung-essentieller-glaubensinhalt-mehrheit-der-deutschen-lehnt-beschneidungsgesetz-ab_aid_785174.html. Zugegriffen: 25. Februar 2014.

WHO. 2008. *Eliminating Female Genital Mutilation. An Interagency Statement*, Genf: WHO.

Yaron, G. 2012a. Ein einschneidender Beschluss. http://www.faz.net/aktuell/feuilleton/religioeser-ritus-ein-einschneidender-beschluss-11802683.html. Zugegriffen: 25. Februar 2014.

Yaron, G. 2012b. Unsere seltsame Tradition. http://www.faz.net/aktuell/politik/inland/beschneidungsdebatte-unsere-seltsame-tradition-11827726.html. Zugegriffen: 25. Februar 2014.

YouGov. 2012. Umfrage: Fast die Hälfte der Deutschen für Beschneidungsverbot. http://yougov.de/news/2012/07/19/umfrage-fast-die-halfte-der-deutschen-fur-beschnei. Zugegriffen: 25. Februar 2014.

Zastrow, V. 2012. Gender. http://www.faz.net/aktuell/politik/inland/gesetzentwurf-zur-beschneidung-gender-11916235.html. Zugegriffen: 25. Februar 2014.

ZDF. 2012. *Menschen bei Maischberger.* Sendung vom 14.08.2012. Eigenes Transkript.

Zentralrat der Juden in Deutschland. 2012. Presseerklärung zum Urteil des Kölner Landgerichts zur Beschneidung von Jungen. http://www.zentralratdjuden.de/de/article/3705.html. Zugegriffen: 25. Februar 2014.

Zentralrat der Muslime in Deutschland. 2012. Pressemitteilung des ZMD zum sogenannten „Beschneidungsurteil". http://zentralrat.de/20584.php. Zugegriffen: 25. Februar 2014.

Internetquellen ohne Autorenangabe

https://epetitionen.bundestag.de/petitionen/_2012/_07/_23/Petition_26078.nc.html
http://www.jewsagainstcircumcision.org/
http://www.kahal.org/
http://www.quranicpath.com

Gerichtsurteile

Az.: 151 Ns 169/11
BVerfGE 24, 236
BVerfGE 32, 98
BVerfGE 59, 360
BVerfGE 72, 155
BVerfGE 83, 341

Verzeichnis der Autorinnen und Autoren

Johannes Bellmann
Prof. Dr. Johannes Bellmann ist in der Abteilung Bildungstheorie und Bildungsforschung des Institutes für Erziehungswissenschaft an der WWU tätig. Er widmet sich insbesondere den Themen Theoriebildung der allgemeinen Erziehungswissenschaft, pädagogische Historiographie sowie Bildungsökonomie und Bildungspolitik.

Institut für Erziehungswissenschaft
Abteilung Bildungstheorie und Bildungsforschung
Georgskommende 26
48143 Münster
johannes.bellmann@uni-muenster.de

Reinhard Emmerich
Prof. Dr. Reinhard Emmerich ist als Professor für Sinologie am Institut für Sinologie und Ostasienkunde der WWU Münster tätig. In seiner Forschung widmet er sich insbesondere der Literaturgeschichte und Komparatistik, aber dezidiert auch historisch-politischen Prozessen.

Institut für Sinologie und Ostasienkunde
Schlaunstraße 2
48143 Münster
emmerir@uni-muenster.de

Armin Glatzmeier

Armin Glatzmeier, M. A. studierte Politikwissenschaft mit den Nebenfächern Rechtswissenschaft und Psychologie an der Universität Passau. Er lehrte in den Bereichen vergleichende Politikforschung, internationale Politik und politische Theorie an der Universität Passau und der WWU Münster und promoviert gegenwärtig zur politischen Rolle von Verfassungsgerichten. Seine Forschungsschwerpunkte liegen in der Rechtspolitik, der Demokratie- und Pluralismustheorie sowie auf historischem und modernem Rechtsextremismus.

smartNETWORK
Aegidiistr. 5
48143 Münster
glatzmeier@googlemail.com

Ulrich Hamenstädt

Dr. Ulrich Hamenstädt ist seit 2012 als Lecturer am Institut für Politikwissenschaft an der WWU Münster tätig. Schwerpunkte seiner Arbeit und Forschung bilden Experimente in der Politikwissenschaft, internationale politische Ökonomie sowie Staatstheorie und Globalisierung.

Institut für Politikwissenschaft
Scharnhorststraße 100
48151 Münster
ulrich.hamenstaedt@uni-muenster.de

Bea Harazd

Dr. Bea Harazd ist akademische Rätin in der Arbeitsgruppe Forschungsmethoden/ empirische Bildungsforschung am Institut für Erziehungswissenschaft der WWU Münster. Ihre Forschungsschwerpunkte sind Lehrergesundheit, Schulleitungsforschung, Schulentwicklungsforschung, Lehrerkooperation und Grundschulübergang.

Institut für Erziehungswissenschaften
AG Forschungsmethoden/empirische Bildungsforschung
Georgskommende 33
48143 Münster
bea.harazd@uni-muenster.de

Jens H. Hellmann

Dr. Jens H. Hellmann ist als wissenschaftlicher Mitarbeiter am Zentrum für Hochschullehre der WWU Münster tätig. In seiner Forschung widmet er sich aktuell insbesondere sozial kognitiven Aspekten des Lernens.

Zentrum für Hochschullehre
Fliednerstraße 21
48149 Münster
jens.hellmann@uni-muenster.de

Hendrik Hilgert

Hendrik Hilgert, M. A. ist der Koordinator des smartNETWORKs, dem Zusammenschluss der geistes- und sozialwissenschaftlichen Graduiertenschulen der Westfälischen Wilhelms-Universität. Er studierte an der Westfälischen Wilhelms-Universität und der University of Richmond neuere und neuste Geschichte, Politikwissenschaft, Soziologie und Philosophie. Derzeit promoviert er zum Thema „Legitimitätsverlust in der Amerikanischen und der Märzrevolution". Seine Forschungs- und Interessensschwerpunkte bilden die vergleichende historische Revolutionsforschung, und der Legitimitätswandel in der frühen US-amerikanischen Gesellschaft und der deutschen Gesellschaft in der Mitte des 19. Jhd.

smartNETWORK
Aegidiistr. 5
48143 Münster
h.hilgert@uni-muenster.de

Robert Kirstein

Prof. (apl.) Dr. Robert Kirstein war geschäftsführender Direktor des Philologischen Seminars und ist nun im Rahmen einer Vertretungsprofessur am Lehrstuhl für lateinische Philologie der Universität Tübingen tätig. Sein Forschungsschwerpunkt liegt auf der Lateinischen Spätantike, der griechischen Literatur des Hellenismus sowie der Rezeptions- und Wissenschaftsgeschichte insbesondere des 19. und 20. Jahrhunderts.

Philologisches Seminar
Wilhelmstr. 50
72074 Tübingen
robert.kirstein@uni-tuebingen.de

René Kopietz

Dr. René Kopietz ist wissenschaftlicher Mitarbeiter am Institut für Psychologie der WWU Münster. Seine Forschungsschwerpunkte sind motivationale Einflüsse auf Kognition, insbesondere Gedächtnis, Kommunikation, Intergruppenprozesse und Macht.

Institut für Psychologie
Arbeitseinheit Sozialpsychologie
Fliednerstraße 21
48149 Münster
rene.kopietz@uni-muenster.de

Thomas Langer

Prof. Dr. Thomas Langer hat seit 2004 den Lehrstuhl für Finanzierung im Finance Center der WWU Münster inne. In seiner Forschung widmet er sich insbesondere den Bereichen Behavioral Finance und Entscheidungstheorie.

Wirtschaftswissenschaftliche Fakultät
Finance Center Münster
Juridicum - Universitätsstr. 14-16
48143 Münster
thomas.langer@wiwi.uni-muenster.de

Sven Nolte

Dr. Sven Nolte ist seit 2008 wissenschaftlicher Mitarbeiter am Lehrstuhl für Finanzierung im Finance Center der WWU Münster. In seiner Forschung beschäftigt er sich insbesondere mit dem Einfluss verhaltenswissenschaftlicher Faktoren auf langfristige Finanzentscheidungen.

Wirtschaftswissenschaftliche Fakultät
Finance Center Münster
Juridicum - Universitätsstr. 14-16
48143 Münster
sven.nolte@wiwi.uni-muenster.de

Stefanie van Ophusyen
Prof. Dr. Stefanie van Ophuysen leitet die Arbeitsgruppe Forschungsmethoden/empirische Bildungsforschung am Institut für Erziehungswissenschaft an der WWU Münster. Ihre Forschungsschwerpunkte liegen auf den Themenfeldern der pädagogischen Diagnostik und sozialen Urteilsbildung sowie der Transitionsforschung – insbesondere mit Blick auf den Übergang von der Grundschule zur weiterführenden Schule.

Institut für Erziehungswissenschaften
AG Forschungsmethoden/empirische Bildungsforschung
Georgskommende 33
48143 Münster
vanophuysen@uni-muenster.de

Christian Pietsch
Prof. Dr. Christian Pietsch hat den Lehrstuhl für Klassische Philologie mit dem Schwerpunkt Gräzistik an der WWU Münster inne. Neben zahlreichen Publikationen zur antiken Literatur, darunter auch zum Geschichtsverständnis der Antike, widmet er seine Forschungen intensiv der Philosophie der Antike. Sein Hauptaugenmerk liegt dabei auf Aristoteles und Platon.

Institut für klassische Philologie
Domplatz 20-22
48143 Münster
pietschc@uni-muenster.de

Carolin Rocks
Carolin Rocks, M. A., studierte Deutsche Philologie und Philosophie an der WWU Münster. Sie war Research Assistant am Max Kade Center for Contemporary German Literature an der Washington University in St. Louis. Derzeit promoviert sie zum Thema „Heldentaten, Heldenträume. Zur Analytik des Politischen im Drama um 1800" an der LMU München und wird dabei gefördert durch ein Stipendium der Studienstiftung des deutschen Volkes.

Carolin.Rocks@campus.lmu.de

Martina Wagner-Egelhaaf
Prof. Dr. Martina Wagner-Egelhaaf ist als Professorin für Neuere deutsche Li-
teraturgeschichte/Literaturwissenschaft als Kulturwissenschaft am Germanisti-
schen Institut der WWU Münster tätig. Zudem ist sie Principal Investigator im
Exzellenzcluster „Religion und Politik in den Kulturen der Vormoderne und der
Moderne". Ihre Forschung widmet sich der Literaturgeschichte vom 18. bis zum 21.
Jahrhundert, der Literaturtheorie, Rhetorik, Autobiographie/-fiktion, Fragen der
Autorschaft sowie dem Verhältnis von Literatur, Religion und Politik.

Germanistisches Institut
Schlossplatz 34
48143 Münster
martina.wagner@uni-muenster.de